KB188676

관계의 뇌과학

HOW TO BE THE LOVE YOU SEEK

Break Cycles, Find Peace and
Heal Your Relationships

관계의 뇌과학

── 생각, 감정, 행동을 결정하는 인간관계의 메커니즘 ──

니콜 르페라 지음 · 이현 옮김

 mindself

내 어머니와 먼저 세상을 떠난 모든 이에게—
사랑의 무한한 평화 속에 잠들길 바란다.
남아 있는 모든 이에게—
고통에서 벗어나 마음을 치유할 수 있게 되길 바란다.

들어가는 글

나 자신으로 돌아가는 여정

당신은 아마 스트레스를 유발하는 관계 때문에 이 책을 읽고 있을 수 있다. 그게 연인이든 부모든 형제든 자녀든 친구든 동료든 다른 사람과의 역동dynamic(사람들이 관계를 맺는 방식을 결정하는 감정, 행동, 소통 패턴의 복합적인 상호작용―옮긴이)을 바꾸고 싶을 것이다. 그리고 대부분의 사람들처럼 그 변화가 최대한 빨리 일어나길 바랄 것이다. 노력할 가치가 있는지, 관계 회복이 가능한지 확신하지 못한 채 특정 관계를 개선하기 위해 계속 노력해야 할지 말아야 할지 고민 중일 수도 있다. 아니면 관계를 찾거나 지속하는데 어려움을 겪어 미래에 고립되거나 외로울까 봐 걱정할 수도 있다.

이해한다. 10년 동안 임상심리학자로 활동하면서 나는 지속적인 사랑을 갈구하고 반복되는 갈등을 해결하고 싶어 하거나 역기능적인 습관에서 벗어나길 간절히 원하는 내담자들을 많이 봤다. 개인 상담, 커플 상담, 가족 상담을 통해 유사한 패턴을 반복

6

해서 목격했다. 대부분의 사람들은 최선을 다해 노력했는데도 원하는 관계를 맺거나 유지하지 못했고, 그 과정에서 좌절감만 쌓이고 심지어 분개심이 커지는 경우도 있었다.

나를 찾아온 내담자 중 대다수는 관계에 관한 책을 읽고 뭔가 도움이 되길 바라며 책에서 소개한 최신 전략과 도구를 모두 시도해 봤다. 게리 채프먼Gary Chapman 박사가 1992년 출간한 저서 《5가지 사랑의 언어》(생명의말씀사, 2024)에서 소개해 유명해진 '사랑의 언어'라는 개념에 대해 많이 들어봤을 것이다. 채프먼 박사의 이론에 따르면 연인에게 사랑을 다양한 방식(가령 신체 접촉, 함께 알찬 시간 보내기, 선물 주기, 인정하는 말 해주기, 침대 정리나 저녁 식사 요리하기 같은 봉사하는 행동)으로 증명해 달라고 요청하면 교감이 깊어질 수 있다.

상대가 우리의 욕구를 충족하는 행동을 해주길 기대하며 외적 변화를 만드는 이 포괄적인 방법은 대부분의 관계 기반 치료에서 공통적으로 사용된다. 치료사, 책, 이론마다 제시하는 실천법과 도구는 다르지만 일반적으로 전하는 핵심 메시지는 같다. 즉, 다른 사람의 욕구를 더 잘 충족하려면 어떤 식으로든 우리가 변화해야 하며 상대도 마찬가지라는 뜻이다.

관계에서 지지받지 못하거나 교감이 없다고 느낀다면 상대에게 행동을 바꿔달라고 요청하는 게 이론상으로는 좋은 방법처럼 들린다. 하지만 실생활에서 그렇게 하면 대개 반발만 산다. 우리는 다른 사람을 바꿀 수 없으며, 그들이 관계에서 보이는 뿌리 깊은 패턴을 바꾸길 기대해 봤자 적어도 장기적으로는 효과가 없다. 외적 변화를 추구하면 도리어 사람 사이의 긴장이 증폭되어 반발이나 불만을 일으키고 갈등과 단절이 영속된다. 사실 이 방법은 평생 분개심과 무시가 지속되게 만드는 지름길이 될 수 있다.

'그렇다면 어떻게 해야 하나?'라는 생각이 당연히 들 수 있다. 다른 사람이 우리를 있는 그대로 받아들이도록 바뀔 거라 기대하는 일이 통하지 않는다면 무엇을 해야 할까? 나 역시 오랫동안 이 질문을 품고 살았다.

어른이 되고 얼마 지나지 않았을 때, 나는 내가 원하는 관계를 맺는 데 어려움을 겪었다. 동원할 수 있는 수많은 치료 도구를 써봤지만 대부분의 관계에서 불만족스러웠다. 자아 성찰과 자기 인식, 소통 능력을 기르기 위해 최선을 다했는데도 소용없었다. 나는 사람들에게 둘러싸여 있을 때조차 끊임없이 외로웠다. 명절에 가족들과 함께여도, 내 생일을 축하해 주려고 친구들이 모여도, 연인과 둘만의 휴가를 떠났을 때도 마찬가지였다. 깊은 교감을 원하거나 기대할 때 자주 외롭고 사랑받지 못한다는 생각이 들었다. 내가 무슨 말을 어떻게 하든 혹은 다른 사람들이 나를 위해 무언가를 하거나 하려고 하든, 여전히 단절감과 외로움을 느꼈다. 가까워지려고 애쓸수록 멀어지는 느낌이 들고 고통은 더 깊어졌다.

이렇게 나를 충족해 주지 못하는 익숙한 주기에 갇혀 있던 시절, 어느 크리스마스에 내 관계 패턴이 어떤지 더욱 명확해졌다. 당시 나는 세라와 사귀고 있었다(1장에서 더 자세히 소개할 것이다). 사귄 지 이미 몇 년째였고, 이스트빌리지의 아파트에서 함께 살고 있었다. 크리스마스 당일은 고향에서 각자의 가족과 보냈기 때문에 우리는 며칠 전에 미리 크리스마스를 축하하곤 했다. 그런데 그해 세라가 단둘이서 시간을 보내면 어떻겠냐고 물었다. 그건 우리의 일상적인 역동에서 상당히 벗어나는 일이었다. 세라는 매우 사교적이어서 수년 동안 우리에게는 파티를 하거나 여러 사람과 함께하는 식사 자리가 일상이었기 때문이다. 그래서 나는 그녀가 둘이서만 그날을 보내길 원하자 감동을 받았고, 이 특별한 제안이 우리의 유대를 더 깊게 만들어줄 거라 기대했다.

그날 아침, 크리스마스 장식을 해놓은 아파트에서 아침을 맞이했다. 나는 특별한 아침 식사를 준비했고, 우리는 선물을 교환하려고 자리에 앉았다. 세라가 준 봉투를 열자 내가 좋아하는 〈태양의 서커스〉를 그날 오후에 볼 수 있는 두 장의 티켓이 들어 있는 걸 보고 나는 감격했다. '세라가 나와 둘이서만 더 많은 시간을 보내길 원하는구나! 내가 〈태양의 서커스〉를 얼마나 좋아하는지 기억하고 있구나! 세라는 나를 사랑한다!' 이렇게 생각했다. 정말 최고로 로맨틱한 표현이었다. 하지만 외출 준비를 마쳤을 때, 나는 평소의 단절된 느낌을 다시금 느끼기 시작했다.

몇 시간이 지난 후, 어둡고 붐비는 극장에서 그녀 옆에 앉아 있는 동안에도 그다지 기분이 달라지지 않았다. 사실 나는 그날 오전보다 더 외로웠다. 우리는 대화를 나누지도, 눈을 맞추지도 않았다. 우리 사이에 조용히 흐르길 기대했던 보이지 않은 사랑의 교감 대신, 나는 낯선 사람 곁에 앉아 있는 듯한 느낌을 받았다. 불편함을 해소하고자 맥주를 주문했고, 우리 사이에 어떤 종류의 벽이 존재하든 그것을 없애주길 바라며 쇼가 계속되는 내내 맥주를 마셨다.

당시 나는 임상심리학 교육 프로그램 2년 차였고 심리 상담을 받고 있었다. 내 심리를 연구한 덕분에 나 자신에 대해 좀 더 알게 되었고(적어도 그때는 그렇게 생각했다), 내가 깨달은 통찰을 다른 사람들과 공유했다. 이런 경험 때문에 세라와의 문제가 '그녀가' 교감하길 꺼리거나 교감할 수 없는 데서 비롯된 게 분명하다고 굳게 믿었다.

하지만 익숙한 외로움과 커져만 가는 단절감에 마음을 졸일수록 내 불행에 내가 관련이 있을 수 있다는 생각이 점점 커지기 시작했다. 예전에 많은 사람과의 관계에서 그랬듯이 내가 정서적으로 혼자이기 때문에 세라와의 관계에서도 외로움을 느끼는 것일 수 있었다. 나의 가장 깊은 고통을 나 스스로가 부지불식간에 만들고 있다는 사실을 깨닫는 일은 괴로웠다. 그러나 이 문제에 대한 책임이 내게 있다면 이 반복되는 주기를 깰 수 있는 힘도 내게 있으리라는 희망이 생기기 시작했다.

우리가 성인으로서 반복하는 관계의 패턴이 대체로 그렇듯이 나의 정서적 외로움은 어린 시절 가족과의 관계에서 시작되었다. 어릴 적 내 주변의 누구도 정서적으로 교감하지 않았기 때문에 나는 정서적으로 교감하는 법을 배우지 못했다. 우리 가족은 애초에 교감하는 법을 알지 못했다. 나중에 깨달은 사실이지만, 다른 사람과 정서적으로 교감하려면 우선 자기 자신과 정서적으로 교감해야 한다. 그리고 자기 자신과 정서적으로 교감하려면 자신의 감정을 진정으로 느끼고 표현할 줄 알아야 한다. 자신의 감정을 진실되게 표현하면 다른 사람들이 그것을 진정으로 알아보고 지지할 수 있다. 이것이 바로 누구나 지닌 핵심적인 정서적 욕구다.

나는 내 관계의 문제에 대해 계속 다른 사람들을 탓하고 그들이 나를 위해 변화하길 기대했기 때문에 나의 불행에 스스로가 어떤 역할을 하고 있는지 알지 못했다. 나의 바람 및 욕구와 내가 얼마나 단절되어 있는지도 알지 못했다. 나를 이해하기 위한 수련을 하고 있었지만, 내가 관계에 어떻게 임하는지 제대로 알지 못했다. 많은 내담자와 마찬가지로 다른 사람들이 내 감정을 알아주거나 내 기분을 좋게 만들어주길 기대했다. 스스로 그렇게 하는 법은 알지 못한 채 말이다. '천생연분'이라면 내 뿌리 깊은 외로움을 달래주거나 없애줄 방법을 '그냥 알 거'라고 믿었기 때문에 상대방이 누구든 그렇게 해주지 않으면 실망했다. 남이 내 욕구를 충족해 주길 바라니 관계에 만족할 수 없었다. 하지만 나는 연인 관계에서뿐만 아니라 모든 인간관계에서 같은 행동을 계속 반복했다.

모든 관계에서 내가 유일하게 불변하는 요소임을 서서히 깨닫기 시작하면서 다른 사람이 내 욕구를 얼마나 빠르고 효과적으로, 포괄적으로 지지할 수 있는지 혹은 그럴 것인지는 물론이고 다른 사람이 무엇을 하거나 하지 않을지조차 내가 통제할 수 없다는 사실을 깨달았다. 아울러 다른 누군가에게 그의 본연의 모습이나 진실되게 자신을 표현하는 방식을 바꾸도록 기대하거나 요구하면 나도 그 사람도 사랑받지 못한다는 느낌만 받게 된다는 것을 이해하게 되었다. 있는 그대로의 모습으로 사랑받고 싶다는 마음은 모든 인간이 가진 보편적인 욕구다. 당연히 나는 내가 사랑하는 사람들에게 그렇게 해주고 싶었다.

다른 사람과 관계를 맺고 경험하는 방식을 바꾸려면 우선 나 자신과 관계를 맺고 경험하는 방식을 바꿔야 한다. 나는 그 사실을 가족에게서도, 임상 수련에서도 배우지 못했다. 성인으로서 자신과 관계를 맺고 경험하는 방식은 생애 초기 관계에서 다른 사람들이 우리와 관계를 맺고 경험한 방식에서 직접 영향을 받는다. 어릴 적 받은 보살핌이 예측할 수 없거나 일관되지 못하거나 부족하면 스스로가 보살핌을 받거나 욕구를 충족해 줄 만한 가치가 없다는 핵심 믿음core belief(주로 어린 시절의 경험에 의해 형성되는 자기, 다른 사람, 세상에 대한 뿌리 깊은 믿음—옮긴이)이 형성된다. 자신이 본질적으로 무가치하다고 느끼고는 자신을 표현하고 다른 사람과 관계 맺는 방식을 바꾸기 시작한다. 시간이 흐르면서 자신을 보호하고 생애 초기 환경에 적응하기 위해 특정 역할을 행하며 다른 사람들에게 '수용될 만한' 부분만을 보여준다. 이 책에서는 이런 역할을 '조건화된 자기conditioned self'라고 부른다. 성인이 된 후에도 우리는 무가치함에 대한 뿌리 깊은 두려움에 내몰린 채 이러한 습관적인 패턴을 관계에서 계속 반복한다.

이처럼 익숙한 역할을 행하면 내 고유한 본질이나 관계를 맺는 나만의 방식과 계속 단절되어 결국 관계에서 가치를 인정받지 못하는 듯한 느낌을 받게 된다. 다른 사람에게 나를 진실되게 표현하려면 그렇게 할 수 있을 만큼 충분히 안전하고 안정적이라고 느껴야 한다. 그리고 안전하고 안정적이라고 느끼려면 우선 자기 몸 안에서 진정으로 안전과 안정을 느껴야 한다. 하지만 많은 사람의 몸이 안전하고 안정적이지 못하기 때문에 이 안전하다는 느낌을 실제로 갖지 못한다. 욕구가 만성적으로 충족되지 않으면 신경계는 만성적인 스트레스에 시달린다. 생존 모드에서 벗어나지 못하고, 다른 사람 앞에서 생리적으로 안전하다고 느낄 수 없다.

나는 이러한 깨달음에 눈을 떴다. 내 몸 안에서 진정으로 안전하다고 느껴본 적이 없는데 진정한 사랑이 줄 수 있는 기쁨과 편안함과 교감의 순간을 경험할 만큼 충분한 안전감을 어떻게 느낄 수 있을까? 만일 끊임없이 다른 사람이나 사회의 기준에 맞추려고 애쓰고 그 과정에서 나의 진정한 욕구를 억압한다면, 내 주변의 누가 진정한 나와 교감할 기회를 가질 수 있을까? 내가 나를 온전히 알고 사랑하지 않는다면, 다른 누군가가 나를 온전히 알고 사랑하길 어떻게 기대할 수 있을까?

내 이야기는 흔한 사례이기 때문에 이 책에서 내 이야기를 공유할 것이다. 각자의 이야기가 가진 고유한 측면과 상관없이, 우리 중 대부분은 다른 누군가의 인정이나 승인을 얻지 못하면 스스로가 그 자체로 가치 있거나 사랑받을 만하다고 느끼지 못한다. 어린 시절에 그랬던 것처럼 우리는 다른 사람이 안전감과 안정감을 느끼게 해주길 끊임없이 기대한다. 한번 수치스럽다고 느낀 자신의 일부를 계속 억압하면서 그런 부분이 우리가 원래 믿고 있던 것처럼 무가치하다는 뿌리 깊은 두려움을 강화한다. 다른 사람에게 분개심을 느낄 뿐 아니라 진실된 감정을 피하고 부인하고 수정하므로 스트레스 수준이 상승한다. 결국 감당할 수 없는 수준에 이르러 사랑하는 사람이 하루가 어땠는지 묻지 않으면 소리를 지르며 비난하고, 가족과 나눠야 할 어렵지만 중요한 대화를 피하거나 친구들이 지지하려 할 때 마음의 문을 닫아버린다. 많은 사람이 아동기 대처 방식을 계속 재현할 때 보이는 공통적인 습관이다. 물론 이런 태도는 현재의 고통을 가중하기만 한다.

우리가 우리 본연의 자기와 타고난 가치에 다시 연결되기 시작할 때 아름다운 일이 발생한다. 비단 우리뿐만이 아니다. 자기를 표현할 때 안전감과 안정감을 느끼는 사람은 다른 사람에게도 안전감과 안정감을 제공해 취약성과 진정성을 드러내게 할 수 있다. 내 욕구와 바람을 제대로 들여다보고 나서야 나는 다른 사람과의 관계에서 진정한 내가 될 수 있었다. 그제야 비로소 이제껏 내가 사람들에게 주고 있다고 생각했던 사랑을 실제로 줄 수 있게 되었다. 아울러 내 바람과 욕구를 이해하기 위해 내 몸과 연결되어 순간순간 어떻게 느끼는지 탐색해야 했다.

내 몸과 다시 연결되고 편하게 감각을 탐색하게 되자 스트레스나 화를 유발하는 경험에 더 잘 대처할 수 있었다. 또 오랫동안 그래왔듯이 감정을 밀어내거나 차단해 버리는 대신 더 잘 공유할 수 있게 되었다. 내 감정에 대해 편안해지고 나를 표현하는 능력이 커지자 자신감이 생겼고 다른 사람들 주변에서 정서적으로 취약할 때 느끼는 불편함을 더 잘 견딜 수 있게 되었다. 시간이 더 지난 뒤에는 심지어 만난 지 얼마 안 된 사람과도 솔직하게 감정을 공유할 수 있게 되었다. 관계에서 내 정서적 경험을 있는 그대로 받아들이자 다른 사람의 정서적 경험에도 더욱 관심을 갖거나 공감할 수 있게 되었다.

마음을 열고 내가 원하는 사랑을 주고받으려면 내 몸 안에서 충분한 안전감과 안정감을 느끼는 방법을 스스로 터득해야 했다. 사랑이 얼마나 깊고 충만하며 확장적인지를 스스로에게 보여주는, 삶을 바꾸는 여정을 시작한 것이다. 이 여정은 내게 단지 사랑을 찾는 일이 목표가 아니라 사랑을 가로막았던 보호 장벽을 모두 찾아서 제거해야 한다는 것을 가르쳐주었다. 또한 나는 사랑이란 감정을 특정한 방식으로 나타내는 것이 아니라 감정 자체를 체화하는 일이며, 다른 사람이 있는 그대로의 자신이 될 수 있도록 지지와 기회를 주는 일임을 알게 되었다.

이 책에서는 자신의 마음으로 돌아가는 여정을 안내해 줄 정보와 도구를 공유할 것이다. 이 책 전반에 걸쳐 모든 자신, 즉 몸과 정신과 영혼과 다시 연결되는 법을 발견할 수 있을 것이다. 관계에서 드러나는 여러 조건화된 자기를 깨닫는 법, 자신의 욕구를 파악하고 충족하는 법, 감당하기 힘든 감정을 진정시키는 법, 궁극적으로 마음이 원래 가진, 사랑할 수 있는 무한한 능력을 되찾는 방법을 배우게 될 것이다. 이제 시작할 여정과 이 책은 주변 사람들의 마음뿐만 아니라 자기 마음과의 관계를 치유하는 일도 다룬다. 독자들도 깨닫게 되겠지만, 자신의 마음과 연결되고 그 마음을 돌보고 난 뒤에야 비로소 진정으로 다른 사람의 마음과 교감하고 그 마음을 돌볼 수 있다.

마음 안에 사는 무한한 지혜와 직관과 다시 연결되면 관계 안팎에서 기쁨과 충만함을 느끼게 해줄 선택을 할 수 있다. 이 여정을 지나고 나면 주변에 사랑을 퍼뜨릴 수 있게 되며, 개인으로서 연인으로서 가족으로서 가장 깊은 잠재력에 도달하여 모든 공동체에 보탬이 될 수 있을 것이다. 우리가 바라는 사랑이 되는 일은 우리 자신과 주변 사람들 그리고 모두가 공유하는 세상을 치유할 수 있으며, 모두에게 줄 수 있는 가장 훌륭한 선물이다.

당신의 마음 안에는 주변 환경뿐만 아니라 관계를 변화시킬 힘이 있다. 사랑은 모든 치유의 진정한 원천으로, 우리 각자 안에 살고 있다.

차례

HOW TO BE
THE LOVE
YOU SEEK

1장

뇌는 어떻게
관계를 설계하는가

우리는 대체로 내가 관계의 형성에 일조하거나 나 때문에 관계가 형성된다고 생각하는 게 아니라 관계가 '어쩌다 우연히 나에게 발생한다'고 여긴다. 우리는 '사랑에 빠져' 다른 사람의 열정이나 힘에 휘말린다. 예전보다 사람 보는 눈이 생겼다고 믿지만 '경고 신호'를 매번 놓치고 자신과 맞지 않는 사람을 또 만난다. 관계가 소원해지거나 끝나면 대개 상대가 나를 행복하게 해줄 마음이나 능력이 없다고 믿으며 그를 비난한다.

관계에서 우리가 하는 능동적인 역할을 인식하기란 어렵다. 우리가 본능적으로 특정한 이유에서 특정한 사람들을 택할 수 있다는 사실도 깨닫기 어렵다. 많은 경우 누군가가 내 마음의 욕구를 깨어나게 했기 때문이 아니라 나조차 깨닫지 못하는 무의식적 욕구를 그가 충족해 주기 때문에 '사랑에 빠진다.' 아울러 무의식적으로 생애 초기 관계에서 비롯되어 익숙한 대인 관계 습관과 패턴을 재현할 수 있게 해주는 사람들로 주변을 채우려 한다.

우리는 통제할 수 없는 것, 즉 다른 사람들에게 대부분의 시간과 에너지를 쏟아붓기 때문에 관계에서 자주 무력감을 느낀다. 관계를 바꿀 수 없다는 무력감이나 절망을 현재 느끼고 있다 해도 자율성을 가질 수 있다는 사실을 깨달으면 힘이 생긴다. 우리 모두 할 수 있다. 누구나 건강하고 행복한 관계를 찾고 만들 수 있다. 다른 사람이 무엇을 하든, 주변에서 무슨 일이 벌어지든 우리가 바라는 사랑이 될 수 있다.

관계의 문제는 반복된다

• •

30대 초까지 나는 종종 연인과의 관계에서 무력하고 수동적이라고 느꼈다. 매번 내가 어쩔 수 없이 느끼게 되는 불만족에 대해 상대를 비난하고 나에게 '더 잘 맞는 사람'을 찾으면 상황이 나아질 거라고 믿으며 이 사람에서 저 사람으로 계속 연인을 바꿨다. 이 패턴은 열여섯 살에 빌리를 사귀면서 시작되었다. 그는 나의 첫 연인이었고, 나는 사랑에 빠졌다. 설령 그게 아니었다고 해도 그때는 그렇게 생각했다.

10대의 연애가 대개 그렇듯 우리는 주말이면 텔레비전을 보고, 친구들과 어울리고, 영화관에 가며 대부분의 시간을 보냈다. 우리 가족은 빌리에 대해 알았고 우리가 사귀는 것을 지지해 주었다. 그런데도 나는 가족에게 빌리에 대해 전혀 이야기하지 않았다. 엄마나 언니가 그에 대해 물으면 단답형으로 대답하거나 최근에 그가 나를 화나게 한 일이 있으면 불평을 해댔다. 친구들에게조차 우리의 관계에 대해 자세히 말하지 않았다. 그를 좋아하지 않거나 열정이 없어서가 아니라 그 반대였기 때문이다. 나는 진심으로 그를 사랑한다고 생각했다. 하지만 우리 가족은 무언가에 대해 화가 나거나 걱정하는 게 아닌 이상 감정을 공유하지 않았다. 나 역시 그 패턴을 지속했기 때문에 빌리가 나에게 상처를 입히거나 짜증 나게 할 때만 그에 대해 말하는 게 (또는 진심으로 불평하는 게) 편했다.

사귄 지 1년 반이 지났을 무렵 우리는 헤어졌다. 나는 절망했다. 헤어진 이유 중 하나는 이듬해 가을 서로 다른 대학에 진학할 예정이었기 때문이다. 두 학교는 주간州間 고속도로로 열세 시간이나 걸리는 거리에 있었다. 하지만 또 다른 이유는 빌리의 말을 빌리자면, 내가 "정서적으로 함께 해주지 않아서"였다. 이 표현은 오늘날까지도 내 머릿속에 새겨져 있다. 당시 나는 충격을 받았다. 나는 정서적으로 그와 함께한다고 여겼고 빌리에 대해 큰 사랑을 느꼈다. 어릴 때부터 나는 내가 늘 다른 사람에 대해 걱정하며 선하고 남을 보살피는 사람이라고 여기며 자부심을 느꼈다.

대학에 입학한 해에 놀랍게도 내가 여성과 사귈 수 있다는 생각이 들었다. 갑자기 빌리와의 일을 완전히 다른 각도에서 보게 되었다. '당연히 나는 정서적으로 그와 함께해 주지 못했다! 동성애자니까!' 운동을 하다가 첫 여자 친구 케이티를 만났다. 우리는 공유하는 친구들도, 관심사도 같았다. 많은 시간 함께 훈련을 하고, 경기를 보러 가고, 팀원들과 어울렸다. 바로 그런 근접성과 유사성이 우리 관계의 근간이었다. 다양한 활동을 함께하며 대부분의 시간을 보냈지만 나는 뭔가 부족하다는 느낌을 떨쳐버릴 수 없었다. 더 깊은 교감을 원했지만, 내 감정 세계를 그녀나 다른 누구와도 거의 공유하지 않았다. 사실 내가 정서적 교감을 위해 마음을 열지 못하는 게 문제였다. 나는 우리의 정서적 단절에 내가 어떤 역할을 하는지 깨닫지 못했다. 결국 내가 찾던 감정적 불꽃을 느끼지 못하는 바람에 1년 반의 연애 끝에 헤어졌고, 소피아를 만나기 시작했다.

소피아와 나는 나머지 학창 시절 동안 만남과 헤어짐을 거듭했다. 결국 우리 두 사람은 졸업 후 같은 도시로 이사하기로 했다. 그녀는 많은 면에서 케이티와 달랐다. 하지만 우리가 함께 만든 역동 때문에 나는 깊고 진실된 정서적 교감을 피하기 위해 정서적으로 거리를 둘 수 있었다. 나도 이 사실을 알았다. 아니, 내 잠재의식(모든 본능적이고 자동적인 사고, 감정, 행동을 관장하는 뇌의 부분)이 알고 있었다. 우리의 심리 깊숙이 자리 잡은 이 부분에 모든 기억이 저장된다. 심지어 우리가 또렷하게 떠올릴 수 없는 기억까지 억압된 감정, 어린 시절의 고통, 핵심 믿음과 함께 저장된다.

소피아는 어린 그녀에게 소리를 지르고 비난하고 깎아내리며 자주 화를 퍼붓는 감정적인 어머니 밑에서 자랐다. 연인 관계에 들어선 지 얼마 지나지 않아 소피아는 그녀의 어머니가 했던 방식대로 나를 대하기 시작했다. 내 말이나 행동에 동의하지 않으면 소리를 지르고, 내 외모가 못마땅할 때 나를 욕하거나 비난했다. 그녀가 어린 시절 무슨 일을 겪었는지 조금은 알았기에 나는 그녀의 말이나 태도가 진심이 아니며 단지 오래된 아동기의 상처를 드러내고 있을 뿐이라고 그녀의 행동을 정당화했다. 물론 그게 진실이었지만, 내가 참을 수 있는 경계나 한계를 설정하는 일이 몹시 힘들었다. 내 입장을 고수하거나 상처 입고 화가 난 내 감정을 소통할 수 없게 되자 그녀에 대한 분개심이 점점 커져 갔다.

나는 무엇이 진짜 문제인지 깨닫지 못한 채 내 불행에 대해 계속해서 소피아를 원망했다. 하지만 내 고통에 대한 핑계를 대고 마음을 상하게 하는 그녀의 행동에 대해 변명하는 나 자신에게 깊이 화가 났다는 게 진실이었다.

소피아와 완전히 헤어진 후, 세라라는 여성을 만났고 4년간 사귀었다. 세라는 파티에서 즐거운 시간을 보내길 좋아하는 태평하고 걱정이 없는 성격으로, 그런 그녀에게 나는 거의 무의식적으로 끌렸다. 세라와 함께라면 부정적인 감정에서 벗어나 관심을 돌릴 수 있는 이벤트와 경험을 아주 많이 즐길 수 있었다. 그녀는 항상 걱정이 없어 보였기 때문에 나 또한 태평하거나 평온하지 않으면 부끄러움을 느꼈다. 나는 그녀와 함께 파티를 열거나 거의 항상 친목 모임으로 꽉 찬 그녀의 일정에 동참하기 시작했다. 깊은 정서적 교감이 없었던 탓에 점점 커져가는 고통과 공허함을 달래려고 내 잠재의식은 계속해서 오래되고 뿌리 깊은 습관에 의지했다. 나는 관심을 다른 곳으로 돌리기 위해 계속 바쁘게 지내고 약물을 사용했다. 비록 세라는 우리 관계에 대해 불만을 표현하지 않았지만, 자주 술을 마셨고 그럴 때면 내게 잔인하게 굴었다. 소피아에 대해 그랬듯이 나는 그녀가 지나치게 취했기 때문이라고, 혹은 그런 말이나 행동이 진심이 아니라고 세라의 행동을 합리화했다. 그럴 때면 그녀를 진정시키거나 기쁘게 하기 위해 내 감정을 계속 억누르며 내 감정보다 그녀의 감정을 앞세웠다. 이런 식으로 몇 개월이 쌓여 몇 년이 되자 나는 소피아에게 느꼈던 분개심을 다시 느끼기 시작했다. 또다시 나는 내게 충분한 관심을 주지 않고 내 감정에 무심하다는 이유로 세라를 비난했다. 결국 우리 관계는 끝났다.

세라와 헤어진 후, 나는 나보다 나이가 많은 비비언이라는 룸메이트가 있는 침실 세 개짜리 아파트로 이사했다. 비비언은 내가 아는 다른 여성들보다 성숙해 보였다. 우리는 금세 친구로 지내다가 연인이 되었다. 나는 그녀의 독립성과 정서적 자립성에 끌렸다. 우리는 취향이 비슷했고 관심사도 같아서 빠르게 유대감이 형성되었다. 시간이 지나자 걱정과 두려움을 공유하기 시작했고, 교감이 깊어졌다.

소피아와 마찬가지로 비비언은 스트레스가 많고 불안정한 가정에서 성장했고, 10대에 독립했다. 그녀는 그 누구도 필요로 하지 않는다는 데 자부심을 느꼈기 때문에 사귀기 시작하면서부터 자신이 '결혼할 타입'이 아님을 주장했다. 그래서 한두 해가 지난 뒤 그녀가 나와의 결혼에 대해 말하기 시작하자 나는 내가 대단히 특별하다고 느꼈다. '결혼은 원치 않지만 나와의 결혼은 원하는 거야!' 나는 속으로 매우 흥분했다. 우리는 당시 동성 결혼이 합법이던 코네티컷으로 가서 결혼했고, 1년이 채 지나지 않아 원래 살던 곳으로 함께 돌아왔다.

돌아오자마자 사랑에 대한 나의 관점이 바뀌기 시작했다. 나는 뉴스쿨에서 심리학으로 박사 학위를 받았고, 졸업하자마자 자격증을 따기 위한 과정에 돌입했다. 이 과정은 모든 심리학자가 개인적으로 임상을 하려면 완수해야 하는 현장 수련으로, 하루 종일 진행되고 무척 힘들었다. 나는 2년 동안 정신분석을 실시하는 개인 상담과 집단 상담에 참여했다. 정신분석은 무의식이 생각과 감정, 행동, 관계의 역동을 움직이는 다양한 방식을 연구하는 심리학의 한 분야다.

갑자기 나는 자기 분석과 평가에 깊이 빠져들었다. 개인 상담 동안 내 잠재의식에서 비롯된 사고와 감정을 탐색하기 시작했다. 예전에는 전혀 해보지 않았던 일이었다. 아울러 집단 상담에서는 내가 다른 학생들과 어떻게 상호작용하는지를 평가했다. 몇 주 만에 나는 비비언과 나 사이에 거대한 정서적 균열이 있음을 깨달았다. 우리는 깊은 감정이나 실제 관계의 역동에 대해 전혀 대화한 적이 없었지만, 나는 상담을 통해 낯선 사람들에게 그

두 가지에 대해 말하고 있었다. 나는 결혼 생활이 행복하지 않으며, 우리 관계에서 내가 깊이 갈망하는 정서적 교감을 얻지 못한다고 생각하게 되었다.

새로운 도시에서는 예전처럼 어울릴 친구가 많지 않아 세상이 우리 둘만으로 축소되었다. 친구들과 친목 모임이 끼어들지 않자 우리 관계의 역동이 좀 더 두드러졌다. 너무 오랫동안 물속에서 숨을 참다가 새어 나온 공기 방울이 수면 위로 올라온 것 같았다.

나는 비비언에게 우리 사이에서 교감을 느끼지 못하며 우리 관계가 내가 원하고 필요로 하는 만큼 정서적으로 깊지 못하다고 자주 불평했다. 비비언이 지나치게 독립적이라고 비난하고 우리가 더 깊은 수준에서 교감할 수 없는 것은 그녀 때문이며, 그래서 우리가 심한 갈등을 반복하게 되었다고 말했다. 이 모든 일을 지금에 와 돌이켜보면 민망할 따름이다. 과거의 관계에서 그랬듯이 나는 관계가 불만족스럽고 피상적인 수준에 머무는 데 내가 어떤 역할을 했는지 인식하지 못했다. 나는 내 감정에서 대체로 단절되어 있었기 때문에 내 감정들을 인정할 수 없었다. 내 감정이 무엇인지조차 몰랐다.

나의 불행이 깊어지자 비비언은 우리의 결혼을 위해 더 열심히 싸우기 시작했다. 나는 그녀의 결단력에 두려움을 느꼈다. 내가 이혼을 원한다는 사실을 깨달았을 때 나는 겁에 질렸다. 살면서 처음으로 내가 좋아하는 누군가의 바람에 정면으로 반대되는 강력한 열망을 느꼈다. 수개월 동안 그녀에게 이혼을 요청할 방법을 찾았지만, 말하는 대신 행동으로 그녀를 밀어냈다. 마침내 진심을 말했을 때, 겁이 났지만 동시에 힘이 생긴 듯했다. 관계에서 다른 누군가가 아닌 내 바람을 앞세운 것은 그때가 처음이었다.

이혼으로 인해 나는 나 자신이나 주변 사람에게 도움이 되지 않는 관계의 역동을 만드는 데 내가 행한 능동적인 역할을 처음으로 이해하기 시작했다. 표면적으로는 내 욕구를 무시하고 내 감정을 억압하며 다른 사람의 욕구를 내 것보다 앞세우는 나의 잠재의식적인 습관들 때문에 내가 '착하고 이타적인' 사람이라고 믿었다. 하지만 그러한 습관들은 나뿐 아니라 다른 그 누구도 행복하게 해주지 못했다. 실제로 나는 내 진실된 감정을 표현해 본 적이 거의 없었고, 그 가운데 많은 감정을 스스로 가질 틈조차 주지 않았기 때문에 다른 사람과의 정서적 거리가 점점 멀어졌다. 나보다 남을 앞세우는 것은 이타적인 게 아니다. 그건 자기를 포기하는 짓이다. 깊은 불만족에 나는 자주 동요되거나 화가 났고, 일상적인 문제로 싸우거나 언쟁을 벌여 비비언과 나 사이에 분개심을 키웠다.

당시 나는 이렇게 반복되는 갈등에 내가 어떤 역할을 했는지 이해하지 못했다. 나의 관계 습관이 아동기 이후 내 잠재의식에 뿌리 깊게 새겨져 있었기 때문이다. 이 습관은 다른 사람과 관계를 맺거나 상호작용하고 교류하는 내 본능적인 방식의 일부였다. 나는 내 인생 최초의 관계, 즉 가족 관계에서 그러한 습관을 키웠고 그것에 의지했다.

스스로를 보호하기 위한 본능

• •

겉보기에 나는 행복하고 친밀한 가정에서 성장한 듯 보일 수 있다. 나 스스로도 어린 시절과 성인기 대부분 동안 그랬다고 말했을 것이다. 항상 먹을 것이 풍족했고, 부모님은 내가 학교 공부와 운동을 잘하도록 격려해 주셨다. 가정에서 신체적, 성적 학대를 겪지도 않았다. 하지만 내가 나중에 알게 되었듯이, 명백한 학대가 없다고 해서 정서적 방임이나 관련된 애착 트라우마가 없다고 말할 수는 없다.

어린 시절 나는 스트레스와 질병에 둘러싸여 살았다. 언니는 어릴 때 심각한 건강 문제로 죽을 뻔했다. 가족 안에서 대놓고 인정되지는 않지만 어머니는 오랫동안 만성적인 건강 문제와 통증에 시달리셨다. 우리는 행복하든 슬프든 우리의 감정에 대해 말하지 않았다. 상처받거나 화가 나더라도 서로 대놓고 대립하지 않았다. 그렇다면 어쨌거나 비교적 행복한 게 아니었나? 왜 우리는 그 무엇에 대해서도 대화하거나 대립할 필요가 없었을까?

정서적 차원에서 교감하는 대신, 나는 스트레스와 불안을 통해 부모님과 언니와 결합되었다. 또 다른 건강 문제나 일상의 스트레스가 발생할 때마다 우리 가족은 문제가 해결될 때까지 걱정을 공유하는 데 초점을 맞추었다. 모두가 스트레스를 받거나 아프거나 화가 난 가족의 '시급한' 욕구를 해소하는 데 급급해서 자신의 욕구는 등한시하곤 했다.

이러한 패턴이 꾸준히 반복되자 나는 시간이 흐르면서 내 욕구와 감정은 주변 사람들의 것만큼 중요하지 않다고 생각하게 되었다. 우리 가족이 나를 사랑하고 나에게 마음 쓴다는 것을 '알고' 있었지만, 정서적 의미에서 그런 사랑이나 배려를 진실로 '느껴본' 적은 없었다. 모든 아이가 그렇듯이 내가 화가 나면 누군가 내 말을 들어주거나 나를 달래거나 위로해 줘야 했다. 하지만 내 부모님은 당면한 위기 때문에 내게 자주 관심을 줄 수 없었고, 나는 이미 감당하기 힘든 수준의 스트레스로 괴로워하는 가족들에게 나까지 짐이 될까 봐 두려워 가족들과 공유할 수 있는 범위를 제한하기 시작했다. 결국 나는 내게 욕구가 있다는 것 자체를 인정하지 않는 법을 배웠다. 아니면 적어도 나를 지지해 줄 사람이 없을 때 내가 느낄 실망을 피하기 위해 조금도 약해 보이지 않으려고 애썼다. 내 안전을 유지하기 위해 거리를 두었고, 감정을 억압하고 내 정서 세계로부터 스스로를 차단했다. 이러한 대처 전략은 이후 오랫동안 관계에서 상처받지 않고 나를 보호하기 위해 내가 본능적으로 사용하는 방패가 되었다.

물론 이 이야기는 나의 이야기이며, 당신의 이야기는 다를 것이다. 사람마다 고유한 여정을 따라가지만 생애 초기의 애착이 성인이 되어 맺는 관계, 특히 연인 관계에서 행해지는 습관에 영향을 미친다는 사실에는 변함이 없다. 이러한 습관이 현재의 우리에게 도움이 되는 경우는 거의 없지만 익숙하고 편안하며 따라서 안전하게 느껴진다. 이러한 습관은 잠재의식에 저장되어 매일 저절로 반복되기 때문에 알아차리기 어려우며, 관계에서 우리가 하는 능동적인 역할을 의식적으로 이해하기도 어렵다.

하지만 이러한 조건화를 제대로 바라보고 현재 우리가 가진 욕구를 더 잘 충족해 줄 새로운 습관을 형성하는 법을 배울 수 있다. 조건화가 과거 경험의 잔재임을 이해하면 역기능적인 관계 습관이 낳은 결과로 우리가 느끼는 수치심에서 벗어날 수 있다. 우리가 행하는 능동적인 역할을 인식하고 인정할 때, 관계의 역동을 바꿀 수 있는 능력과 힘을 이용할 수 있다. 관계가 바뀌기를 원한다면 결국 관계에 임하는 방식을 바꿔야 하기 때문이다.

내가 겪은 모든 역기능적인 관계 패턴에서 발견되는 공통 요소가 바로 '나'였음을 깨달은 후, 내게는 다른 사람과의 역동을 바꿀 수 있는 힘이 생겼다. 나는 다른 사람을 실망시켰을 때 내가 느낄 불편함을 피하기 위해 내 욕구를 희생해야만 편안함을 느낀다는 사실을 알게 되었다. 명확한 경계가 없거나 그런 것을 설정하지 않았다. 혹은 경계가 아예 없었다. 나의 진정한 욕구와 열망에서 단절되고 끊임없이 내 한계를 넘어서자 관계에서 정서적 거리감을 느끼고 분개했다. 동시에 끊임없이 다른 사람에게 책임을 돌리며 항상 좀 더 '완벽한' 연인을 찾아다녔다. 내 잠재의식의 습관이 무엇인지 깨닫지 못한 채 나는 관계 문제에 대해 상대방을 탓했고, 이런 상황이 지속되는 데 내가 일조한 역할은 해결하지 않은 채 상대가 변하기만을 기대했다.

나 자신을 솔직하게 들여다보고 나서야 비로소 관계가 발전하기 시작했다. 건강한 관계를 찾거나 유지하는 것이 나를 정서적으로 건강하게 만드는 일임을 깨달았다. 처음에는 몹시 불편한 일부터 해야 했다. 내 욕구와 바람을 존중하는 법을 배워야 했는데 그러기 위해서는 먼저 다른 사람과의 관계에서 새로이 경계를 설정하고, 그 과정에서 인내심을 갖고 나 자신을 연민하는 법을 배워야 했다.

생애 초기의 트라우마

• •

관계에 관한 한 우리는 경험하거나 배운 것을 반복한다. 만일 어린 시절에 스트레스가 심하거나 혼란스러운 환경에서 자랐고, 건강한 습관을 가질 기회가 없었거나 정서적으로 무시당했다면 어른이 되어서도 다른 사람과의 관계에서 같은 역동을 반복한다. 우리가 이 사실을 알아차리지 못한다 해도 과거, 특히 부모상에 대한 애착 패턴이 우리의 몸과 마음에 새겨지고, 이 때문에 성인이 되어서도 몸과 마음이 같은 종류의 관계를 본능적으로 추구하고 다시 만들게 된다. 이것을 '외상성 애착trauma bonds'이라고 하는데, 생애 초기 부모상parent-figure과 맺은 애착 패턴을 반영하거나 재현하는 방식으로 다른 사람과 관계를 맺는 조건화된 패턴을 말한다.

더 심층적으로 알아보기 전에 먼저 이 책 전반에 걸쳐 살펴볼 몇 가지 개념을 정의하고 넘어가자.

우선 '트라우마trauma'부터 시작하자. 대부분의 사람들은 이 단어를 들으면 바로 자연재해, 전쟁, 강간, 근친상간이나 학대와 같은 재난이나 폭력적인 사건의 여파로 겪는 고통을 떠올린다.

물론 이러한 사건들 모두 트라우마의 원인이 된다. 그러나 트라우마는 우리 몸의 신경계에 지속적인 조절 장애를 유발하는 경험을 했을 때, 이를 정서적으로 처리할 수 있는 능력을 넘어서는 모든 스트레스에서 비롯되기도 한다. 정서적 지지처럼 안전감과 안정감을 느끼기 위해 필요한 무언가를 갖지 못했을 때 발생하는 감당하기 힘든 스트레스도 여기에 해당한다. 안전감과 안정감을 일관되게 느끼지 못하거나 생존을 위해 의존하는 대상이 지속적으로 곁에 없을까 봐 두려울 때, 우리는 확실성과 통제감의 부족을 경험한다. 이럴 때 인체의 스트레스 회로, 즉 시상하부 뇌하수체 부신축HPA axis(129쪽에서 더 자세히 다룰 것이다)이 활성화되어[1] 당면한 상황에 대처하는 인체의 능력에 영향을 미친다.

감정에 대해 지속적으로 수치스러움을 느끼거나 경험 또는 현실을 부정당하거나 정서적으로 방임당하는 일은 모두 인체의 스트레스 회로를 활성화하여 트라우마를 남기는, 정서적으로 감당하기 힘든 느낌을 초래할 수 있다. 이 영향은 한순간에 발생할 수도 있고(위에서 열거한 사건들에 해당한다), 아니면 시간이 흐르며 서서히 축적되어 부지불식간에 우리 안에 쌓일 수도 있다. 정서 반응을 처리할 수 없을 때, 그것은 몸과 마음에 새겨진 채 우리에게 남아 결국 미래의 생각, 감정, 반응에 영향을 미친다.

가정에서 경험하는 스트레스와 더불어 제도적, 문화적, 집단적 트라우마에서 오는 환경적 스트레스도 우리 대부분에게 영향을 미친다. 이러한 환경적 스트레스는 정서적 안전과 안정을 위해 필요한 지지적인 관계에서 단절되게 만든다. 집단적 트라우마는 단일 사건이나 일련의 사건들로 인해 집단, 공동체, 국가나 세계에서 안전이 사라질 때 발생한다. 자연재해, 경제 불안, 전쟁, 식민지화 또는 제도의 불공정, 성적 혹은 문화적 억압, 팬데믹 등을 예로 들 수 있다. 집단적 트라우마는 사람들이 자기 자신이나 다른 사람과 관계를 맺는 방식에 영향을 미치는데, 조건화와 세대에 걸쳐 내려오는 대처 기술에 따라 사람마다 다르게 영향을 받는다.

누구나 고유한 정서적 경험을 하듯이 우리는 모두 다른 반응 패턴을 가지고 있다. 설령 어린 시절에 무슨 일이 벌어졌는지 의식적으로 기억할 수 없다 해도, 우리는 아동기에 겪은 특정 조건화에 따라 대처 전략을 학습했다. 전통적인 심리 치료를 받았거나 행동과학에 대해 읽은 적이 있다면 '조건화conditioning'라는 개념을 알 것이다. 조건화는 반복되는 경험을 통해 학습한 믿음, 행동, 습관이 잠재의식에 저장되어 그곳에서 자동적인 행동, 관심, 동기가 만들어지는 과정을 말한다.

분명 우리는 성인으로서 새로운 선택과 경험을 함으로써 새로운 습관을 만들 수 있지만, 대부분의 조건화는 우리가 어린 시절 부모상과의 관계에 의존할 때 발생한다. 이 책에서 종종 이야기하는 '부모상'은 우리가 어릴 때 신체적, 정서적 욕구를 충족해 주는 책임을 주로 맡은 사람들을 일컫는다. 대체로 부모상은 생물학적 어머니, 아버지, 혹은 둘 다이다. 물론 이 용어에는 조부모, 양부모, 위탁 가정 부모, 형제자매, 간호사, 전문 양육자, 그밖의 아동기의 주 양육자가 포함될 수 있다.

아이로서 우리는 누가 우리의 부모상이었는지, 우리가 생각하기에 그들과 '좋은' 관계였는지 '나쁜' 관계였는지와 상관없이 본능적으로 그들에게서 지침을 구했고, 우리 자신과 세상에 대한 정보를 흡수했다. 그들에게서 감정을 표현하는(또는 억압하는) 법과 우리 몸에 대해 느끼고 다루는 법, 적응하거나 사회적으로 수용되는 법(가령 어떤 행동이 옳고 그른지), 다른 사람과 관계를 맺고 상호작용하는 법을 배웠다. 주변 사람들을 관찰하고 그들이 하는 행동을 따라 함으로써 그러한 습관과 믿음을 배웠다.

모든 어린아이는 그의 부모상을 모방한다. 엄마나 아빠가 미소를 짓거나 혀를 내밀면 아기가 똑같이 따라 하는 것을 보면 알 수 있다. 마찬가지로, 어린아이는 부모상이 무엇을 하는지 보고 그것을 대부분 따라 한다. 만일 우리의 부모상이 그들의 감정을 수치스러워하거나 억압했다면, 우리도 그렇게 하도록 배웠을 것이다. 부모상이 그들의 몸이나 다른 사람의 신체적 특징을 비판했다면, 우리는 우리가 지닌 그러한 측면을 비판하거나 부끄러워하도록 배웠을 수 있다. 스트레스가 발생하거나 화가 나는 상황에 부모상이 소리를 지르며 대처했다면, 우리도 똑같이 할 수 있다. 그들이 그럴 때 누군가를 차단하고 무시했다면, 우리도 정서적으로 단절하도록 배웠을 것이다.

정서 세계를 잘 헤쳐나가는 법을 배우려면 우선 생각과 감정을 주변 사람들에게 솔직하게 표현할 수 있을 만큼 충분히 안전하고 안정적이라고 느껴야 한다. 성인으로서 이렇게 할 수 있는 능력은 생애 초기 관계에서 대체로 어떻게 느꼈는지에 크게 영향을 받는다. 1952년 정신분석학자 존 볼비John Bowlby가 처음 주창한 '애착 이론attachment theory'에 따르면, 부모상과 얼마나 안전하고 안정적으로 관계를 맺었는지가 이후 평생 동안 다른 사람들과 어떤 종류의 관계를 맺으려 하고 실제로 맺는지에 영향을 미친다.[2] 어린 시절 부모상에 대한 애착이 매우 안전하고 안정적이었고 신체적, 정서적 욕구가 일관되게 충족되었다면, 성인이 되어서 자신의 욕구를 우선시하고 충족할 가능성이 높다. 안정 애착을 형성한 사람은 자신과 다른 사람을 신뢰하고 정서적 회복력을 지닐 가능성이 높으며, 불편한 감정을 견뎌내고 그런 감정에서 재빨리 회복될 수 있는 능력이 있다. 이런 정서적 자기 신뢰는 일관되고 신뢰할 만하며 예측할 수 있는 행동들을 통해 장시간에 걸쳐 구축된다. 관계에서 신뢰란 누군가가 특정한 방식으로 행동하리라 믿을 수 있다는 느낌이다.

우리 중 많은 사람이 성장기에 안정 애착을 형성하지 못했는데, 우리의 부모상도 그들의 생애 초기에 많은 욕구가 충족되지 못한 환경의 영향을 받았기 때문이다. 그 결과 그들은 우리의 생애 초기에 우리의 신체적, 정서적 욕구를 일관되게 파악하거나 살피지 않았다. 아무도 아이인 우리가 욕구를 파악하고 살피는 법을 배우도록 돕지 않았기 때문에 어른이 되어서도 우리는 자신의 욕구를 파악하거나 살필 줄 모른다. 우리는 그것이 스트레스, 슬픔, 분노와 같이 구체적인 감정이든 아니면 전반적으로 불쾌한 감정이든 불편한 감정에 대처할 수 있는 정서적 회복력이 부족하기 때문에 자신이나 다른 사람을 신뢰하지 못하고 종종 충동적으로 반응한다. 계속 우리 자신을 방치하거나 저버리면서 다른 사람이 우리를 돌보게 만들려고 시간, 에너지, 정서적 자원을 과도하게 쏟아붓거나, 아니면 다른 사람의 지원을 완전히 차단해 버린다.

생애 초기의 애착 유형이 안정이었든 불안정이었든 관계를 맺는 습관적인 패턴은 잠재의식에 새겨지고 그곳에 남는다. 따라서 우리는 성인이 되어서도 이 패턴에 이끌려 유사한 관계 역동을 자동적, 본능적으로 지속하려 든다.

충족되지 못한 아동기의 욕구

• •

애착 패턴을 파악하려면 우선 충족되지 못한 아동기 욕구가 무엇인지 이해하는 게 중요하다. 충족되지 못한 아동기 욕구는 신체적인 것일 수도, 정서적인 것일 수도 있다. 일반적으로 전자가 더 이해하기 쉽다.

생리적으로 인체는 누구나 같은 방식으로 기능한다. 폐는 혈액에 공기를 공급하고, 세포는 음식에 든 영양분을 전환하여 우리가 기능하도록 지원하고, 근육은 우리가 움직이거나 무거운 물건을 들어 올릴 수 있게 해준다. 이러한 구조적 유사점은 모든 인간에게 보편적이어서 우리는 신체적으로 같은 기본 욕구를 지닌다. 이를테면 인간이라면 누구나 물, 산소, 영양분, 휴식과 회복을 위한 수면과 움직임의 균형이 필요하다.

어린 시절 신체적 욕구가 충족되지 않았다면, 충분한 음식이나 입을 만한 적절한 옷, 몸을 움직일 충분한 공간이나 휴식을 취할 수 있는 조용한 공간이 없었을 수도 있다. 아니면 재정적 불안정과 인종차별 등 다른 많은 이유로 환경에서 신체적 안전을 느끼지 못했을 수도 있다.

아동기에 충족되지 못한 신체적 욕구에는 좀 더 미묘하게 부족한 것들도 포함된다. 자주 홀로 남겨졌거나, 신체 접촉을 불편해하는 사람들에게 양육되었기 때문에 신체 접촉이나 달램이 부족했거나, 어린 시절 살던 집이 지나치게 시끄럽거나 혼란스러워서 충분히 자지 못했을 수도 있다. 많은 사람이 성인이 되어서도 충족되지 않은 신체적 욕구 때문에 계속 어려움을 겪는다. 몸을 꾸준히 돌보기 위해 필요한 안정적인 재원에 접근할 수 없거나 신체적 안전과 안정을 느끼지 못하기 때문이다. 원인이 무엇이든 신체적 욕구가 일관되게 충족되지 않으면 인체는 신경계 반응을 활성화하여 생존 모드로 전환하기 때문에 정서적 욕구는 뒷전으로 밀린다.

충족되지 않은 신체적 욕구보다 더 흔한 게 바로 충족되지 않은 정서적 욕구다. 내가 아는 거의 모두가, 심지어 선의를 지닌 부모상 밑에서 자란 사람들마저 충족되지 않은 정서적 욕구를 안고 성장했다. 많은 부모가 우리를 재정적으로 지원하기 위해 오랜 시간 동안 일을 해야 했다는 사실을 감안하면 이런 현상은 충분히 예상할 수 있다. 초과 근무를 하고, 수면 부족에 잘 먹지도 못하고, 스트레스를 제대로 견뎌내지도 못하는 사람이 어떻게 정서적으로 다른 사람을 보살필 수 있단 말인가? 당연히 불가능하다.

이러한 사회적 불평등과 현실이 존재한다 해도 누구나 살펴야 할 핵심적인 정서적 욕구가 있다. 아이든 성인이든 누구나 모든 관계에서 갖는 가장 깊은 욕구는 다른 사람과 교감하고 다른 사람의 지지를 잃지 않은 채 온전히 자기 자신으로 '존재'할 수 있을 만큼 충분히 안전하고 안정적이라고 느끼는 것이다. 자신의 관점과 경험을 솔직하게 표현할 수 있을 만큼 충분히 안전하고 안정적이라고 느끼면 정서적 친밀감이 생기는 데 도움이 된다. 무엇을 느끼든 정서적으로 모든 것을 드러내고 솔직해질 수 있다면 세상에 본연의 모습을 좀 더 많이 드러내고 보여줄 수 있다. 아래 질문들을 통해 다양한 관계에서 자신이 정서적 안전과 안정을 얼마나 느끼는지 확인해 보자.

- 나는 신체적, 정서적으로 당신에게 안전하고 안정적으로 연결되어 있다고 느끼는가?
- 나는 내가 혹은 우리 관계가 당신에게 중요하다고 느끼는가?
- 나는 신체적 혹은 정서적으로 떨어져 있는 순간에도 당신이 나를 사랑하고 보살펴 준다고 느끼는가?

우리가 정서적으로 안전하고 안정적이라고 느낄 때, 다른 사람이 우리를 있는 그대로 보고 수용하고 인정한다고 믿을 수 있다. 또한 다른 사람이 우리에게 변화하거나 발전할 여지를 줄 수 있고, 우리의 이익을 최우선으로 생각한다고 믿을 수 있다. 만일 생애 초기 애착 형성 과정에서 이런 안전과 안정을 가졌다면, 우리 몸과의 물리적 연결을 믿을 수 있고 더불어 그것이 스트레스나 다른 기분 나쁜 감정에 대처하는 능력을 신뢰할 수 있게 된다. 정서 세계에 안전하고 안정적으로 연결되어 있다고 느낄 때 자기를 주변 사람들과 진정으로 공유할 수 있으며, 갈등이나 단절의 순간이 지난 뒤에 다시 연결되거나 회복할 수 있음을 알고 관계를 신뢰할 수 있다.

부모상이 아이가 일관되게 안전하고, 가치 있고, 사랑받는다고 느끼도록 도우려면(혹은 자신을 알아봐 주고 귀 기울여 주고 인정해 준다고 느끼도록 도우려면) 그들이 먼저 일관되게 이런 식으로 느낄 수 있어야 한다. 하지만 대부분의 부모상들은 그들의 아동기 트라우마로 인해 감정을 조절하는 능력을 키우지 못했기 때문에(그리고 그에 따른 신경계의 조절 장애를 겪기 때문에—이 부분은 나중에 더 살펴보기로 한다) 그런 식으로 느끼지 못했다. 그 결과 우리 중 대부분은 자기를 진실되게 표현하는 데 필요한 정서적 안전이나 안정을 느끼지 못한 채 성장하여 깊은 무가치감과 정서적 고독을 느끼게 되었다.

우리의 부모상은 정서적으로 안전하고 안정적이라고 느낄 수 없었기에, 우리가 진정한 자기를 탐색하고 표현하기 위해 필요한 환경을 조성해 줄 수 없었다. 그 결과 우리는 그들이 정서적으로 우리를 버리거나 압도한다고 느끼고, 스트레스나 화를 유발하는 감정과 경험을 어떻게 헤쳐나가야 할지 홀로 궁리했다. 아동기의 정서적 방치나 방임과 관련된 감정들은 실제로 뇌에서 신체적 통증과 같은 경로를 활성화하여 몸과 마음이 트라우마를 유발하는 지속적인 스트레스 반응에 돌입하게 만든다.

아동기의 정서적 안전과 안정의 결여는 다양한 감정을 표현했으나 일상적으로 무시당하거나 비난받거나 윽박지름의 대상이 되는 모습으로 나타날 수 있는데, 이러한 경험은 모두 '나는 지나치다'라는 뿌리 깊은 믿음을 주입하고 자기를 표현하는 데 어려움을 겪게 만든다. 또한 그러한 결여는 열정이나 관심을 좇지 못하도록 좌절되거나 방해받은 모습으로도 나타날 수 있다. 그 결과 현재 성인이 되어서도 무엇을 좋아하는지 확신하지 못한다.

　열거한 것보다 더 많이 있지만, 다음 목록은 아동기에 충족되지 못한 정서적 욕구를 가졌을 수 있음을 보여주는 또 다른 지표들이다.

- 부모상이 당신을 분리된 고유한 개인으로 보지 않고 그들의 연장선으로 취급하고 당신이 그들의 선례를 따르거나 그들의 믿음, 감정, 외모, 직업을 따라야 한다고 느끼게 했다. 성인이 된 당신은 진정한 당신의 모습일 때 안전하거나 안정적이라고 결코 느끼지 못하거나 혹은 당신이 무엇을 믿는지, 어떻게 느끼는지, 무엇에 관심이 있는지 확신하지 못할 수 있다.
- 부모상이 일, 관계 문제, 금전적 필요, 또는 해결되지 않은 트라우마에 치여서 꾸준하게 당신에게 관심을 주지 않았거나 주지 못했다. 성인이 된 당신은 스스로 고립을 택하거나 지나치게 독립적이어서 모든 관계나 다른 사람의 지지를 차단할 수 있다.
- 부모상이 다양한 문제나 갈등에 대해 상황을 개인적으로 받아들여 재빨리 방어적이 되거나 감정적으로 반응하며 당신을 포

함한 다른 사람을 탓했다. 성인이 된 당신은 문제에 휘말릴까 봐 자주 걱정하고, 기분이 나아지기 위해 다른 사람에게 의지하며, 갈등을 피하기 위해 자주 다른 사람의 비위를 맞출 수 있다.

• 부모상에게 두 가지 페르소나가 있었다. 하나는 집에서 보이는 모습으로, 비판적이고 비난하거나 차단해 버리는 페르소나였다. 다른 하나는 공개적인 상황에서 보이는 모습으로, 따뜻하고 정이 많고 겉보기에 당신을 사랑하는 것 같은 페르소나였다. 성인이 된 당신은 주변 사람들의 의도나 행동에 대해 자주 불안하고 확신이 없고 혼란스러울 수 있다.

• 부모상이 자주 당신의 성취를 다른 사람에게 자랑했지만, 당신이 무언가를 성취하지 못하거나 성과를 칭찬받지 못하면 무시했다. 성인이 된 당신은 외부의 인정이 없으면 자신이 무가치하고 사랑받지 못하거나 공허하다고 느낄 수 있다.

• 부모상이 당신의 관점이나 감정을 대체로 무시하거나 반대했다. 성인이 된 당신은 이분법적 사고(옳거나 그르거나, 좋거나 나쁘거나)에 빠져서 특히 화가 났을 때나 갈등 상황에서 다른 사람의 관점을 보거나 인정하기 힘들 수 있다.

• 부모상이 그들의 욕구나 감정을 중요시하여 당신을 양육하는 데 그들이 행한 역할을 지나치게 강조하며 그들이 당신을 위해 한 모든 일과 희생을 당신에게 계속 상기시켰다. 성인이 된 당신은 다른 사람들에게 만성적인 부채 의식을 느끼거나 욕구가 생기면 스스로를 이기적이라고 느낄 수 있다.

모든 아이에게는
정서적 내면 세계가 있다

• •

나의 내면을 분석하기 전까지는 깨닫지 못했지만, 내 아동기 환경 때문에 나는 있는 그대로의 나로도 안전하고 소중한 존재이며 사랑받는다고 일관되게 느끼지 못했다. 아주 어린 시절부터 아동기 내내, 그리고 10대와 성인기까지 내 어머니는 나에게 정서적 거리를 두셨고, 온 정신이 육체의 만성 통증에 가 있었다. 어머니는 통증 때문에 끊임없이 방해받고 생존 모드에 갇혀 있었던 터라 나의 건강에 대한 걱정이나 내가 이룬 것에 대한 칭찬 외에는 별다른 감정을 표현하지 못하셨다. 나중에 들은 바에 따르면 어머니는 마치 '구급대원'처럼 나와 내 두 형제자매를 대하셨고, 정서적으로 우리에게 주파수를 맞추거나 교감하지 않은 채 우리를 키우셨다. 한편 아버지는 나와 함께 놀아주고 부산스러운 내 천성을 잘 맞춰주는 등 내 삶에 적극적으로 개입하셨다. 하지만 정서적으로 거리를 두기는 매한가지여서 일상의 스트레스와 다른 사람에게 짜증을 내는 것 외에는 감정을 거의 공유하지 않으셨다. 나보다 열다섯 살이나 많은 언니는 나를 키우고 적극적으로 나와 시간을 보냈는데, 특히 어머니가 신체적인 이유로 나를 돌보지 못할 때 그랬다. 하지만 언니 역시 부모님과의 관계에서 습득한 대로 정서적으로 늘 차단되어 있었다.

모든 아이에게는 정신적, 정서적으로 활발한 내면의 세계가 있다. 어린 시절의 나 역시 마찬가지였다. 하지만 내가 경험을 공유하려고 할 때마다 어머니는 걱정스러운 표정을 지었고, 우리 둘 다 불편한 감정을 느끼게 하는 문제는 무엇이든 재빨리 해결하거나 무시하려고 하셨다. 그렇지 않을 때는 "제발 [바람직하지 않은 표현이나 행동]을 하지 말렴. 그렇지 않으면 엄마가 슬퍼질 거야" 혹은 "엄마를 위해 [바람직한 요청]을 해주지 않겠니? 그러면 엄마가 걱정하지 않아도 될 텐데"와 같이 말해서 상처나 분노, 슬픔, 실망을 덜어내기 위해 내 행동을 통제하려고 애쓰셨다.

가족과의 연결이 끊어질까 봐 두려워서 나는 대체로 그들의 욕구나 열망을 내 것보다 앞세워 존중하곤 했다. 그러한 동반의 존적 역동codependent dynamics(자신의 욕구는 희생하고 상대방의 욕구와 생각에 지나치게 몰입하는 사람과 그런 동반의존자의 지원을 받는 사람 사이의 상호작용—옮긴이)을 배우고 나의 감정이나 관점이 다른 사람의 감정이나 관점과 별개임을 느끼지 못한 나는 그들의 정서적 경험을 책임지게 되었다. 내면화된 자기 비난의 주기에 갇혀 다른 사람의 행동에 대한 변명을 대며 합리화하는 습관을 들였고, 바로 이습관을 소피아와의 관계나 그 밖의 많은 관계에서 반복했다.

우리 가족은 대체로 정서적 경계가 없어서 안 그래도 버거운 환경에 더 많은 스트레스를 보탰다. 가족 구성원 한 명과 내밀한 정보를 공유하면 내 허락이나 요청과 상관없이 재빨리 가족 모두에게 알려졌다. 물론 그들은 그렇게 하는 게 나를 돕는 거라고 믿었다. 이렇게 신뢰가 깨지는 상황들 때문에 나는 점점 더 자기 방어적으로 바뀌었고, 가족과 사적인 이야기를 공유하는 일이 줄어들었다. 시간이 흐르면서 내 감정을 아예 무시하거나 억누르는 게 더 쉽다는 것을 깨달았다. 결국 표현하는 게 편하지 않은 감정들을 인정하기보다 아예 감정을 갖지 않는 게 더 안전하다고 느꼈기 때문에 나에게는 감정이 없다고 믿기로 했다.

이렇게 가족 안에 경계가 없었기 때문에 나는 관계가 정서적으로 안전하지 않다고 믿게 되었다. 가장 가까운 존재여야 하는 사람들, 즉 가족으로부터 거리감을 느꼈기 때문에 내게 뭔가 잘못이 있을까 봐 두려웠다. 이 두려움은 어머니가 끊임없이 나의 '비밀스러운' 성격에 대해 지적하면서 더욱 악화되었다. 하지만 나는 내 생활의 자세한 부분을 어머니와 공유하는 게 불편했다. 어머니는 내가 어머니에게 진실되게 표현하기 위해 필요한 정서적 안전, 안정 또는 교감을 만들어주지 못했기 때문이다. 그 결과 어머니는 내 삶에 대해 아는 게 별로 없었다. 그건 어머니 말씀대로 내 본성이 은밀해서가 아니라, 내가 실제로 무슨 일이 있는지 어머니와 공유할 만큼 충분히 안전하다고 느낀 적이 없었기 때문이었다.

어른이 되자 나는 본능적으로 어린 시절 성인과의 관계에서 경험한 정서적 거리를 찾고 유지하기 시작했다. 나 자신의 바람과 욕구로부터 단절된 채로 어떻게 다른 사람들과의 관계에 응할지에 더 중점을 두었고, 문제와 갈등을 피하며 단절되거나 버림받을까 봐 끊임없이 두려워했다. 때로는 다른 사람을 실망시키거나 화나게 할 수 있는 욕구나 감정을 가진 나 자신에 대해 수치스러움을 느꼈다. 나는 이러한 모든 역기능적인 습관을 성인이 된 후 관계까지 끌고 갔으며, 어린 시절 감당하기 힘들고 지지받지 못한 감정들로부터 나를 보호하기 위해 채택하고 사용했던 잠재의식의 대처 기제에 계속 의지했다.

우리의 몸과 뇌는 타인을 필요로 한다

• •

형제자매, 조부모, 양육자, 친구, 선생님과의 관계를 비롯해서 초기 아동기에 맺는 그 밖의 관계들이 외상성 애착을 만들 수 있지만, 생애 초기 부모상에 대한 애착이 무엇보다도 현재의 관계에 큰 영향을 미친다. 왜 그럴까? 이 질문에 대한 답이 바로 현재의 관계를 효과적이고 지속 가능한 방식으로 바꾸기 위해 우리가 할 수 있는 일을 이해하고 밝히는 열쇠다.

부모상에 대한 애착은 우리의 행동에만 영향을 미치는 것이 아니다. 생애 초기 관계는 신경계를 물리적으로 프로그래밍하여 우리가 생각하고 느끼고 행동하는 방식을 결정하기도 한다. 신경계는 많은 생리적 기능에 영향을 미칠 뿐만 아니라 우리의 생각, 감정, 행동을 좌우하기 때문이다.

UCLA 신경과학자 대니얼 시겔Daniel Siegel 박사에 따르면, 신경계는 '심오할 정도로 사회적'이다. 그는 인간의 뇌와 관계 사이에 존재하는 놀라운 상호작용을 연구하는 신생 과학인 대인관계 신경생물학이라는 분야를 창시하는 데 기여했다. 시겔이 보여주었듯이 우리의 뇌가 기능하려면 다른 사람이 필요하다.[3] 인류가 시작된 이래로 우리는 가족과 집단이 제공하는 안전에 의지해 살았다. 다른 사람들과 안전하게 연결되었다고 느낄 수 없을 때 그로 인해 발생하는 외로움이라는 감정은 우리의 행복과 신체적 안전에 부정적인 영향을 미칠 수 있다.[4]

오늘날에도 우리의 몸과 뇌는 여전히 다른 사람을 필요로 하도록 프로그래밍되어 있다. 우리가 의식적으로 원한다고 생각하든 그렇지 않든, 우리는 본능적으로 연인 관계와 플라토닉한 관계를 모두 추구한다. 현대의 서양 문화는 '혼자인 자기'라는 개념을 제시하며 더 강경한 개인주의를 장려하지만, 그 누구도 혼자 동떨어진 섬이 아니며 그렇게 될 수도 없다. 인생에서 관계를 맺는 일은 생존뿐만 아니라 번성하는 데에도 필요하다. 우리는 모두 항상 누군가와 그리고 무언가와 맺은 관계 속에 존재한다. 그리고 그 무언가에는 주변 환경과 우리가 사는 지구도 포함된다(이에 대해서는 10장에서 더 자세히 살펴볼 것이다).

다른 사람과의 관계는 뇌가 물리적으로 생존하고 기능하기 위해 필요할 뿐만 아니라 신경계가 작동하는 방식에도 영향을 미친다. 시겔이 설명한 대로 "인간의 연결이 뉴런을 연결되게 한다." 우리가 다른 사람과 맺는 관계가 우리의 뉴런 또는 뇌세포들이 서로 연결되거나 소통하는 방식을 결정한다는 뜻이다.[5] 이러한 뉴런의 연결 또는 소통이 뇌에서 수없이 반복되면 내면세계의 기초가 되어 일상적인 생각, 감정, 행동을 좌지우지한다.

어떤 관계라도 새로운 뉴런의 연결을 만들 수 있긴 하지만, 뇌의 기본 구조를 세우는 것은 생애 초기 부모상에 대한 애착이다. 인간 영아는 대체로 발달되지 않은 신경계를 갖고 태어난다. 그래서 다른 포유동물들이 스스로 생존할 수 있게 되기까지 며칠, 몇 주, 혹은 몇 달이 필요한 반면, 인간은 생의 첫 수년 동안 부모상에 크게 의존한다. 생애 초기 수년간 인간의 신경계는 빠르게 성장하고 발달하여 매초마다 100만 개의 새로운 뉴런의 연결을 촉발하고 형성한다.[6] 이러한 신경 경로들은 아동기 후반에 가지치기를 겪지만, 영아기부터 초기 아동기까지 신경 인프라의 대부분이 형성된다.

신경계가 특정 방식으로 활성화하고 연결되게 하는 존재는 태어나 처음 관계를 맺는 사람, 즉 부모상이다. 그들이 우리와 상호작용할 때 하는 행동(혹은 하지 않는 행동)과 우리가 그에 대해 반응하는 방식(아동 발달 전문가들은 이것을 '주고받기'라고 부른다)이 우리의 뇌에서 패턴이 된다. 이러한 패턴은 뇌의 작동 시스템을 좌우하며 평생 동안(혹은 우리가 뇌의 신경 가소성, 즉 변화할 수 있는 힘을 이용할 때까지) 자동적 또는 본능적 사고, 감정, 반응을 활성화하고 통제한다.

조건화된 스트레스 반응들

• •

신경계는 우리 존재에서 근본적인 역할을 한다. 생물학적 기관 및 생리적 기능과 연결되고 그것들을 통제하며 자동적 사고, 감정, 습관적 행동을 좌우하기도 한다. 아울러 위협과 마주쳤을 때 스트레스 반응을 활성화하여 우리가 전진하거나 피하게 만듦으로써 우리 자신뿐만 아니라 다른 사람과의 관계에서 신체적, 정신적, 정서적 안전의 수준을 결정한다.

신경계가 통제하는 인체의 '투쟁 혹은 도피fight-or-flight' 반응에 대해 들어본 적이 있을 것이다. 투쟁 혹은 도피는 위협에 대응하여 신경계가 동공 확장과 심박수 및 호흡 속도의 증가와 같은 생리적 반응을 촉발할 때 발생해서 우리가 위험에 정면으로 맞서거나(투쟁) 위험으로부터 도망갈 수 있는(도피) 에너지를 지원한다. 또한 신경계는 '경직freeze' 또는 '차단shutdown' 반응을 활성화할 수도 있다. 보통 위협이 압도적이거나 지속적일 때 우리 몸의 생리 기능을 늦추거나 아예 정지시킨다. 그리고 많이 알려지진 않았지만 우리는 스트레스에 대해 '비위 맞춤fawn' 반응을 보이도록 진화했다. 잠재적 위협이 뚜렷해지면 우리는 그것을 파악하고 제거하거나 완화하기 위해 환경을 끊임없이 살펴보기 때문에 신경계가 높은 경계 상태에 머물러 있는데, 바로 이때 보이는 반응이다.

이러한 신경계 반응들은 대부분의 시간 동안 우리가 알아차리지 못하는 가운데 저절로 발생한다. 그것이 정상적이고 자연스럽고 심지어 건강한 반응이다. 위협에 직면하거나(투쟁), 위협에서 도망가거나(도피), 죽은 척하거나 우리가 가진 신체 자원을 보존하거나(경직 또는 차단), 아니면 어떤 공동의 위기에서 단결을 유지하기 위해(비위 맞춤) 이러한 반응들이 필요하다. 만일 신경계가 스트레스 반응을 활성화하지 않으면, 우리는 감정을 조절하는 법을 배우지 못하거나 위협에 대처한 후 재빨리 차분하고 생리적, 정서적으로 건강한 상태로 돌아가기 위해 필요한 정서적 회복력을 키우지 못할 것이다.

많은 사람이 신경계가 이완되고 차분한 상태로 돌아가지 못하는 문제를 겪고 있다. 하루 종일 스트레스에 직면하는 게 아닌데도 차분해지지 못하고 몸이 스트레스 반응에서 벗어나지 못한다. 많은 사람이 스트레스가 많고 바쁜 일상을 보내지만, 신경계가 잘 조절된다면 우리는 스트레스 반응과 차분한 일상의 기능을 오갈 수 있다. 하지만 어린 시절 몸이 그렇게 할 수 있는 능력을 키우지 못했기 때문에 대부분의 사람들이 둘 사이를 오가지 못한다.

만일 끊임없이 스트레스를 유발하는 환경에서 또는 우리의 신체적 또는 정서적 욕구를 자주 충족해 주지 못한 부모상 밑에서 성장했다면, 우리의 신경계는 숲에 불씨가 다 꺼지고 오래 지난 후에도 주변에 화재가 있다는 신호를 계속해서 보낼 수 있다. 뇌가 계속 발달하고 있었기 때문에 그러한 스트레스 반응들이 신경계의 표준 작동 모드로 프로그래밍된 것이다.

현재 우리의 신경계는 아동기 상태처럼 주변에 활성화된 위협이 없는데도 스트레스 반응에 빠져 있을 수 있다. 오래된 아기 담요가 생물학적, 정서적으로 다 자란 아이에게 여전히 영향을 미치듯 이러한 조건화된 스트레스 반응들은 우리의 뇌에 친숙하고 편안하다. 생물학적으로 끊임없는 스트레스 상태에서 사는 게 몸에 적합하지 않지만, 신경계는 스트레스 반응에서 생리적으로 벗어나는 데 어려움을 겪을 수 있다. 익숙한 스트레스 주기를 경험하지 않을 때 정서적으로 불편하고 동요되고 불안하거나 지루할 수도 있다. 만일 어렸을 때 스트레스와 큰 혼란 또는 유기를 겪었다면, 신경생물학적 경험을 다시 쓰겠다고 의식적인 선택을 하지 않는 한 결코 평화와 교감의 감정을 경험하지 못할 수도 있다.

조건화된 스트레스 반응은 성인이 되어서도 생리적 차원에서 다른 사람과의 외상성 애착에서 벗어나지 못하게 한다. 신경계가 어린 시절 특정한 방식으로 스트레스를 받도록 고착되었다면, 본능적으로 특정한 유형의 사람에게 끌리고 그 사람과의 반응 주기에 갇히게 된다(이에 대해서는 추후 더 자세히 다룰 것이다). 조절장애인 신경계는 예측 가능한 스트레스 상태를 촉발하는, 다른 사람이 포함된 상황을 발견하거나 재현하게 만들어 우리에게 생리적인 안전감과 통제감을 준다. 하지만 실제로 그런 안전과 통제는 존재하지 않는다. 싸워서(투쟁), 다른 것으로 주의를 돌려서 (도피), 스스로를 차단해서(경직 또는 차단), 혹은 다른 사람의 욕구를 우리의 것보다 앞세워서(비위 맞춤) 거짓된 안전감을 얻게 되어 이러한 습관을 반복하게 된다. 물론 이러한 반복은 관계에 이롭지 않고 우리의 의식적인 의도나 열망과도 맞지 않는다. 달리 말해 어쩔 수가 없다. 혼자일 때나 주변에 사람들이 있을 때나 뇌가 스트레스를 받게 되어 있기 때문이다. 3장에서 우리가 언제 스트레스 반응에 있는지 파악하는 법과 그것에서 벗어나기 위해 할 수 있는 일에 대해 더 자세히 살펴볼 것이다.

뇌를 변화시키면 관계가 바뀐다

• •

관계에 관한 습관이 뇌에 새겨져 있다고 해도 바꿀 수 있다. 인체에 대해 아직도 우리가 모르는 사실이 많지만, 뇌가 놀라울 정도로 유연하다는 사실이 최근에 밝혀졌다. 우리가 몇 살이든, 얼마나 많은 스트레스나 트라우마를 경험했든 상관없이 뇌는 시간이 흐르면서 바뀔 수 있다.

신경 가소성은 뇌가 평생 동안 새로운 뉴런의 연결을 형성할 수 있는 능력을 일컫는다. 새로운 뉴런의 연결을 형성할 때마다 우리는 신경계에게 새로운 본능적 또는 자동적 사고, 감정, 행동을 할 수 있는 기회를 주는 것이다. 요컨대 우리는 뇌의 표준 작동 모드를 바꿀 수 있다. 우리가 가진 모든 새로운 경험과 만나는 모든 새로운 사람은 새로운 뉴런의 연결을 만들 수 있는 잠재력이 있다. 하지만 새로움 자체가 답이 될 수는 없다. 만일 어린 시절부터 가진 조건화된 생각, 감정, 습관을 가지고 새로운 경험과 새로운 사람들에게 접근한다면, 신경계는 항상 갖고 있던 것과 동일한 뉴런의 연결을 활성화해 관계에서 같은 패턴과 역동을 낳을 것이다. 진정으로 관계의 변화를 원한다면 잠재의식을 바꿔야 한다. 즉, 새로운 사람과의 관계든 이미 아는 사람과의 관계든 본능적으로 생각하고 느끼고 행동하는 방식을 바꿔야 한다는 뜻이다.

본능적인 습관을 바꾸기란 쉽지 않다. 우선 낯설고 불편하게 느껴질 것이다. 하지만 가능하다. 첫 단계는 잠재의식에 살면서 다른 사람과의 외상성 애착을 초래하고 유지하는 조건화된 습관을 인식하거나 주시하는 법을 배우는 것이다. 외상성 애착 패턴을 주시하기 시작하면 우리 자신과 관계에 더 도움이 되는, 더 빠르게 적응하고 탄력적인 방식으로 스트레스에 대처하고 다른 사람과 관계를 맺는 법을 개발할 수 있다.

나는 당신이 관계에서 수동적인 구경꾼이 아니길 바란다. 내 기분이 나아지도록 다른 사람에게 그의 본연의 모습이나 행동을 바꾸라고 요청해 봤자 관계의 문제는 실제로 해결되지 않는다. 이 책에서 함께 살펴볼 과학의 새로운 발전을 이용하면, 다른 사람이 무엇을 하든 하지 않든 상관없이 관계를 바꿀 힘이 생긴다. 기다리거나 다른 사람에게 의지할 필요가 없다. 당신은 바뀔 수 있고 바뀔 것이다. 그리고 그 변화는 이제 시작할 수 있다.

다른 사람과 상호작용하는 법(그리고 그에 따라 그들이 우리와 상호작용하는 법)을 바꾸려면 인식을 뇌 너머로 확장하여 우리의 체화된 자기embodied self를 포함해야 한다. 체화된 자기는 몸과 마음과 영혼 사이의 상호 연결로, 다음 장에서 자세히 다룰 것이다.

정서적 안전 및 안정 체크리스트

시간을 들여 당신의 부모상 또는 생애 초기 양육자와의 관계를 생각해 보라. 아래 문장들을 읽고서 당신의 아동기 경험을 가장 잘 묘사한 문장을 골라라.

___ 내가 화가 났을 때 내 감정을 들여다봐 준 어른들에게서 위로와 지지를 받았다.

___ 경계를 보고 배웠고, 어른들이 가학적인 훈육이나 두려움을 유발하는 위협을 사용하지 않고 자신의 한계를 존중하며 소통하는 모습을 보았다.

___ 발달상 적절한 행동을 탐색할 여지가 있었다. 어른들에 의해 어른 역할을 강요받지 않았고, 그들의 감정을 위로하거나 어린 동생들을 돌보는 데 동원되지 않았으며, 다른 사람들을 조종 또는 통제하기 위한 수단으로 이용되지 않았다.

___ 자신의 감정으로 가정의 정서적 분위기를 통제하지 않고, 내 생각이나 감정을 자주 묻고 내가 공유한 정서 경험을 인정해 주는 어른들에게서 안전하게 내 감정을 표현하는 방법을 보고 배웠다.

___ 다른 사람에게 침묵의 처벌을 가하거나, 분노를 표출하거나, 죄책감을 주거나, 수치심을 주거나, 비난하는 것과 같이 감정을 조작하는 방법을 사용하지 않고도 지지를 요청하는 어른들을 보고

내 정서적 욕구를 직접적으로 표현하는 법을 배웠다.

___ 어른들이 일관되게 그들의 행동에 대한 책임을 지고, 갈등과 정
서적 불화가 있을 때 그들의 역할에 대해 사과하는 모습을 곁에
서 보았다.

___ 나만의 생각을 탐색하도록 허락하고 다른 사람의 믿음(또는 집단
사고)을 따르라고 강요하지 않은 어른들 덕분에 나만의 개성을
키울 수 있었다.

___ 어른들이 질문을 하고, 나와 내 관심사를 알고 싶어 하고, 놀이와
자발적이고 자유로운 활동을 함께해 주었고, 내가 호기심과 열정
을 탐색하도록 격려해 주었다.

해당되는 문장이 많을수록 성장하면서 안전하고 안정된 관계를
가졌을 가능성이 높다. 반대로 나처럼 위에서 제시한 경험들을
아동기에 많이 혹은 전혀 겪지 못했다면, 당신의 생애 초기 관계
는 당신이 정서적 표현을 탐색하기 위해 필요한 안전과 안정을
제공하지 못한 것이다. 하지만 다행히도 과거에 어떤 일을 겪었
든 이 책에서 제시하는 도구들이 당신 스스로 안전과 안정을 만
들 수 있는 기회를 제공할 것이다.

당신의 관계 경험과 믿음 탐색

시간을 들여 생애 초기 부모상이나 양육자부터 시작해 당신의
인생에 존재한 다양한 관계들에 대해 생각해 보라. 아래 질문들
을 살펴보고 빈칸이나 별도의 수첩이나 노트에 떠오르는 생각들
을 적는다.

어린 시절, 얼마나 자주 (그리고 언제) 당신의 욕구(신체적 그리고/또는 정
서적)가 충족되었는가?

_____

_____

어린 시절, 얼마나 자주 (그리고 언제) 당신의 욕구(신체적 그리고/또는 정
서적)가 충족되지 않았는가?

_____

_____

어린 시절, 얼마나 자주 (그리고 언제) 당신이 부모상을 비롯한 다른 사
람의 욕구(신체적 그리고/또는 정서적)를 관찰하거나 충족할 거라는 기대
를 받았는가?

_____

_____

어린 시절, 얼마나 자주 (그리고 언제) 안전을 위해 또는 스스로를 보호하거나 위로를 얻기 위해 부모나 그 밖의 양육자에게 의지했으며, 그 결과 주변의 다른 사람과 세상을 신뢰하는 법을 배우게 되었는가?

_____

_____

어린 시절, 안전을 위해 또는 스스로를 보호하거나 위로를 얻기 위해 부모상으로부터 도망가야 한다고 느낀 적이 얼마나 자주 (그리고 언제) 있었으며, 그 결과 다른 사람과 세상을 두려워하게 되었는가?

_____

_____

어린 시절, 얼마나 자주 (그리고 언제) 당신은 즐거움이나 기쁨의 감정을 경험했는가?

_____

_____

어린 시절, 얼마나 자주 (그리고 언제) 장난치고 싶고 자유롭다는 느낌을 경험했는가?

_____

_____

어린 시절, 얼마나 자주 (그리고 언제) 부모나 그 밖의 양육자들이 협상과 협력을 통한 문제 해결의 본보기를 보여주었는가?

_____

_____

이제 시간을 들여 성인으로서 당신의 관계를 생각해 보라. 아래 질문들을 살펴보고 빈칸이나 별도의 수첩이나 노트에 떠오르는 생각들을 적는다.

나는 관계에 대해 생각할 때, _____라는 생각이 든다.

나는 사랑에 대해 생각할 때, _____라는 생각이 든다.

나는 관계에 대해 생각할 때, _____한 감정이 든다.

나는 사랑에 대해 생각할 때, _____한 감정이 든다.

HOW TO BE THE LOVE YOU SEEK

2장

나에 대한 이해가 모든 관계의 시작이다

10년 전에 누군가 내게 내 영혼과 얼마나 통하는지 물었다면 나는 웃음을 터뜨렸을 것이다. 내 영혼이라니? 당시 나는 영혼과 통하는 법은 물론이고 내 영혼이 무엇이고 어디에 있는지, 심지어 존재하는지조차 알지 못했다. 8년이라는 세월 동안 임상심리학 박사 학위를 받기 위해 공부한 터라 세상을 무척 학문적이고 기계론적으로 바라보게 되었다. 모든 것은 과학적으로 검증되는 확실한 사실로 설명될 수 있으며, 그래야 한다고 믿었다. 만일 무언가를 과학으로 설명할 수 없다면, 내게 그건 실제로 존재하지 않거나 타당하지 않았다.

어릴 적에 처음으로 내 '영혼'에 대해 들었다. 가톨릭 신자로 키워졌기 때문에 가톨릭 교구 초·중·고등학교에 다녔고, 주일마다 미사에 가야 했다. 나는 미사에 가기 싫었다. 성당에서 영혼에 대한 기독교적 관점을 배웠는데, 당시 나에게는 초자연적이거나 다른 세상 이야기처럼 보였다. 교회가 말하는 영혼의 개념을 객관적으로 이해할 수 없었다. 과학과 심리학에 대한 관심이 커갈수록 기독교가 말하는 영혼의 개념은 환상으로 느껴졌고,

심지어 미신처럼 느껴지기도 했다.

이러한 관점은 지금 내가 '영혼의 어두운 밤'이라고 이해하는 정서적 위기를 겪은 뒤에 바뀌었다. 놀랄 것도 없이 그 위기는 박사 학위를 받고, 안정된 관계를 유지하고, 심리치료소를 성공리에 개소해서 안정적인 수입이 생기는 등 내가 평생에 걸쳐 쌓아 올린 성취의 끝에 찾아왔다. 나는 인생에서 성취한 모든 것에도 불구하고 깊은 충만함을 느끼지 못했다. 나 자신과 단절되고 내가 누구인지, 무엇을 원하는지 확신하지 못한다는 사실을 더 의식하게 되었다. 인정하기 어려웠지만 사실 나는 오랫동안, 수십 년째 그런 감정을 느끼고 살았다. 독자들 가운데도 현재 비슷한 감정을 느끼는 사람이 있을 것이다. 언뜻 그렇게 보이지 않지만 이러한 감정들은 종종 자신에 대한 더 깊은 이해로 이어지는 깨우침을 준다. 당시에는 이해할 수 없었지만, 나의 깨우침은 연인인 롤리와 함께 떠난 휴가에서 정서적으로 심하게 바닥을 친 후 시작되었다.

내 첫 번째 책인 《내 안의 어린아이가 울고 있다》(웅진지식하우스, 2021)를 읽은 독자들은 아마 이 이야기를 기억할 것이다. 나는 흔들의자에 앉아 오트밀을 먹으며, 정서적으로 함께해 주지 않는 어머니에 대한 책을 읽다가 갑자기 감정적으로 무너져 감당할 수 없을 정도로 심하게 울기 시작했다. 당시 무슨 일이 벌어진 것인지 제대로 이해하지 못했지만 내 가족, 특히 어머니와 정서적 교감이 없다는 사실을 마침내 의식적으로 깨달은 것이었다. 그 책의 도움으로 어머니를 비롯한 가장 사랑하는 사람들과 '교감'하기 위해 나의 욕구를 끊임없이 무시하거나 간과하는 등 교감의 결여를 보상하기 위해 내가 한 모든 행동이 보이기 시작했다. 수년 동안 나는 나 자신을 먼저 돌보기 위해 잠시도 멈추지 않은 채, 내 주변의 거의 모든 사람이 나를 찾으면 언제라도 달려가기 위해 모든 것을 내려놓았다. 가령 친구가 영화를 보자고, 저녁을 먹자고, 등산을 가자고 하면 그러고 싶은 욕구나 에너지가 없더라도 바로 '좋아'라고 답했다. 연인에게 정서적 지지가 필요하면, 그것이 내 신체적 또는 정서적 행복의 일부를 위험에 빠뜨리는 일이더라도 위로하려고 무엇이든 했다. 다른 사람의 욕구보다 내 욕구를 앞세우면 남들이 나를 이기적이라고 생각하거나 실망할까 봐 끊임없이 걱정했다.

물론 아이러니하게도 내 욕구를 간과하고 무시하면서 다른 사람의 욕구를 앞세워봤자 어떤 관계에서도 안전하다고 느끼거나 소중한 존재가 되거나 사랑받는다고 느낄 수 없었다. 대신 내적으로 공허하고 외롭고 충족되지 않는 느낌을 받았다. 휴가를 가서 흔들의자에 앉아 책을 읽는 동안 이 모든 감정이 갑자기 파도처럼 나를 덮쳤다. 만성적으로 충족되지 않은 욕구가 있었기 때문에 내 몸은 생존 모드에서 벗어날 만큼 충분한 안전을 느껴본 적이 없었으며, 내 진정한 자기가 가진 더 깊은 관심과 열망을 탐색할 기회도 없었다.

그 순간, 나는 눈을 뜨고 그러한 불편한 감정들을 처리하는 일을 내가 어떤 식으로 미뤄왔는지 보기 시작했다. 그동안 나는 다른 사람들이 그 감정들을 없애주거나 내 기분을 좋게 해주길 기대해 왔다. 가족, 친구, 연인들이 나를 기분 좋게 해주려고 애써도 소용이 없을 때 내적으로 더 공허하고 슬펐다. 결국 다른 사람들이 나를 '구할 수' 없거나 내 마음속 깊은 구멍을 채울 수 없다는 사실에 좌절감과 분개심만 커져갔다.

많은 사람이 가정이나 매체(디즈니와 로맨틱 코미디 영화)에서 전해 받는 메시지와 달리, 완벽한 연인이나 관계는 존재하지 않으며 설령 존재한다 해도 우리의 고통을 없애주지 못한다. 우리를 구출하거나 '온전하게 만드는' 것은 다른 사람의 일이 아니다. 왜냐하면 우리는 있는 그대로의 상태로도 그렇게 할 수 있으며 온전하기 때문이다. 우리는 할 수 있는 최선을 다하는 인간이며, 관계에 대한 생각을 지나치게 미화해 봤자 실망할 일만 생긴다. 동시에 다른 사람을 실망시키는 것을 견뎌내는 법을 배워야 한다. 많은 사람이 도덕성에 대한 이상화된 개념이나 '좋은 사람'이 되는 기준에 대해 듣고 자랐으며, 다른 사람의 안위를 우선시하는 가정, 문화, 종교, 사회의 메시지에 휘둘리는 바람에 내면화된 죄책감과 자기를 간과하는 습관이 활성화되었다.

어린 시절 내가 친구의 파티에 가고 싶지 않다고 말한 후 어머니가 내게 여러 가지 변명을 대는 법을 가르쳐 준 일을 지금도 또렷이 기억한다. 어머니는 친구의 초대를 거절하기 위한 변명을 같이 지어내며 가르쳐 주었고, 우리는 함께 연습했다. 당시 열

살이었던 나는 온몸으로 두려움을 느끼며 친구에게 전화를 걸어 어머니와 내가 만든 변명을 늘어놓았다. 물론 어머니의 의도는 선량했다. 어머니는 내가 초대를 거절해서 무례해 보이지 않길 바라셨다. 어머니도 자신의 아동기에 같은 식으로 조건화된 것이다. 하지만 이러한 종류의 조건화는 잠재의식에 '좋은 사람'이 되어야 한다는 믿음을 심어주었다. 이 믿음은 지금도 여전히 내 안에 존재하므로 특히 '타당한' 이유가 없어서 초대를 거절하기 어려울 때, 나는 자주 지나치게 설명하고 사과하곤 한다. 사랑받기 위해 다른 사람을 기쁘게 해야 한다는 생각에 사로잡혀 있었기에 주변 사람들을 실망시키거나 화나게 할까 봐 끊임없이 걱정했다.

실제로는 우리 자신이나 관계가 완벽해질 수 있다는 환상을 빨리 버릴수록 우리가 사랑이라고 부르는 복잡하고 망가지기 쉬운 여정을 더 빨리 받아들일 수 있다. 그리고 무언가를 할 수 없거나 싫다고 말하면 다른 사람들이 우리를 떠날 거라는 믿음을 버릴 수 있다. 우리 마음이 아무리 그렇다고 말해도 그건 진실이 아니기 때문이다. 진정으로 건강한 관계를 형성하려면 정서 조절, 적극적인 소통, 갈등 해소, 회복(뒤에서 더 자세히 설명할 것이다)과 타협을 이용해서 다름이나 불일치의 순간을 통해 배우겠다는 의지가 필요하다.

이러한 깨달음이 어렵게 느껴져 낙담할 수도 있다. 당시 나도 그랬다. 하지만 영혼의 어두운 밤 동안 얻은 깨달음은 내가 평생 받은 선물 가운데 가장 위대했다. 이렇게 현실이 명료해지자 나는 자기 치유의 여정을 시작할 수 있었고, 스스로에 대한 책임감을 갖고 내게 절실히 필요한 변화를 일으키는 데 능동적으로 참여할 수 있는 힘을 얻었다. 나는 이 책임을 다른 사람들과 맺은 관계에 적용했다. 내 모든 욕구를 밝히고 현실적으로 충족할 수 있는 유일한 사람은 나였다. 그리고 내 욕구가 충족되고 나서야 비로소 나의 타고난 재능을 주변 사람들과 진정으로 공유할 만큼 충분히 안전하다고 느낄 수 있었다.

태어나 처음으로 나에게 가장 중요한 관계는 나 자신과 맺은 관계라는 사실을 알게 되었다. 나의 가장 깊은 욕구와 열망에 대해 스스로에게 솔직할 수 없다면 다른 사람과 진정으로 교감할 수 없음을 깨달았다. 스스로에게 솔직해지는 것은 나를 다른 사람들과 좀 더 진실되게 공유하는 첫걸음이었다. 조건화된 습관을 깨기 위해, 내가 무엇을 '해야 하는지'(또는 '하지 말아야 하는지') 혹은 어떻게 '반응해야 하는지'(또는 '반응하지 말아야 하는지') 생각하는 것을 알아차릴 때마다 잠시 멈추고 나를 들여다보는 새로운 습관을 들였다(202쪽에서 배우게 될 역량 강화를 위한 멈춤 훈련을 이용한다). 이 시간을 통해 나에게 필요하거나 하고 싶은 다른 일이 있는지 탐색할 기회를 얻었다.

그 후 수년간 나의 바람과 욕구를 탐색하는 데 집중했다. 나를 위해 무엇이 옳은지가 명확해지자 더 이상 맞지 않는 관계들에서 거리를 두거나 아예 발을 뺄 수 있었다. 그러자 다른 사람의 인정을 받는 나의 일부만이 아니라 내 모든 것을 받아들이고 보살피는 데 집중할 수 있는 여유가 생겼다. 나의 진정한 욕구를 파악하는 일은 쉽지 않았다. 나에게 도움이 되지 않는 방식으로 생각하고 느끼고 행동하게끔 오랜 세월 나를 이끈 아동기 조건화라는 껍질을 벗겨내는 작업이었기 때문이다. 깊은 곳에 켜켜이 쌓인 조건화의 층을 벗겨낼수록 나의 진정한 자기 또는 핵심에 있는 나 자신과 점점 더 분명하게 연결될 수 있었다. 진정한 자기는 단순히 나의 일부가 아니었다. 나의 전부였다. 나는 세상에 존재하는 나만의 고유한 방식을 가졌고, 그것이 내가 나이게 하는 본질이었다.

드디어 깨달았다. 이게 바로 내 영혼이다. 내 영혼이 바로 나의 본질이며, 본질이 있기 때문에 나는 개별적인 나로서 존재하며 특별하다. 영혼은 나만의 고유한 에너지로, 나를 둘러싼 사람들과 사물들에 따라 항상 소용돌이치고 변화하며 우주에 있는 다른 그 누구도 가질 수 없는 나만의 표현을 만들어낸다.

깨우침이 계속되면서 몸과 마음의 연결에 대한 책과 자료를 더 많이 읽기 시작했다. 그 가운데 양자역학에 대한 연구에서 '영혼'이 존재한다는 과학적인 증거를 발견했다. 양자역학은 원자보다 작은 수준에서 세상을 연구하는 분야다. 존 호건John Horgan은 과학 잡지 〈사이언티픽 아메리칸Scientific American〉에서 양자역학을 "현실에 대한 가장 정확하고 강력한 과학 이론"이라고 표현했다.[7] 양자역학이라는 분야는 당신과 나를 포함한 세상 모든 것이 에너지와 물질로 구성되어 있다고 설명한다. 비록 우리 대부분은 육체라는 물질적 존재를 자기라고 인식하지만, 모든 신체 경험에 기여하고 그것을 활성화하는 보이지 않는 에너지가 있다. 그것이 우리의 핵심에 있고 주변 세상과 상호작용하는 고유한 진동 에너지를 발생시키는데, 이 에너지를 영혼이라고 한다.

과학을 통해 영혼의 개념을 이해하게 된 것이 내게는 아주 중요했다. 당시 나는 내 존재에서 가장 중요한 부분을 인식하고 받아들이기 위해 과학적 증명이 필요하다고 느꼈다. 하지만 증거를 찾자마자, 내 모든 욕구를 충족하고 다른 사람과의 관계를 비롯해 나의 전부를 치유하려면 나의 가장 내밀한 부분인 영혼과 연결되는 법을 배워야 한다는 사실을 깨달았다.

한때 내가 그랬듯이 당신도 영혼을 믿지 않을 수 있다. 아니면 영혼이 어디엔가 존재하지만 어디서 찾을 수 있는지 알지 못할 수도 있다. 당신이 영혼에 대해 어떻게 생각하고 느끼든 이 책이 당신의 핵심과 연결되도록 도울 것이다. 그것이 바로 여정의 다음 단계이며, 궁극적으로 당신이 바라는 사랑이 될 수 있게 해줄 것이다.

하지만 영혼과 다시 연결되기 전에, 당신의 신체와 다시 연결되고 잠재의식을 탐색하는 법을 배우는 것이 중요하다. 이것이 체화된 자기를 통합하고 궁극적으로 다른 사람들과의 모든 체화된 관계를 치유하는 방법이다.

본연의 모습 이해하기

••

생각이 곧 우리다. "나는 생각한다. 고로 존재한다"라는 말로 유명한 프랑스 철학자 르네 데카르트 때문에 많은 사람이 그렇게 믿고 있다. 하지만 우리는 우리 마음을 통과해 흐르는 생각들보다 훨씬 더 복잡하다. 관계에 임할 때 우리는 우리의 전부로서, 즉 몸과 마음과 영혼을 총동원해서 임한다. 이것이 바로 의식에 있는 생각을 바꾼다고 해서 고통을 덜어내거나 관계를 변화시킬 수 없는 이유다.

진정으로 치유되려면 체화된 자기를 이해해야 한다. 체화된 자기는 육신과 마음(의식과 잠재의식 모두), 영혼, 진정한 자기가 한데 어우러져 표현된 것이다. 영혼과 진정한 자기는 유사한 존재다. 둘 다 우리의 고유한 본질 또는 핵심에 있는 본연의 모습을 나타낸다. 그래서 이 책 전반에 걸쳐 이 두 용어를 번갈아 사용할 것이다.

욕구를 충족할 때 진정한 자기를 체화할 수 있다. 우리에겐 세 가지 종류의 욕구가 있다.

- **신체적 욕구** | 영양분이 많은 음식, 영양을 공급하는 산소와 물, 충분한 휴식/회복을 위한 수면, 이로운 움직임
- **정서적 욕구** | 본연의 자기를 표현하고 다른 사람들과 교감하

고 그들의 지지를 받을 수 있을 정도로 충분히 안전하다고 느
끼는 것

- **영적 욕구** | 타고난 열정, 목적, 창의성, 상상력과 연결되고 그
  것을 표현하는 것

이 모든 욕구를 항상 충족할 수 있다면 주변 세상에 대해 반응
할 때 안전감과 목적의식을 느낄 수 있고, 관계에서 진정한 자기
로 존재할 만큼 충분히 안전하고 안정적이라고 느낄 수 있다. 그
러면 다른 사람과 진정한 관계를 형성하는 것도 가능해진다.

아동기에 양육자와의 상호작용을 통해 스스로 이러한 욕구를
충족하는 법을 모두 배웠다고 가정해 보자. 많은 부모가 아주 잘
알듯이, 영아는 모든 욕구를 충족하기 위해 항상 양육자에게 전
적으로 의존한다. 다른 사람을 보살피는 일이 엄청난 책임이라
는 현실을 감안할 때, 양육자 자신의 욕구도 돌보는 것이 그 어
느 때보다 중요하다. 이 책을 읽으며 계속 배우게 되겠지만, 내
몸이 제대로 기능하기 위해 필요한 것을 얻을 때에야 비로소 다
른 사람을 보살피는 동안 겪게 되는 수많은 스트레스의 순간을
잘 헤쳐나갈 수 있다. 이 책을 읽고 있는 많은 부모, 특히 아기나
여러 자녀가 있는 사람들은 당연히 자녀 양육에 필요한 시간, 에
너지, 재정적 자원이 부족할 수 있다. 오늘날 대부분의 서양 부모
들은 이웃이나 지역 공동체와 단절되어 있어서 일부 마을 공동
체에서 볼 수 있는 실질적이고 정서적인 지지를 얻지 못한다. 요

즘 부모들은 과로하지만 지지는 부족하기 때문에 그들의 욕구를 거의 충족하지 못하고, 그 결과 생리적으로 다른 사람의 욕구를 충족해 줄 수 없다.

나는 모든 부모가, 특히 충족되지 못한 아동기 욕구의 영향에 대해 계속 읽고 탐색하면서 수치스럽거나 불편한 감정을 느낀다면 자주 자신에게 연민을 베풀길 권한다. 내 생각에 부모 역할보다 사회에 미치는 영향이 더 큰 역할은 없으며, 육아는 신성한 행위이므로 인간으로서 다 함께 존중하고 지지하고 우선시해야 한다.

일상적으로 시간을 쪼개어 자기 돌봄을 실천하면 부모 역할에서 비롯되는 감당하기 힘든 스트레스에도 차분함을 유지하고 무너지지 않을 수 있다. 또한 자녀들에게 자기를 먼저 챙기는 건강한 본보기가 되고 동시에 자녀들이 필요로 할 때 응하는 방식을 바꿀 수 있다.

성인인 우리는 자신의 몸에 귀 기울여 신체적 욕구를 살피는 법을 배울 수 있으며, 생각과 감정의 진정한 원천인 신체 감각에 더 주의를 기울일 수 있다(기다려라. 곧 이 놀라운 사실을 좀 더 자세히 살펴볼 것이다). 심지어 잠재의식과 그곳에 살며 우리가 하는 매일의 행동과 반응을 좌우하는 조건화된 사고, 감정, 습관을 알아차릴 수 있다. 그리고 마지막으로, 우리를 우리로 만드는 고유한 본질을 체화하고 표현할 수 있도록 직관을 활용하고 본능을 신뢰하는 법을 배울 수 있다.

그렇다면 무언가를 체화한다는 것은 무슨 뜻인가? 무언가를 체화할 때 우리는 몸과 마음과 영혼으로 온전히 그것을 받아들인다. 몸과 마음과 영혼은 별개의 독립체가 아니라 하나의 통합된 자기다. 개별 부분이 합쳐져 통일된 전체를 이룰 때 통합이 발생한다. 통합을 과일 스무디가 아니라 과일 샐러드라고 생각하라. 모든 구성 요소가 합쳐져 개별 요소보다 더 맛있는 무언가를 이루면서도 동시에 개별 요소의 독특한 성질을 유지하기 때문이다.[8] (이 비유를 제시한 대니얼 시겔 박사에게 감사를 전한다.)

체화된 자기를 통합하거나 여러 욕구와 의도와 행동을 일치시키면, 안전하고 안정되고 건강한 모습으로 관계에 임할 수 있다. 안전하고 안정되고 건강하다고 느낄 때, 개인으로서 우리는 다른 사람에게 호기심을 갖고 공감하며 수용적으로 대할 수 있다. 오직 그럴 때만 우리도 다른 사람이 진정한 자기가 되는 데 필요한 안전과 안정을 제공할 수 있다.

내 몸에 안전하게 연결되고 내 감정에 주파수를 맞출 때, 좀 더 심오하고 진실된 방식으로 다른 사람과 안전하게 교감할 수 있다. 누군가와 진실된 정서적 교감을 하면 주파수를 그들에게 맞추거나 그들이 경험하는 것을 감지하고 느낄 수 있다. 그들의 감정 변화에 수용적이고 열려 있는 태도로 적절히 대응하며, 비언어적 신호를 비롯한 상대방의 감정을 알려주는 단서를 알아차리고 그에 반응할 수 있다. 그렇다고 항상 다른 사람의 감정에 완벽하게 주파수를 맞춰야 한다는 뜻은 아니다. 그건 아무리 선한 의도를 가진 사람이라도 불가능하다. 나는 이 책을 읽으며 자신이 과거에 보인 반응을 심하게 비판하는 모든 부모가 그들이 당연히 보였을 단절이나 과도한 반응의 순간에 대해 스스로에게 자비와 연민을 베풀길 바란다. 이제 우리 모두 주파수를 못 맞춘 순간이 지난 후 관계의 안전과 안정을 재구축하기 위해 다시 사랑하는 사람들에게 돌아가기로 선택할 때마다 자축을 해도 좋다. 그렇게 하는 게 오히려 도움이 될 것이다.

한동안만이라도 이런 종류의 심오하고 안정적인 교감을 누릴 때, 진실된 혹은 진정한 정서적 교감의 기초가 형성된다. 두 사람이 있는 그대로의 자신으로 존재할 만큼 충분히 안전하다고 느낄 때, 서로의 차이를 인정하면서도 동시에 교감을 유지하고 협력하는 상호 의존적인 관계로 존재할 수 있다. 개개인이 그의 고유한 에너지와 재능을 표현하는 동시에 상대방도 그렇게 하도록 허용할 수 있다. 상호 의존은 공동 의존의 반대 개념으로 볼 수 있다. 공동 의존이란 관계를 구성하는 사람들이 자신의 욕구를 희생해 가며 서로의 욕구를 충족하기 위해 서로에게 전적으로 의존하는 상태를 말한다. 이 만성적인 자기 배반은 개인이 상대방을 수용하기 위해 자신을 바꾸게 만든다. 반면 상호 의존적인 관계에서는 양쪽 모두의 욕구가 충족되어 주변 사람들과 다르게 생각하고 느끼고 행동함으로써 진정한 다양성을 체화하고 축하할 수 있다.

이러한 역동을 형성하면 혼자일 때보다 함께일 때 더 성공적인 관계가 만들어진다. 각자가 타고난 강점과 재능을 관계에 가져오므로 집단은 더 훌륭한 성취를 이룰 수 있다(사회적 일관성으로 알려진 이 강력한 현상에 대해서는 10장에서 더 자세히 다룬다). 마치 하나의 스포츠 팀에 속한 것과 같다. 각 선수가 혼자서도 뛰어날 수 있지만, 함께 힘을 합쳐 각자 자신의 포지션에서 경기에 임하며 자기만의 특별한 재능으로 팀에 기여하면 개별 선수로 뛸 때보다 더 좋은 결과를 낼 수 있다. 승리하는 팀이 되는 것이다.

이제 진정한 자기를 체화하는 3단계를 알아보자. 1단계는 누구에게나 같다. 자신의 몸과 다시 연결되는 것부터 시작해야 한다. 물론 사람마다 고유한 상황 속에서 살지만, 내 경험이 당신의 여정에 도움이 될 수 있기를 바라며 내가 진정한 자기를 발견하고 체화한 이야기를 공유하겠다.

내 몸과 신체적 욕구를 충족한다

• •

내 영혼의 어두운 밤이 오기 전, 주변 사람들로부터 점점 더 단절된다고 느끼며 외로움이 커졌다. 외부에서 볼 때 내 외로움은 역설적으로 보였을 것이다. 성인이 된 후 늘 한 번에 한 명과 사귀었던 나는 연인이 없이 지낸 시간을 모두 합쳐봐야 몇 개월이 되지 않았다. 친구도, 친목 모임도 많았고, 예상외로 부모님과 언니도 되도록 나를 자주 보길 원했다.

내 인생에 이렇게 많은 사람이 있었지만 나는 '군중 속의 고독'을 고스란히 느꼈다. 마음 한가운데서 주변 사람들과 교감하지 못한다고 느꼈고, 그들에게 지지를 받는다거나 심지어 그들이 나를 정말로 안다고 느끼지 못했다. 그 결과 내가 맺고 있는 관계들이 결코 충분하지 않다는 생각을 자주 했다. 항상 사랑하는 사람들과 더 깊은 정서적 관계를 맺고 싶어 했고, 그렇게 되지 못하면 실망하고, 환멸을 느끼고, 시간이 흐르면서 분개하기까지 했다. 연인과 주말여행을 떠날 기회가 생기면 드디어 좀 더 의미 있는 차원에서 교감하게 되리라 기대해서 신이 났다. 하지만 그렇게 되지 못하면 실망하고 상대방을 탓했다. 혹은 친구들과 함께하는 특별한 저녁 식사에 대한 기대가 컸지만 막상 그 시간이 되어도 내가 바라는 사랑과 교감을 여전히 얻지 못하면 상처받거나 내가 중요한 존재가 아니라고 느끼며 마음을 아예 닫아버리곤 했다. 시간이 갈수록 분개하는 마음이 커져 결국 친구들과 절연했고, 연인 관계인 경우에는 헤어졌다.

20대에는 스스로에게 "넌 젊고 뉴욕에 살잖아. 환멸을 느끼는 건 정상이야!"라고 말하며 내가 끊임없이 느끼는 불행에 대해 변명을 해댔다. 하지만 뉴욕만큼 친구도, 정신을 분산시키는 사교 모임도 많지 않은 새로운 도시로 이사한 뒤 불만족은 더 심해졌다. 임상 수련 프로그램의 동료들 가운데 많은 사람이 그때까지 내가 다른 사람에게서 자주 보지 못한 행동을 하는 게 보이기 시작했다. 그들은 나보다 자신의 감정을 더 잘 파악하고 그것을 훨씬 쉽고 솔직하게 공유할 줄 알았다.

내 감정과 오랫동안 내가 감정을 억눌러 온 방식을 탐색하기 시작하자 내가 맺은 모든 관계에서 내가 행한 역할이 서서히 보이기 시작했다. 나는 단절된 상태로 관계에 임하면서 내면에서 느낀 공허함, 외로움, 불행을 스스로 만들고 있었다. 그러한 감정들은 다른 누군가가 만들거나 초래한 것이 아니었다. 나는 나 자신과 소통하지 못하면서도 주변 사람들이 내가 느끼는 정서적 고통을 알아차리고 내가 다르게 느끼도록 도와주어 그 고통을 덜어주길 기대했다. 계속해서 다른 사람들이 나를 '알아주길' 기대했지만, 스스로를 표현할 수도 없을 만큼 나에 대해 아는 게 없었다. 내가 온전한 나(내 몸과 마음과 영혼)와 연결되지 않았는데, 어떻게 주변 사람과 온전히 교감할 수 있단 말인가?

내가 만성적으로 스트레스를 받고 조절이 안 되는 신체 상태임을 알게 된 후 나는 치유 여정을 본능적으로 내 몸에서부터 시작했다. 먹을 것도 충분하고 잠을 잘 공간도 있었지만 나는 내 몸의 욕구를 일관되게 충족해 주지 못하고 있었다. 화학조미료가 많이 든 식품, 가공 설탕, 글루텐, 술을 비롯해서 무엇이든 되는대로 섭취했고, 이 모든 게 내 몸과 뇌를 자극해서 기분이 좋지 않았다. 수면 습관도 불규칙했다. 때로는 일찍 잠자리에 들었지만 늦게 자는 날도 많았다. 여덟 시간이나 자고 난 후에도 아침에 일어나면 대체로 피로했다. 호흡 역시 만성적인 스트레스 상태를 드러냈고, 차분하고 깊고 회복에 도움이 되는 호흡이 아니라 불안하고 얕은 호흡이었다. 수십 년 동안 늘 소화 장애와 심각한 뇌 흐림brain fog 증상을 겪었다. 증세가 너무 심해서 이유 없이 정신이 멍해지면 갑자기 머릿속이 백지가 되곤 했다.

내 몸과 신체적 욕구와 다시 연결되기 시작하자 내가 영양이 부족하고, 과도하게 스트레스를 받고, 지속적으로 고갈되고 지친 상태로 산다는 것을 알 수 있었다. 내 몸을 보살피는 일이 내가 진정으로 쉬기 위해 해야 할 첫 번째 일이었다. 하지만 아이러니하게도 매일의 몸 관리를 나와 내 몸이 '쉬어야' 할 필요 사이에 존재하는 또 하나의 과제나 의무처럼 여기고 있음을 깨달았다. 누군가 나를 강제하거나 외모에 눈에 띄는 변화가 생기는 등 외적인 동기나 증거가 없는 상태였기에 스스로를 돌볼 의욕이 생기지 않았다. 매일 나를 돌보지 않아서 계속된 신체의 조절 장애는 내게 해가 될 뿐만 아니라 내가 관계에 임하는 태도에도 악영향을 주었다. 내 태도는 내 몸의 괴로움을 드러냈다. 다른 사람의 표정이나 말을 잘못 인식하고는 상대가 나를 사랑하지 않거나 내게 화가 났을까 봐 걱정하고 불안에 떨었다.

정말 배가 고프거나 열이 있거나, 모든 정신을 빼앗는 신체적 욕구 외에 어떤 것에도 대처할 수 없을 때 어떤 느낌인지 아는가? 영양분이 많은 음식을 꾸준히 먹지 않거나, 충분히 자지 않거나 불규칙하게 자거나, 충분히 움직이지 않거나 아니면 너무 많이 움직이거나, 몸이 감당할 수 있는 것보다 더 많은 신체적 또는 정서적 스트레스를 일상적으로 겪어도 마찬가지다. 이러한 충족되지 않은 신체적 욕구는 급성 증상으로 나타나지 않을지 모르지만, 시간이 흘러 충족되지 않은 욕구가 끊임없이 쌓이면 결국 만성적인 조절 장애가 될 수 있다. 몸이 안전을 느끼지 못하는 바람에 신경계가 스스로 조절을 못 하게 되어, 결국 다른 사람들에게 화가 나고 산만하고 무심하거나 극도로 경계하는 모습을 보이게 된다.

현재 나는 지속적으로 내 몸의 욕구를 충족하고 신경계의 조절 장애를 치유하기 위해 매일 노력한다. 당신의 몸이 가진 욕구가 내 것과 다소 달라 보인다 해도, 신체적 욕구를 더 잘 충족하기 위해 새로운 습관을 만들려고 내가 취한 몇 가지 단계를 아래에 제시했으니 살펴보길 바란다. 이런 습관에 대해서는 5장에서 더 자세히 살펴볼 것이다.

- 글루텐, 술, 가공식품, 설탕의 섭취를 (되도록) 줄였다. 이 모든 물질이 원인이 될 수 있는 만성 전신 염증을 피하기 위해서다.
- (되도록) 자연식품을 먹었다. 내 몸의 세포에게 주는 영양분을 극대화하기 위해서다.
- (되도록) 매일 밤 같은 시간에 잠자리에 들었다. 수면 주기를 맞추고 불규칙한 취침 시간으로 발생할 수 있는 코르티솔 급상승을 제한하기 위해서다.
- 생체 시계를 조절하는 데 도움이 되도록 아침 햇볕 쬐기를 꼭

해야 할 일로 삼았다. (되도록) 적어도 여덟 시간에서 아홉 시
간 숙면하여 몸이 충분히 휴식을 취하고 회복될 가능성을 높
이기 위해서다.

• 깊고 느린 복식 호흡을 매일 연습했다. 몸에 산소를 공급하고
신경계가 스트레스 반응을 잘 조절하도록 돕기 위해서다.

수개월간 내 몸에 귀 기울이고 신체적 욕구를 충족하자 피로
가 풀리고 활력이 넘치며, 평온하고, 내 몸에 더 강력하게 연결되
어 있고, 몸에 대한 통제력을 가졌다고 느끼게 되었다.

잠재의식 인식하기

• •

신체적 욕구를 더 잘 충족할 수 있다는 자신감이 생기기 시작
하자, 나는 정서적 욕구로 관심을 돌렸다. 우선 나의 잠재의식을
탐색하기 시작했다. 잠재의식은 기억, 믿음, 관심, 열정과 함께
모든 아동기 조건화를 저장하는 우리 정신의 깊숙한 일부다.

거의 평생 동안 나는 늘 내가 무엇을 생각하고 어떻게 느끼는
지 알고 있다고 믿었다. 지속적으로 내 생각을 곱씹고 내 감정을
깊이 관찰했다. 그래서 결국 심리학자가 되기로 했다! 하지만 시
간이 흐르면서 내가 인식하는 생각과 감정이 내가 정말로 생각

하고 느끼는 것의 아주 작은 일부만 나타낸다는 사실을 깨달았다. 내 정신세계 대부분은 나의 의식 밑에 있으며 습관적 사고, 감정, 반응의 95퍼센트를 담당하는 잠재의식에 의해 좌우되었다. 나의 정서적 욕구를 파악하고 이해하기 위해 잠재의식을 인식하는 법을 배워야 했으나, 알고 보니 그건 불가능했다.

정신분석 수련과 의식의 힘에 대해 배운 것에서 영감을 얻어 매일 잠재의식에서 비롯되는 자동적이고 조건화된 습관을 관찰하고 잠재의식을 들여다봤다. 의식을 계발하고 생각과 감정을 알아차리는 것과 수십 년간 내가 그랬듯이 과도한 분석과 생각, 걱정의 끝없는 반복에 갇혀 있는 것은 다르다는 사실을 깨달았다. 의식한다는 것은 단지 알아차리거나 주시하는 것이지 생각하는 게 아니다. 의식적인 자기 주시를 연습하자, 달리 말해 내마음의 중립적인 관찰자가 되자 수년간 계속 내 존재를 갉아먹은 습관적인 생각들과 그에 수반되는 모든 감정 및 행동을 나 자신과 분리해서 보게 되었다. 내가 세상을 사는 방식, 즉 나의 존재 방식이 대체로 아동기의 상처와 학습된 대처 기제에 바탕을 두고 있다는 사실을 곧 알아챘다.

내 신체를 보살피는 방식에 좀 더 의식적으로 관심을 기울인후, 내가 전통적인 아침, 점심, 저녁 식사 시간 또는 주변 사람들이 먹는 시간에만 먹는다는 사실을 깨달았다. 나는 배가 고파도일반적인 식사 시간이 아니거나 주변에 먹는 사람이 없으면 먹지 않았다. 심지어 평정심을 잃고 불안해지거나 때로는 다른 사람들이 먹지 않는 게 원망스럽고 화가 나는데도 먹지 않았다. 간혹 급하게 서둘러 영양가 없는 음식으로 때우기도 했다. 그건 의식적으로 선택한 게 아니었고, 내가 요리를 못하거나 스스로 음식을 마련할 수 없어서도 아니었다. 그보다는 어린 시절 우리 가족의 식습관을 보고 경험하면서 형성된 조건화된 습관이었다. 어린 시절 나는 특정 시간에만 또는 다른 사람들이 먹을 때만 먹어야 한다고 배웠다.

시간이 더 흐르자 나의 개인적인 근로 윤리에 관한 엄격한 신념이 내 몸 건강에 이롭지 않음을 깨달았다. 어린 시절 어머니는 주로 내가 무언가를 성취했을 때, 이를테면 전 과목에서 A를 받거나 소프트볼 팀의 인기 투수로서 경기에서 이겼을 때 내게 관심을 보이셨다. 이렇게 성취한 것에 대해 꾸준히 인정받으면서 나는 과잉성취자가 되는 법을 배웠다. 과잉성취자는 내면아이의 일곱 가지 유형(4장에서 더 자세히 다룰 것이다) 가운데 하나로,《내 안의 어린아이가 울고 있다》를 읽었다면 잘 알 것이다. 과잉성취자는 이기거나 성공하거나 다른 방식으로 기대에 부응하거나 기대를 넘어설 때만 다른 사람에게 인정받고 사랑받는다고 믿는다. 그래서 관심과 교감과 사랑을 얻기 위해 성과를 내려고 노력한다.

과잉성취자였던 나는 주변 사람들이 휴식을 취하거나 놀지 않으면 쉬거나 무작정 놀지 못했다. 내가 얼마나 오랫동안 또는 강도 높게 일했는지, 내가 무엇을 성취했는지, 계속 일할 수 있는 집중력이 있는지, 얼마나 절실하게 휴식을 원하거나 필요로 하는지는 중요하지 않았다. 일할 때 나는 실수를 용납하지 않았고, 과거의 불완전함을 떠올리지 않기 위해 노트나 일기에서 항목을 지우거나 새로운 페이지로 시작하곤 했다. 지금까지 세 권의 책을 집필했지만, 여전히 마지막 기한까지 내 작업을 비판하고 꼼꼼하게 수정하면서 끊임없이 '완벽'을 추구한다.

습관을 들여다볼수록 내가 나에 대한 다른 사람의 생각이나 바람을 인식해서 내 생각, 감정, 행동을 걸러내며, 내 외부에서 그리고 다른 사람에게서 주로 답을 찾는다는 것을 깨닫게 되었다. 그건 내가 의도한 바도, 내 잘못도 아니었다. 다른 사람이 나를 어떻게 생각할지 걱정하고 그들의 욕구를 내 욕구보다 앞세우는 것은 어린 시절 학습된 대처 기제였다. 가장 가까운 사람들에게서 무시당하고 배려받지 못하고 상처받았다고 느끼지 않으려고 스스로를 보호하기 위해 개발한 것이다. 그러한 조건화가 나에게 또는 내 관계에 이롭지 않다는 점이 보이기 시작했다. 다른 사람들의 바람과 나에 대한 인식이라고 상상하는 바를 토대로 대부분의 선택을 내리다 보니 내 욕구를 무시할 뿐만 아니라 다른 사람들에게도 도움이 되지 않았다. 나는 오랫동안 그렇게 행동하는 것이 다른 사람들에게 도움이 된다고 믿고 살았다. 항상 나에 대한 다른 사람의 인식을 관리하려고 애썼다. 하지만 내가 세상에서 나의 공간을 확보하는 게 가치 없는 일이라고 느낀다면, 어떻게 다른 사람이 나나 나의 자기표현을 지지하리라 기대할 수 있을까?

내 잠재의식에 대한 인식이 커지자 내게 이롭지 않은 조건화된 습관들을 점점 바꿔나가기 시작했다. 새로운 습관을 만드는 일은 누구에게나 쉽지 않은 과정이지만, 하루 중 여러 번 잠시 하던 일을 멈추고 의식적으로 나를 들여다보고 그 순간 알아차릴 수 있는 여러 생각, 감정, 행동을 관찰하는 일이 도움이 되었다. 그러한 자기 점검은 1분도 걸리지 않았지만, 그런 순간들 덕분에 내가 같은 방식으로 생각하고 느끼고 행동하길 원하는지, 아니면 그 순간을 새로운 존재 방식을 만들 수 있는 기회로 이용하길 원하는지 판단할 수 있었다. 예를 들어 내가 몸을 움직이기 위해 다른 사람들이 나를 격려할 때까지 기다린다는 것을 알아차리면, 내 몸의 욕구에 귀 기울이고 스스로 뭔가 활동적인 일을 하겠다고 의식적으로 선택할 수 있었다. 혹은 내가 특정 식사에 무엇을 먹을지 결정할 때 남에게 의존하고 있다는 것을 알아차리면, 나에게 영양을 가장 잘 공급해 줄 음식이 있는지 확인하기 위해 내 몸을 살필 수 있었다.

내 안에 존재하는 직관의 장소

• •

나의 신체적, 정서적 욕구를 살피는 일을 매일 꾸준히 하자 완전히 새로운 세상이 열렸다. 답을 얻기 위해 다른 사람을 바라보는 대신 내면을 들여다보고 어떤 외부의 원천보다 나 자신을 더 신뢰할 수 있다는 사실이 보이기 시작했다. 나는 내 안의 깊은 곳에서 직관의 장소를 발견했다. 그것은 나와 내 관계에 무엇이 가장 이로운지 판단할 때 의지할 수 있는 내면의 나침반이었다.

이 내면의 길잡이를 활용할 수 있게 되자 내가 진정으로 필요로 하고, 원하고, 믿는 게 무엇인지 파악하는 데 도움이 되었다. 덕분에 나의 진정한 자기 또는 영혼과 다시 연결될 수 있었다. 진정한 자기 또는 영혼은 내 안에 살고 있을 뿐만 아니라 내 주변의 모든 세상과 상호작용하는, 외부를 향하는 진동 에너지를 만들기도 하는 나의 일부다.

누구에게나 신체적, 정서적 욕구가 있듯 영혼도 영적 욕구가 있다. 우리는 다음과 같은 영적 욕구를 갖고 있다.

- 이 세상에서 우리가 가진 고유한 정체성과 중요성을 받아들인다. 자연스럽게 되지 않는 것들에 대해 기분 나빠하지 않고 우리가 잘하는 것을 축하할 수 있다.
- 진정한 교감을 느낀다. 우리는 취약할 정도로 있는 그대로의 모습을 다른 사람들에게 보여주어 우리가 그들의 진정한 자기를 느낄 수 있는 만큼 그들도 우리의 고유한 진정한 자기를 느끼게 할 수 있다.
- 강압이나 강제 또는 강요 없이 우리에게 가장 이로운 것을 선

택한다. 다른 사람이 그의 욕구와 열망을 존중할 수 있는 여
지를 주면서 동시에 우리도 우리의 욕구와 열망에 대해 그렇
게 할 수 있다.

- 새로운 것을 배우고, 보고, 경험한다. 우리 자신과 주변 사람
들을 확장하는 데 도움이 되도록 고유한 호기심과 타고난 관
심과 열망을 키울 수 있다.

- 관계가 안전할 거라 믿으며 우리 자신을 완전하게 표현한다.
다른 사람과, 그리고 궁극적으로는 모든 창조물과 함께한다
고 또는 교감한다고 느낄 수 있다(지구와의 강력한 교감에 대한 더
자세한 내용은 추후 다룰 것이다).

나의 영적 욕구를 더 잘 충족하기 위해 나는 점점 더 많은 시
간을 들여 내면을 바라보고, 나를 점검하고, 나와 다시 연결되는
순간을 만들었다. 하루 중 소셜 미디어와 업무에서 벗어나는 시
간을 따로 빼두기 시작했다. 물론 방해받지 않고 휴식을 취하며
나 자신과만 보내는 자유로운 시간을 받아들이는 법을 배우는
과정은 불편했다. 하지만 시간이 흐르자 나 자신과 더 긴 시간을
보내기 시작했고, 홀로 데이트를 하며 오직 나를 위해 내가 좋아
하는 다양한 활동들을 하게 되었다. 이를테면 새로운 음식을 찾
아다니고, 새로운 목적지를 탐험하거나 자연 속에 머물렀다.

내면 치유 여정

••

당신의 진정한 자기로 돌아가는 여정은 나의 여정과 다르게 보일 것이다. 당신은 당신만의 고유한 아동기 조건화를 경험했고 그 결과 특정한 대처 기제를 개발했으며, 그런 대처 기제는 어린 시절 이래로 당신이 겪은 사건과 관계들의 영향을 받았다. 당신은 당신 주변의 세상과 상호작용하는 당신만의 고유한 진동 에너지를 가졌고, 그 에너지가 당신의 영혼, 즉 당신에게만 고유한 본질을 만든다.

당신의 치유 여정은 고유하겠지만 그 과정에서 나와 이 책을 읽고 있는 다른 독자들과 같은 정류장들을 거치게 될 것이다. 우리 모두 인간이기 때문에 같은, 보편적인 기본 욕구를 가지고 있다. 그리고 모두 그러한 욕구들을 순차적으로 하나씩 같은 순서로 충족해야 한다.

1. 내 몸에 귀 기울여 신체적 욕구를 충족하는 법을 배울 수 있다.
2. 조건화되거나 습관적인 생각, 감정, 행동을 인식하는 법을 배워 진정한 자기에 좀 더 이로울 새로운 결정을 내릴 수 있다.
3. 마지막으로, 직관이 어디에 있는지 감지하고 그것을 신뢰하는 법을 배우고, 영혼과 다시 연결되어 세상에 나만의 고유한 본질 또는 에너지를 드러낼 수 있다.

진정한 욕구의 충족

• •

치유 여정의 순서가 왜 그토록 중요할까? 우리 몸이 신체적으로나 정서적으로 안전하다고 느낄 때까지 우리는 관계를 진정으로 치유하고 개별적인 존재로서 발전할 수 없기 때문이다. 만일 만성적으로 수분, 수면, 영양 부족에 시달리거나 그 밖의 충족되지 않은 신체적 욕구가 있다면, 자신이나 관계를 개선하기 위해 노력할 에너지나 능력이 없을 것이다. 감정을 표현할 수 있을 만큼 충분히 안전하고 안정적이라고 느끼지 못하면 다른 사람과 진실되게 교감할 수 없다. 다른 사람과 진실되게 교감할 수 없으면 편안하게 온전한 자신이 될 수 없고, 즐겁게 놀 수도, 창의력을 한껏 발휘할 수도 없으며 목적을 찾을 수도, 진정한 충만함을 느낄 수도 없다.

1943년 심리학자 에이브러햄 매슬로Abraham Maslow가 처음 소개한 욕구의 위계는 우리가 인간으로서 무엇에 의해 동기 부여되는지 이해하는 데 도움이 된다. 매슬로의 욕구의 위계는 생리적(신체적) 욕구, 안전(개인적, 건강, 직업적 안정) 욕구, 사랑과 소속감(친구, 가족, 친밀감) 욕구, 존경(자기 존중과 지위) 욕구, 자기실현(잠재력의 완전한 달성) 욕구의 5단계로 구성되지만, 나는 이것을 3단계로 단순하게 정리하여 '진정한 욕구의 피라미드'라고 부른다. 《내 안의 어린아이가 울고 있다》를 읽은 적이 있다면 기억할 것이다.

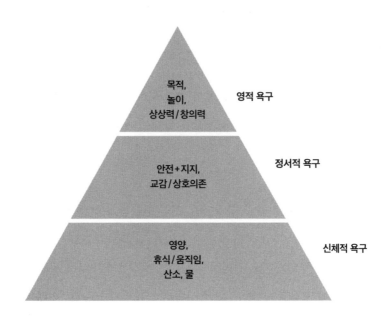

진정한 욕구에 관한 체크리스트

우리 대부분은 아동기 조건화 때문에 신체적, 정서적, 영적 욕구
로부터 단절되어 있다. 그래서 먼저 현재 우리가 충족하고 있지
못한 욕구가 무엇인지 알아내는 게 중요하다. 잠시 시간을 내어
아래 체크리스트를 살펴보라. 아래 질문들을 최대한 솔직하고
객관적인 마음으로 생각해 보고, 당신의 현재 경험을 가장 정확
하게 반영하는 문장에 표시하라.

내 몸에 필요한 영양분을 제공하는가?

____ 나는 내 몸에 귀 기울이므로 몸이 배가 고플 때 먹고 배가 부르
면 멈춘다.

____ 배불리고 에너지를 공급하는 음식을 (가능하면) 선택한다.

____ 먹으면 무기력해지거나 초조해지거나 기분이 나빠지는 음식을
알고 있으며 (가능하면) 피한다.

____ 보통 정신이 명료하고 예리하다.

몸을 움직이는가?

____ 매일 조금씩 몸을 움직이는 법을 안다.

____ 내 몸이 휴식을 취해야 할 때를 알고 그럴 때면 휴식을 취한다.

____ 근육이 수축되고 팽창하는 감각을 느낀다.

___ 움직이지 않을 때와 대비해서 움직일 때 몸과 에너지의 변화를 느 낀다.

내 몸에 충분한 휴식을 주는가?

___ 침대에 누우면 바로 잠든다.

___ 중간에 깨지 않고 밤새 숙면할 수 있다(혹은 깨어난다 해도 쉽게 다시 잠든다).

___ 자고 일어나면 상쾌하고 기운이 난다.

___ 수면 부족이 내 기분과 행동에 영향을 미칠 때 알아챈다.

스트레스에 대처할 수 있는가?

___ 살면서 만난 사람들이 내 스트레스 수준에 어떻게 영향을 주는지 알고 있다.

___ 내가 소비하는 콘텐츠(소셜 미디어, 뉴스, 오락)가 내 스트레스 수준에 어떻게 영향을 주는지 알고 있다.

___ 내가 언제 스트레스를 받는지 알며, 가능할 때마다 진정하려고 짬 을 낸다.

___ 매일 혼자 조용히 보내거나 자연 속에 머무는 시간이 있다.

정서적으로 안전하고 안정적이라고 느끼는가?

___ 관계에서 진실된 나의 모습과 감정을 표현할 수 있을 만큼 안전하 고 자유롭다고 느낀다.

___ 무엇이 내 관심을 끄는지 혹은 내가 무엇에 열정적인지 알고 있다.

___ 새로운 경험에 대해 열려 있으며 시간을 내어 내 창의력을 탐색한다.

___ 하루 중 자연스럽고 즐거운 자유 시간을 위한 여지를 남겨둔다.

아직 위의 문장들 가운데 많은 것에 해당되지 않는다 해도 자신을 다그치지 말고 연민을 베풀어라. 다음 장들에서 이러한 기본 욕구를 충족하고 몸과의 관계를 치유하는 여러 방법을 살펴볼 것이다.

몸을 치유하다

• •

만일 충분히 먹을 음식과 안전하게 잠들 수 있는 공간이 있고, 깨끗한 물과 충분한 옷을 얻을 수 있고, 건강관리를 할 수 있다면, 신체적 욕구를 꾸준히 충족하고 있다고 가정하기 쉽다. 이러한 특권을 누린다 해도 우리 대부분은 몸에 염증을 일으키는 식품을 먹고, 신경계에 스트레스를 가하는 할 일이 많은 일상을 살거나 혹은 기분과 감정을 조절하기 위해 몸에 필요한 휴식을 취하고 있지 않기 때문에 기초적인 생리적 욕구를 충족하지 못하고 있는 게 현실이다. 많은 사람(전체 미국인의 75퍼센트[9])이 만성적인 수분 부족 상태라는 점과 현대인의 생활 양식을 고려할 때, 시간을 내어 필요한 휴식을 취하는 등 자기 돌봄을 실천하는 사람은 거의 없다. 겉보기에 소소해 보이는 이러한 욕구를 충족하지 않으면 그것이 누적되어 큰 문제가 될 수 있다. 그렇게 되면 얼마나 많은 심리치료를 받든, 얼마나 잘 감정을 소통하든, 혹은 연인이 우리를 위해 무엇을 하든 아니면 하지 않든 늘 피곤하고, 스트레스를 받고, 무기력하거나 영양이 부족한 상태가 되어 관계를 망치게 된다.

신체의 안전은 기본 욕구이기 때문에 신체적 욕구를 우선 다뤄 진정한 자기를 체화하는 여정을 시작할 것이다. 그러기 위해서 나는 '신체 의식body consciousness'이라는 훈련을 만들었다. 이것은 당신이 심박수, 호흡 패턴, 근육의 긴장과 같은 일상의 신체 감각과 더불어 신체적 욕구를 의식적으로 알아차리는 데 도움이 될 것이다. 심박수, 호흡 패턴, 근육의 긴장 등은 우리가 신체적 욕구를 충족하고 있는지 여부를 알려주는 주요 지표로, 우리 몸의 다양한 단서를 알아차리고 해석하는 데 도움이 된다. 가령 위가 아픈 것은 배고프다는 뜻일 수 있다. 근육의 긴장은 에너지가 제한되어 있다는 뜻일 수 있고, 피로는 어떤 식으로든 몸을 과도하게 사용하고 있다는 신호일 수 있다. 몸의 감각은 생각과 감정을 만들어내는 데 놀라운 역할을 하는 것으로 밝혀졌다. 지금부터 이에 대해 설명하겠다.

대부분의 사람들은 생각과 감정이 생각하는 뇌에서 비롯된다고 추정하지만, 신체 감각이 생각과 감정을 만드는 데 일조한다. 잠재의식은 몸의 감각을 이용해서 우리가 어떻게 느끼는지 해석한다. 이때 과거에 유사한 신체 감각을 낳았던 정서적 경험을 떠올린다. 이 전제는 노스이스턴대학교 심리학과 교수인 리사 펠드먼 배럿Lisa Feldman Barrett 박사가 개발한 구성된 감정 이론theory of constructed emotions으로 알려져 있다.[10] 5장에서 이 개념에 대해 더 자세히 다루겠지만, 간단히 말해 반복되는 생각과 감정을 발생시키는 신체 감각을 파악하고 변화시키는 연습을 하지 않는한, 과거의 경험에 갇혀 살 수 있다는 뜻이다. 신체 의식을 실천하면 신체 감각에 주파수를 맞추고 어느 정도 관리하는 법을 배울 수 있어서 생각과 감정을 조절하는 데 도움이 된다. 우리 몸의 감각을 알아차리게 되면 우리가 생각하고 느끼는 방식을 바꿀 수 있어서 궁극적으로 관계에 임하는 태도를 바꿀 수 있다.

신체 의식 점검

••

신체 의식을 실시하기 위해 우선 하루 전반에 걸쳐 신체 의식을 위한 멈추기를 시작할 수 있다. 신체 의식을 위해 규칙적으로 멈추면 과도한 생각으로부터 주의를 이동시켜 지금 이 순간의 몸의 경험에 주파수를 맞추거나 주의를 기울이는 연습을 할 수 있다. 신체적 자기 돌봄(먹기, 쉬기 혹은 움직이기)을 하기 위해 어떤 선택을 하기 전에 몸을 점검하면, 몸과 몸의 다양한 신체적 욕구에 더 많이 연결된다. 잠시 멈추고 신체를 점검하기 위해 하루 세 번 알람을 맞춰두면 도움이 된다. 이렇게 멈춘 순간에 다양한 신체 감각을 탐색하면서 당신의 몸 안에 존재하는 경험에 주의를 전적으로 기울여 보길 바란다.

아래 빈칸에 시작할 때 경험한 내용을 적는다. 별도의 노트나 일기장에 이 목록을 반복해서 적으면 잠시 멈춰 몸의 경험에 연결되는 일을 떠올리는 데 도움이 된다.

일일 의식 점검

신체의 멈춤: [시간]

현재 느껴지는 신체 감각:

_____

_____

_____

_____

마음 강화 훈련

• •

신체 의식을 꾸준히 실시한 뒤에는 '마음 의식mind consciousness' 훈련을 시작할 수 있다. 마음 의식은 자동으로 반복해서 갖게 되는 생각과 느낌과 반응을 알아차리는 훈련이다. 이것은 작동하고 있는 잠재의식을 반영한다. 그런 생각과 느낌과 반응은 어린 시절 우리가 안전하게 느끼고 부모상에 의해 인정과 사랑을 받는다고 느끼기 위해 너무 자주 의존했기 때문에 우리 뇌에 프로그래밍된 본능적이고 조건화된 존재 방식이다. 이제 성인이기에 이러한 반복적인 습관들 가운데 스스로에 대해 좋은 감정을 느끼게 하는 게 거의 없다. 이런 습관들은 오히려 우리가 진정한 자기로 존재하지 못하게 하고, 다른 사람과 상호작용하는 방식을 자주 방해한다. 이러한 조건화된 존재 방식은 실제로 우리가 신체적으로나 정서적으로 안전하거나 조절되지 않는다고 느끼게 할 수 있다.

계속 살펴보겠지만, 우리는 우리 자신과 관계에 전혀 도움이 되지 않는 자동적이고 반복적인 습관을 파악하는 법을 배울 수 있다. 화가 날 때 오래된 조건화된 주기로 돌아가지 않고 자신을 진정시킬 수 있는 새로운 방법을 찾고 선택할 수 있다. 조건화된 자기 또는 성인이 된 후 다른 사람과의 관계가 역기능적 패턴에서 빠져나오지 못하게 하는 데 내가 행한 역할을 의식적으로 알아차릴 수 있다(이 점에 대해서는 4장에서 더 자세히 설명하겠다). 그러면 좀 더 자주 나의 욕구를 존중하는 일을 의도적으로 시작하여 다른 사람과의 관계에서 진정한 자기로 존재하기 위해 필요한 안전을 만들 수 있다.

의식 점검

• •

당신도 이제 알겠지만, 의식은 진정한 자기를 체화하는 우리의 여정에서 강력한 기초 역할을 한다. 마음 의식 또는 잠재의식에 의한 습관을 주시하는 능력을 키우기 위해 나는 일일 의식 점검이라는 훈련을 개발했다. 이 훈련을 하면 당신 삶의 자동 조종

장치를 인식하는 데 도움이 된다. 훈련을 시작할 때는 자신에 대해 인내심을 갖는다. 뇌는 생리적으로 에너지를 아끼기 위해 자동 조종 상태로 작동하는 것을 선호하기 때문에 우리가 뇌를 의식적인 인식 상태로 전환하기 시작하면 뇌가 피로할 수 있다.

의식 점검에 포함된 단계들은 신체 의식을 위한 멈춤을 할 때 거치는 단계들과 유사하다. 하루에 세 번 의도적으로 멈추기를 실시하여 멈춤의 순간에 당신이 무엇을 하고 있는지, 그리고 그 시점에 당신은 어디에 주의를 두는지, 이 두 가지를 주시하거나 알아차리는 일부터 시작할 수 있다.

새로운 일일 점검 습관을 만드는 데 도움이 되는 두 가지 방법이 있다. 하루 세 번 점검이 새로운 습관이 될 때까지, 혹은 하루 중 의식의 순간을 갖기 위해 멈추는 일을 스스로 알아서 기억할 때까지 매일 멈추기를 실시하고 유지하는 연습을 한다. 둘 중 어떤 방법을 사용해도 좋다.

- 하루 중 세 번, 가령 오전 11시, 오후 4시, 밤 9시에 점검하기로 정한다. 이를 위해 알람을 설정할 수도 있다.
- 매일 하는 세 가지 활동, 가령 모닝커피 마시기, 퇴근 후 식사 준비, 취침 준비를 하는 중에 점검하기로 정한다.

점검을 실행하기 위해, 자신에게 다음의 두 가지 질문을 던진다.

1. 지금 나는 무엇을 하고 있는가?(예: 설거지, 텔레비전 시청, 사랑하는 사람과 대화)

2. 지금 나는 무엇에 주의를 두고 있는가? 내가 하는 일에 혹은 내가 상대하는 사람에게 완전히 몰두하고 있는가? 아니면 다른 일에 대한 생각에 빠져 있는가? 만일 그렇다면, 무엇에 대해 생각하고 있는가?(예: 그날 앞서 나눈 대화, 최근에 날아온 신용카드 청구서, 다가올 행사, 직장 내 스트레스 상황)

훈련할 때 목표는 순간에 오롯이 집중하여 하늘을 떠다니는 구름처럼 당신의 생각을 관찰하는 것이다. 점검을 완수할 때마다 각 질문에 대한 답을 적으면 도움이 될 것이다. 아무도 당신의 답을 볼 수 없는 곳에 보관하라. 그러면 이 훈련에 대해 판단하거나 과도하게 생각하지 않고 솔직하게 적을 자유가 생긴다. 시간이 지남에 따라 자신이 어떤 것에 주의를 기울이는지 패턴을 알아차릴 수도 있다.

일일 의식 점검

_____

_____

_____

_____

이 도구를 필요할 때마다 자주 살펴본다. 나는 매일 사용하고 있다.

진정한 '나'는 심장에 산다

· ·

생물학적 관점에서 볼 때 영혼 또는 진정한 자기는 심장에 산다. 단지 이 세상에 존재하는 거의 모든 문화에서 인간의 심장을 인체의 영적 또는 정서적 중심으로 여겨서가 아니다. 심장은 인체의 '작은 뇌'로 알려져 있으며 4만 개 이상의 뉴런을 담고 있다. 신경계가 심장에 보내는 것보다 더 많은 메시지를 신경계로 보내며, 심신의 건강과 안전에 영향을 미치면서 동시에 다른 사람에 대한 우리의 정서적 반응을 활성화한다.[11] 미국의 비영리 기관인 하트매스 연구소의 연구에 따르면, 심장은 직관과 내적 지식이 사는 장소다. 이에 대해 나중에 더 자세히 살펴볼 것이다.[12]

심장과 교감할 때, 우리의 진정한 욕구를 토대로 의사 결정을 내릴 가능성이 더 높다. 자기 심장과 교감하면 실제로 다른 사람의 심장과 교감하는 데 좀 더 열린 마음이 되고 수용적인 태도를 갖게 된다. 심지어는 일이 벌어지기 전에 미리 '감지'하는 데 도움이 될 수 있다. 예컨대 직관에 대한 최근의 연구에 따르면, 신체적으로나 정서적으로 자신의 심장과 교감하는 사람들은 사건이 벌어지기 전에 실제로 가슴에서 변화를 느낄 수 있으며, 이를 통해 세상에서 무언가가 '옳거나 그른지' 분별할 수 있다.[13] 심장이 영혼에 어떻게 연결되는지, 그리고 그것이 관계에 어떻게 영향을 미치는지는 7장에서 더 자세히 살펴보겠다.

심장 점검

많은 사람이 다른 사람 및 주변 세상과의 안전한 연결을 잃게 될까 봐 두려워하기 때문에 자신이 무엇을 원하고 원하지 않는지 알면서도 본능적인 욕구나 열망을 거스른다. 자신을 진실되게 표현하기 시작하려면, 진정한 자기표현을 못 하게 막을 수 있는 다양한 염려나 두려움을 알아차려야 한다.

잠시 시간을 내어 누군가와 함께하며 자신을 표현하고 싶었지만 진실된 생각이나 감정, 관점을 말할 수 없었던 최근의 경험을 떠올려 보라. 이제 아래 질문에 대한 답을 생각하라.

나는 실제로 무엇을 생각하고 느끼거나 하길 원하는가?

_____

_____

_____

만일 내가 지금 당장 내 생각, 관점 혹은 감정을 공유한다면 무슨 일이 벌어질 거라고 생각 또는 걱정하는가?

_____

_____

_____

만일 내가 지금 생각하고 느끼는 것을 공유한다면 나는 어떻게 느낄 것인가?

_____

_____

_____

위의 탐색적인 질문들을 사용해서 한두 주 동안 하루 종일 그리고 다양한 관계에서 스스로를 관찰하고, 당신의 솔직한 생각, 관점, 감정을 다른 사람들에게 드러내지 않으려 할 때 어떤 패턴이 발견되는지 살펴본다.

이 훈련을 시작할 때 처음에는 당신의 심장과 당신의 진짜 생각, 감정 또는 바라는 일과 연결되기가 어려운 게 정상이다. 마음속 생각들로 방해받기 때문이다. 특히 당신이 이러한 질문을 전에 생각해 보지 않았다면, 스스로에게 자비와 연민을 베푸는 연습을 계속하라. 일일 신체 의식을 위한 멈춤과 의식 점검을 계속 연습하면 생각하는 마음에서 심장의 메시지를 더 잘 들을 수 있는 당신의 몸으로 주의를 옮기는 일이 훨씬 더 쉬워질 것이다. 진정한 자기 또는 영혼과의 연결을 계속해서 재구축하는 과정에서 하루 종일 규칙적으로, 특히 큰 결정을 내리기 전에 심장을 점검하면 유용하다.

일단 심장이 무엇을 원하고 필요로 하는지 명료해지기 시작하면, 이러한 진정한 욕구를 다른 사람에게 표현하기 시작할 때 스스로에 대해 인내심을 가져야 한다. 진심이 아닌데 혹은 관심이 없는데 '좋아요'라고 말하거나 동의할 때 알아차리는 것부터 연습을 시작할 수 있다. 다음에 어떤 행사에 초대받았을 때 가고 싶지 않다는 생각이 들면, 즉각 동의하지 말고 대답하기 전에 잠시 멈추어 당신의 진정한 욕구와 일치하는 대답을 의식적으로 선택할 수 있도록 스스로에게 시간을 준다. 그리고 명심하라. 이 시간을 통해 자신을 알아가는 과정에서 무엇이 진실이 아닌지 또는 당신이 무엇을 원치 않는지를 발견하면 결국 진실 또는 당신이 바라는 무언가를 향해 나아가게 될 것이다.

...

체화된 자기의 개념과 몸과 마음과 영혼 사이에 존재하는 상호 연결성을 이해하면 우리가 가야 할 여정에 대해 더 잘 이해할 수 있다. 신나는 여정이다. 물론 신이 나기 때문에 어떤 장으로 건너뛰고 싶을 수도 있지만, 이 책을 순차적으로 읽는 게 중요하다. 왜냐하면 지속적이고 진정한 치유는 단계에 따라 발생하고 하나의 살아 있는 과정으로서 펼쳐지기 때문이다. 이 여정을 따라가다 보면 좀 더 완전하고 온전하며 중심이 잡힌 존재가 당신을 기다릴 것이다. 더 당신다운 당신이 될 것이다. 가능한 자주 당신의 실제 바람 및 욕구와 일치하도록 행동하면 당신의 전부, 즉 몸과 마음과 영혼을 체화할 수 있으며 당신이 바라는 사랑이 넘치고 충만한 관계를 만들 수 있다. 아울러 보다 진실된 관계로 가는 여정을 시작하려면, 우선 외상성 애착의 신경생물학을 이해해야 한다.

HOW TO BE
THE LOVE
YOU SEEK

3장

관계의 문제는
같은 패턴을 반복한다

임상 수련을 할 때 이런 말을 자주 들었다. 내담자들은 항상 잘못된 관계에 얽히거나 같은 갈등에 반복해서 빠진다고 호소했다. 많은 사람이 수치심을 느끼게 하고, 비난하고, 비판하고, 관계에서 발을 빼거나 서로에게 과도하게 반응하는 주기를 묘사했다. 그런가 하면 관계에서 줄다리기와 같은 역동이 발생하는 경우도 있었다. 연인과 더 가까워지려고 애쓰지만 그가 밀쳐낸다고 느껴져 고통스러운 밀고 당기기의 끝없는 반복이 발생한다고 호소하기도 했다.

당시 나는 관계에 불만이 있어 찾아온 커플들을 상담하고 있었다. 결혼했거나 연애 중인 내담자들은 소통을 개선하기 위해 아무리 많은 치료를 받거나 시도를 해도 소용이 없으며, 애정이 없고 불만족스러운 관계에 수개월 혹은 수년간 갇혀 있다고 느낀다는 말을 자주 했다.

싱글인 사람들은 지속적인 관계를 원하지만 그런 대상을 찾을 수 없으며, 설령 찾는다 해도 관계가 대개 같은 방식으로 끝난다고 인정했다. 그들이 무엇을 하든, 얼마나 많이 노력하든, 어떤 상대를 선택하든 마찬가지라고 했다. 이런 말들은 내게도 익숙했다.

그런 내담자들은 그들이 깰 수 없는 행동 패턴이나 습관을 반복하는 악순환에 빠져 있다는 공통점을 보였다. 그들은 자신에게 뭔가 문제가 있다고, 가령 '사랑스럽지 않거나' '연애 불능이거나' '망가졌다'고 생각하거나, 타협할 줄 모르고 냉정하고 사랑할 줄 모르는 연인에게 피해를 입었다고 믿었다. 내담자 가운데 일부는 누구와 연인이 되든 실패할 거라고 걱정했다.

만일 이런 말이 당신에게도 익숙하다면, 나는 당신이나 연인에겐 아무런 잘못이 없으며, 사랑이 충만하고 진실된 관계가 가능하다고 장담하겠다. 많은 사람이 벗어날 수 없다고 여기는 관계 패턴은 반드시 그들의 잘못도, 연인의 잘못도 아니다. 성인인 우리가 추구하고 만드는 관계, 특히 연인 관계는 대개 우리가 의식적, 능동적으로 내리는 결정의 결과가 아니다. 우리의 신경계가 생애 초기에 맺은 부모상과의 관계를 반영하는 관계 패턴을 추구하고 재현하게 되어 있기 때문이다. 이러한 반복되는 역동은 현재의 우리에게 이롭지 않으며, 대개 진정한 관계라기보다 외상성 애착이다.

앞의 두 장에서 우리는 대인관계 신경생물학자 대니얼 시겔 박사의 연구에 대해 살펴보았다. 그의 연구는 생애 초기 관계가 신체적으로 신경계에 어떻게 영향을 미치고 평생 동안 우리가 다른 사람에 대해 생각하고 느끼고 행동하는 방식을 어떻게 결정하는지를 보여준다. 이 장에서는 이런 현상이 벌어지는 원인과 양상 이면에서 작용하는 과학을 살펴볼 것이다. 그러면 우리가 친구, 가족, 동료 또는 연인에 대해 키운 외상성 애착 습관을 깨뜨리기 위해 신체적, 정서적, 영적으로 무엇을 할 수 있는지 더 잘 이해하게 될 것이다.

외상성 애착의 굴레

• •

커플들을 상담하던 당시 나는 외상성 애착의 성격에 대해 아직 이해하지 못한 상태였다. 신경계가 어떻게 본능적으로 우리를 특정 방식으로 행동하게 만드는지에 대해 지금 내가 알고 있는 지식을 그때 통합할 수 있었더라면, 내담자들이 관계를 변화시키는 데 더 큰 도움을 줄 수 있었을 것이다. 하지만 당시 나는 기존의 치료나 그 밖의 자기계발 도구들을 아무리 많이 사용해도 대부분의 관계 패턴에 영향을 미치지 못하는 모습을 무력하게 지켜보기만 했다. 사람들은 마치 계속되는 고통을 야기하는 습관에 신체적으로 묶여 있거나 중독된 듯 같은 주기를 계속 반복했다.

이제 나는 외상성 애착이 진료실에서 나와 마주 앉은 모든 내담자의 거의 모든 관계에서 어떤 식으로 펼쳐지는지를 이해한다. 도미닉과 모니크도 마찬가지였다. 그들은 결혼 생활에서 점점 더 단절되고 화가 나자 나를 찾아왔다.

8년 전 한 콘서트장에서 처음 만났을 때, 도미닉과 모니크는 곧바로 서로에게 '완전히 빠져버렸다.' 음악 취향이 같았고, 함께 있으면 '편안하고 자연스럽게' 느껴졌다고 했다. 하지만 결혼 후 한두 해가 지나자 심각한 문제를 겪기 시작했다. 도미닉은 자영업 도급업자였는데, 점점 수주하는 일감이 줄어 소득이 현저히 감소했다. 성공한 학자인 모니크는 남편이 새로운 고객을 유치하기 위해 충분히 노력하지 않는다고 느꼈다. 시간이 흐르며 모니크는 도미닉이 번 돈을 도박으로 탕진하고 있다는 사실을 알게 되었고, 이로 인해 부부의 재정적 어려움이 커졌다. 모니크는 이미 남편의 활동을 세세하게 관찰하고 있었는데(도미닉은 "끊임없이 나를 닦달해요"라고 표현했다), 더 심하게 그를 감시하고 일거수일투족 관리하려 들기 시작했다. 그러자 도미닉은 일(또는 일이 없음)과 도박 습관을 점점 더 숨기게 되었다.

커플 상담 동안 우리는 도미닉과 모니크의 아동기가 관계의 어려움에 어떻게 영향을 미쳤는지 탐색했다. 당시 우리는 그들의 아동기가 어떻게 그들의 신체에, 구체적으로 신경계에 영향을 미칠 수 있었는지, 그리고 그들의 뇌가 어떻게 본능적으로 그들이 건강하지 못한 관계 역동에 계속 갇혀 있게 만들었는지는 다루지 않았다.

도미닉은 어린 나이에 입양되어 경각심이 과도한 어머니에게 양육되었다. 이런 부모는 일명 '헬리콥터 부모'와 유사하다. 당신도 이에 대해 들어봤거나 직접 경험했을 수 있다. 그들은 자신의 신경계 조절 장애에서 비롯된 내적 불안 때문에 자녀를 끊임없이 감시하고, 작은 것까지 일일이 다 관리하고 통제하려 든다. 대개 좋은 의도이고 자녀를 위한 것이라고 믿지만, 이런 부모 가운데 많은 사람이 자녀의 경계를 이해하거나 존중할 줄 모른다. 그들은 자녀의 생각, 기분, 행동을 끊임없이 감독하고 과도하게 분석하며, 때로는 특정 활동과 관심을 추구하라고 강요하기까지 한다. 바로 도미닉의 어머니가 딱 그랬다.

반면 그의 아버지는 자주 가족과 거리를 두고 장시간 근무 후에 주로 동료들과 어울리며 가족과는 최소한의 접촉만을 유지했다. 아버지의 잦은 부재로 도미닉은 어머니의 침해적이고 수치심을 유발하는 행동에 맞서 스스로를 보호해야만 했다.

도미닉은 어릴 적에 어머니의 과도한 간섭이 감당하기 힘들었다고 이야기했다. 어머니는 아무런 위협이 없을 때조차 그에게 조심하라고 늘 소리를 질렀다. 게다가 무엇을 먹을지, 어떻게 느껴야 할지, 무엇을 해야 할지 끊임없이 잔소리했다. 그가 친구와의 경험을 이야기하면 어머니는 어떻게 반응해야 하는지 조언하는 등 또래와의 관계에도 끼어들었다. 물론 선의였겠지만, 어머니의 과도한 경각심 때문에 도미닉은 마음속으로 자신이 무가치하고 부끄럽다고 느꼈다. 이것은 과도한 불안으로 간섭하는 부모상을 가진 아동에게서 공통적으로 나타나는 증상이다. 누군가 항상 당신을 통제하거나 바꾸려 들면, 당신 존재의 자연스러운 방식, 즉 진정한 자기가 충분히 좋지 않다는 메시지로 받아들이게 된다.

어머니가 계속해서 일일이 관리하고 때로 그가 어떻게 행동해야 할지 대놓고 지시하자 도미닉은 '사랑'이란 그의 '최선의 이익'을 위해 감독되고 일일이 관리되는 것으로 느껴지고 보인다고 무의식적으로 믿게 되었다. 그는 대부분의 사람들처럼 통제당하는 느낌을 싫어했지만, 생애 초기 어머니와의 상호작용이 사랑과 애정은 과도한 간섭과 함께 온다고 믿게 만들었다.

어머니의 끊임없는 통제로 도미닉은 그의 생각과 감정 또는 관점을 자유롭게 공유할 수 있는 여지가 없었다. 경계를 끊임없이 침해당했기 때문에 본연의 모습을 보일 때 다른 사람에게 사랑받는다고 느끼지 못했을 뿐만 아니라, 있는 그대로의 모습으로 존재할 만큼 진정으로 안전하다고 느끼지 못했다. 정서적 안전과 안정이 지속적으로 부족한 상황에 대처하다 보니 그의 신경계는 다음에 닥칠 불가피한 문제나 위협을 항상 살피며 끊임없이 스트레스를 받고 있었다.

신경계가 스트레스 반응이나 과잉 활성화된 상태에 돌입하면, 인체는 투쟁-도피 모드로 전환되어 위협에 맞서거나 그로부터 도망치기 위해 필요한 집중력과 에너지를 제공한다. 도미닉의 경우, 인지된 위협은 어머니의 통제적이고 침해적인 행동으로, 의도치 않게 그에게 거의 끊임없이 정서적 압박을 초래했다. 생존을 위해 어머니에게 의지했기 때문에 물리적으로 어머니로부터 도망칠 수는 없었지만, 많은 아동이 그렇듯이 내향적으로 바뀌어 내면세계로 후퇴하고 생각에 몰두하는 방식으로 도망쳤다. 안전하거나 지지받는다고 느끼지 못했기 때문에 그의 신경계는 스트레스 반응에 계속 갇혀 있어서 뇌의 발달 중인 신경 회로에서 활성화 패턴이 반복되었다. 모든 어린아이와 마찬가지로, 그러한 초기 신경 경로들이 결국 그의 뇌 구조의 일부가 되었다.

어른이 된 도미닉은 불편함을 맞닥뜨리면 내면세계로 계속 도망쳤고, 생각에 몰두하다가 나중에는 도박으로 주의를 돌렸다. 많은 충동적인 행동 또는 도박이나 섹스, 일, 약물 등을 이용한 중독 행동들이 실제로 뿌리 깊은 고통이나 감당하기 힘든 다른 감정으로부터 도망치는 수단이다. 아동기 이후로 이런 신경 회로가 그의 뇌에 새겨졌기 때문에 그렇게 하는 게 그에게는 안전하고 익숙하게 느껴졌고, 그가 성인이 되어서까지 반복하는 외상성 애착 패턴의 기초가 되었다. 그의 습관적인 도피 반응은 그를 '주의 분산 모드'에 빠지게 했다. 이 모드는 투쟁, 도피, 경직 또는 차단, 비위 맞춤이라는 인체의 네 가지 스트레스 반응을 토대로 내가 파악한 네 가지 반응 양식 가운데 하나다. 뒤에서 당신과 주변 사람들이 가장 자주 체화하는 유형은 무엇인지 판단하는 법과 함께 네 가지 모드를 모두 소개할 것이다.

도미닉이 모니크를 만났을 때 그녀의 모든 면이 익숙하고 안전하게 느껴졌다. 그녀는 많은 면에서 그의 어머니와 달랐지만,

그가 본능적으로 '사랑'이라고 이해하는 것과 같은 핵심 행동을 보였다. 바로 그를 감독하고, 일일이 관리하고, 통제하는 것이었다. 처음에는 그러한 행동이 뚜렷하게 드러나지 않고 미묘했다. 처음에 모니크는 그에게 저녁 식사 자리에 무슨 옷을 입어야 할지, 사업이 잘되게 하려면 무엇을 해야 할지 제안하곤 했다. 하지만 시간이 지나며 그의 일상 속 많은 선택에 대해 그녀가 좋아하는 방식을 지시하기 시작하면서 그녀의 명령은 좀 더 뚜렷해졌다. 도미닉은 의식적으로는 그런 감독을 좋아하지 않아 더러 불평하긴 했지만, 모니크의 행동은 그가 아는 '사랑'처럼 느껴졌다.

자신을 위한 공간과 안전을 확보하기 위해 도미닉은 모니크로부터 도망치려 했고, 어릴 적 그랬듯 자신의 생각과 행동으로 주의를 돌리거나 자신과 거리를 둠으로써 그들의 관계에서 정서적으로 발을 뺐다. 그러한 조건화된 행동들이 도미닉에겐 본능이었겠지만, 모니크의 입장에서는 상황을 통제해야 할 필요가 더 커질 뿐이었다. 남편이 내면세계로 들어가거나 그녀에게서 멀어질 때마다 위협을 느낀 모니크는 그를 더 면밀히 감시하기 시작했다. 무엇이 문제인지 끊임없이 묻고 그가 현재에 충실하도록 만들려고 또는 그를 현재로 돌아오게 만들려고 더 열심히 노력했다. 그가 일을 덜 하고 도박으로 더 많은 돈을 탕진할수록 그녀의 감시는 더 철저해졌고, 둘 사이에 이런 반응 주기는 계속되었다.

모니크는 의도적으로 남편을 밀착 관리하려던 게 아니었다.

그와 마찬가지로 그녀도 조건화된 대처 패턴을 초래한 트라우마 히스토리가 있었다. 그녀의 어머니는 우울증 환자였는데, 그 때문에 자주 딸에게 정서적으로 주파수를 맞춰주지 못했고, 심지어 물리적으로 보살펴주지 못할 때도 있었다. 모니크의 아버지는 가족을 부양하기 위해 두 가지 일을 해서 집에 거의 없었고 늘 바빴다. 어쩌다 가족과 보낼 시간이 생기거나 끝없이 많은 할일과 가사노동에 방해받지 않을 때, 아버지는 매우 자상하고 사랑이 넘쳤다. 하지만 아버지의 관심은 딸이 안전하거나 안정적이라고 느낄 만큼 충분히 일관되거나 예측 가능하지 않았다.

어린 시절 대체로 정서적으로 방임되거나 혼자라고 느낀 모니크는 자신이 부모가 정서적으로 보살피고 지지할 만한 가치가 없는 존재라는 믿음을 무의식적으로 갖게 되었다. 부모가 딸이 자기의 감정을 잘 헤쳐나가도록 정서적으로 함께하는 일이 드물었기 때문에 혼자서 배워야 했지만, 어린아이에게는 버거운 일이었다. 물론 신체적으로는 늘 안전하다고 느꼈지만 부모 중 누구와 함께 있어도 정서적으로 안전하다고 느낀 적이 거의 없었다. 이러한 버거운 감정을 진정시키기 위해 그녀는 본능적으로 주변 환경을 최대한 통제하기 시작했다. 어머니를 화나게 하거나 우울에 빠지게 할 수 있는 것은 무엇이든 막기 위해 어머니를 감시했다. 아버지가 귀가하기 전에, 아버지가 다시 일에 몰두하는 것을 막기 위해 할 수 있는 모든 행동과 말을 머릿속에 정리해 두었다.

정서적 안전과 안정이 없었기 때문에 모니크의 신경계는 지속적으로 비위 맞춤 반응을 활성화했다. 비위 맞춤 반응일 때는 대개 외적으로든 내적으로든 다른 사람을 감시해서 인지된 위협에 대처한다. 다음에 인지될 위협을 예상하고 피하기 위해 다른 사람이나 환경을 세세하게 관리한다. 비위 맞춤 반응에 갇혀 있던 모니크는 남동생이 어머니를 화나게 할 짓을 하면 소리를 지르고, 아버지가 저녁 식사 후에 다시 일을 하면 조용히 속을 끓였다. 모니크의 몸이 안전을 확보하려는 최선의 시도로 같은 반응을 반복하자, 그녀의 신경생물학적 체계는 과도한 경계를 하도록 프로그래밍되었다. 어른이 된 후 모니크는 과민하지 않을 때 신체적인 불편함을 느껴서 강박적으로 상황을 통제하려고 애썼다. 끊임없이 '맞춤 모드'로 전환하고 외부 상황을 지배하려 드는 바람에 주변 사람들은 종종 그녀가 내적으로 느끼는 만큼 불안을 느꼈다.

도미닉이 그녀의 부모와 유사했기 때문에 모니크는 그에게 본능적으로 끌렸다. 예측할 수 없다는 점 때문이었다. 그녀는 그가 언제 그녀에게 집중할지 혹은 아버지처럼 언제 자기 생각에 빠져 있을지 알 수 없었다. 때로 그는 행복했지만 그렇지 않을 때는 그녀의 어머니처럼 슬펐다. 자영업 도급업자라는 일의 성격도 예측 불가능했다. 수개월간 바쁘다가도 몇 주째 일 없이 지냈다. 비록 그의 예측 불가능성이 정서적, 재정적 안정을 달성하는 일을 어렵게 만들었지만 그녀에게는 익숙하고 안전하게 느껴졌다. 예측 불가능성을 다루는 일을 통해 '사랑'과 애정을 느끼도록 학습되었기 때문이었다.

모니크와 도미닉의 아동기에 충족되지 않은 정서적 욕구와 그에 따른 신경생물학적 적응은 결국 부부 관계를 위협하게 된 반응 주기뿐만 아니라 보자마자 서로에게 '빠지는' 데도 일조했다. 그들의 관계는 두 사람 모두 아동기에 정서적 욕구를 충족하기 위해 각자 학습한 방식대로 무의식적으로 행동으로 옮긴 외상성 애착이었다. 많은 사람이 그렇듯이 그들도 신경계를 조절하여 이 주기를 깨는 법을 배우거나 아니면 둘 중 한 사람 또는 두 사람 모두가 관계를 끝내기로 결심하기 전까지 똑같은 스트레스 반응에 계속 갇혀 있을 것이다.

아동기를 재현하려는 충동

• •

모니크와 도미닉은 관계에서 아동기 이후 익숙해진 스트레스 경험과 그에 따른 대처 기제를 재현하게 해준 조건들을 다시 만들려고 의식적으로 택한 게 아니었다. 외상성 애착은 적어도 우리가 그것을 인식하기 전까지는 능동적으로 통제할 수 있는 게 아니다. 다른 사람과 관계를 맺는 조건화된 방식은 어린 시절 감당하기 힘든 감정에 대처하기 위해 우리가 발달시킨 신경망에 의해 만들어진 것으로, 습관적 본능이 된다.

1장에서 배웠듯이 아동기 트라우마는 학대, 방임, 근친상간, 강간 그리고 전형적으로 이 용어와 관련이 있는 삶을 뒤흔드는 사건들만 포함하는 게 아니다. 많은 사람에게 아동기 트라우마는 좀 더 미묘한 형태를 띤다. 지속적으로 우리의 대처 능력을 압도하는 인지된 스트레스라면 무엇이든 아동기 트라우마가 될 수 있다. 양육자가 신체적으로든 정서적으로든 부재했다면, 정서적으로 압도된 느낌을 달래지 못한 채 방치되었을 것이다. 만일 일관되게 정서적 안전을 느끼지 못했거나 정서적으로 화가 나는 경험에 맞닥뜨릴 때마다 자주 지지받지 못했다면, 부모상이 아무리 '좋은' 의도를 가졌다 해도 우리는 몸과 마음에 아동기 트라우마를 저장하게 된다.

어린 시절 어떤 종류의 트라우마를 경험했든 감당하기 힘든 스트레스는 신경계 발달에 영향을 미친다. 우리는 신경계가 발달되지 않은 상태로 태어난다. 뇌는 빠르게 성장하여 6세 이전에 성인 크기의 90퍼센트까지 자라고, 20대 중반까지 계속해서 그 기능을 발달시킨다.[14]

인간의 신경계는 수태의 순간부터 다른 사람에게 의존하도록 프로그래밍되며, 생애 초기 관계가 평생 동안 지속될 뉴런의 연결을 만든다. 우리의 부모상이 우리와 어떻게 상호작용하고, 어떻게 스트레스를 다루고, 화나는 경험에 어떻게 대처하는지가 우리 뇌에 형성된 신경망에 영향을 미친다. 피부와 공간에 의해 분리되어 있어도 부모상의 신경계의 안전은 공동 조절co-regulation

이라는 과정을 통해 자녀의 신경계의 안전에 직접적인 영향을 미친다.

이는 만일 우리가 스트레스 반응에서 자주 조절 장애를 겪어 우리를 진정시키거나 공동 조절을 할 수 없는 부모상과 성장했다면 우리도 그들의 스트레스를 느꼈다는 뜻이다. 위안을 받지 못한 우리의 신경계도 스트레스 반응을 활성화했고 결국 우리는 계속해서 불안을 느꼈다. 중요한 발달 시기에 같은 신경계 반응을 반복하면 이러한 신경 경로가 강화되며, 일부는 뇌가 거의 본능처럼 따르는 고속도로가 되어버린다. 책 후반부에 공동 조절 과정에 대해 더 자세히 살펴보고, 이 훈련이 제공하는 건설적인 회복력을 의도적으로 이용하여 관계에서 안전을 조성하는 방법을 탐색할 것이다.

신경계 기초 수업

• •

생애 초기 관계가 왜 그토록 큰 영향을 미치는지 이해하기 위해 인체의 자율신경계 이면에서 작용하는 과학을 자세히 살펴보자. 자율신경계는 심박수, 호흡, 혈압, 소화와 같은 비자발적 신체 기능을 조절한다. 주된 역할은 에너지를 저장, 보존, 방출하는 것으로, 우리가 인지된 스트레스에 반응하는 방식을 관리하는 일을 지원한다. 구체적으로, 우리의 의식적인 인식 밖에서 벌어지는 생리 기능의 속도를 높이거나 늦추고, 호흡에 영향을 주고, 에너지를 전환하고, 동공을 팽창시킨다.

어린 시절 대부분의 욕구가 일관되게 충족되었다면, 당신의 신경계는 일관된 조절 상태를 보일 가능성이 높다. 자율신경계가 스트레스 반응을 활성화할 때조차 재빨리 돌아가 항상성을 띨 수 있다는 뜻이다. 항상성은 인체가 선호하는 상태다. 내적 기능이 균형을 이루는 상태로, 항상성을 이루면 안전감과 차분함을 느끼고, 감정과 주변 세상을 의도한 대로 차분하게 헤쳐나갈 수 있다. 신경계 조절이 잘되면 인지된 위협에 빠르고 정확하게 적응할 수 있으며, 동시에 화가 나는 감정과 상황을 경험할 때조차 감정에 잘 대처하고 의도적으로 행동할 수 있다. 간단히 말해 주변 삶에 반응하는 방식을 통제할 수 있고, 다음에 무엇을 하고 싶은지 의식적으로 선택할 수 있다.

우리 대부분은 신경계가 잘 조절되고 있지 않아서 신경계 조절 장애로 고전한다. 그래서 인체는 스트레스 반응을 끄는 데 어려움을 겪으며, 우리는 항상성을 유지하는 대신 계속 생존 모드 또는 위협이 강화된 상태에서 벗어나지 못한다. 그 결과 무엇이 위협이고 무엇이 아닌지 정확하게 판단할 수 없어서 안전하지 않다고 느끼고, 쉽게 동요되고, 감당하기 힘든 감정을 진정시키지 못한다. 과도하게 스트레스를 받고 인체를 평온한 균형 상태로 되돌리지 못하면 결국 짜증을 느끼며, 좌절에 대한 인내심도 줄어들어 갑자기 화를 내거나 과잉 반응을 보인다. 인체는 조절이 제대로 되지 않을 때 항상 몸의 생존을 최우선에 두기 때문에 쉽게 자신에게 집중하고 자신의 이익보다 다른 사람의 이익을 고려하기 힘들다. 생존 모드에 갇혀 있거나 그런 상대와 관계를 맺고 있을 때, 정서적으로 혼자이기 때문에 외로움을 느끼게 된다. 대부분의 타인을 잠재적 위협으로 보기 때문에 다른 사람과 교감하거나 그가 주는 지지를 받기 위해 우리를 개방할 만큼 충분히 안전하다고 느끼지 못한다.

신경계 조절 장애의 이러한 패턴은 보통 뇌가 발달 중인 초기 아동기에 시작된다. 어린 시절 우리는 우리의 경험과 다른 사람과의 공동 조절의 경험과 순간을 통해 스트레스와 그 밖의 불편한 감정을 스스로 조절하거나 그에 대처하는 법을 배운다. 만일 자율신경계가 스트레스 상태와 항상성 사이를 쉽게 오가기 위해 필요한 신경 회로를 발달시킬 기회가 없다면 스트레스 반응에서 벗어나지 못할 수 있다. 그렇게 되면 생리적으로 빨리 혹은 쉽게 진정할 수 있는 능력을 갖추지 못한다.

스트레스 반응에 갇혀 있는 아기나 어린아이들을 본 적이 있을 것이다. 진정할 수 없어서 발로 차고 소리를 지르는데, 이는 투쟁 반응에 있는 아이들이 보이는 전형적인 행동이다. 그런가 하면 해리되어 멍하니 허공을 응시하는 경우도 있는데, 이는 경직 또는 차단 반응의 특징이다. 한편 주변 환경을 지나치게 살피고 주변에 사람들이 있어도 만성적인 불안 증세를 보이기도 하는데, 비위 맞춤 반응에서 흔히 보이는 증상이다.

어린 시절 우리의 몸이 어떤 스트레스 반응에 길들여졌든 신경계가 그렇게 하도록 프로그래밍되어 있기 때문에 우리는 같은 반응 모드로 계속 돌아간다. 어릴 적에 발로 차고 소리를 질렀다면, 성인이 되어서도 다른 사람 앞에서 발로 차고 소리를 지를 수 있다. 어린 시절 멍하니 허공을 응시하고 해리되었다면, 어른이 되어서도 다른 사람들과 동떨어져 스스로를 차단할 수 있다. 어린 시절 우리의 안전이나 관계가 주변 사람들에게 맞추는 데 달려 있었다면, 어른이 된 지금도 불안해하며 자신보다 다른 사람에게 더 맞추는 경향을 보일 수 있다.

신경계 조절 장애는 가장 성실한 사람마저 '최고의' 관계를 망치는 방식으로 행동하게 만들 수 있다. 신경계가 제대로 조절되지 않으면 스트레스를 주는 감정이 우리에게 미치는 영향을 통제할 수 없기 때문에 주변 사람들에게 쉽게 자극받고 반응한다. 자율신경계는 스트레스에 과도하게 반응하도록 생물학적으로 정해져 있다. 주변에 스트레스를 유발하거나 위협적인 사건이나 존재가 없을 때조차 스트레스를 찾거나 다시 만들어내는 것은 시간문제일 뿐이다.

만성 스트레스는 신체적으로나 정서적으로 누구에게나 건강하지 않지만, 스트레스 반응은 인체에 생리적으로 익숙하며 어떤 면에서는 편안하기까지 하다. 잠재의식은 위협이 될 수 있는 미지의 것보다 익숙한 것을 늘 선호한다. 익숙한 것이 고도로 예측 가능한 결과를 내놓기 때문에, 그리고 우리의 뇌가 생존 게임에서 예측 가능한 것을 간절히 바라기 때문에 신경계는 익숙한 것을 반복한다.

인체가 스트레스 반응에 있을 때, 뇌의 시상하부 뇌하수체 부신축(HPA 축)이 활성화된다. 인체의 '스트레스 회로'로 알려진 HPA 축은 코르티솔, 도파민, 엔도르핀, 아드레날린과 같은 스트레스 화학물질을 혈류에 분비한다. 이러한 스트레스 호르몬의 급상승은 매우 강렬하여 우리는 이에 '중독되거나' 길들여질 수 있고, 스트레스 화학물질들의 익숙한 조합을 경험하지 않을 때 신체적으로 불편하고 지루하며 동요될 수 있다.

인체가 특정 스트레스 반응에 익숙해지면, 잠재의식이 같은 생화학적 반응을 활성화하는 상황을 찾거나 재현하게 해서 우리가 다시 익숙한 '우리 자신'을 느끼게 할 수 있다. 많은 혼란과 예측 불가능성, 또는 안전하지 않은 관계의 문제가 있는 가정에서 성장한 사람들은 정서적 중독의 주기에 쉽게 갇혀 성인이 되어서도 생리적으로 같은 혼란과 예측 불가능성과 안전의 결여를 다른 사람들과의 관계에서 갈망할 수 있다.

스트레스를 받은 몸이 우리 마음에 계속 위협 신호를 보내면, 마음은 우리에게 익숙한 생화학적 기저 반응을 만들기 위해 화가 나는 생각들을 분주히 하기 시작한다. 이 중독 주기 때문에 많은 사람이 아드레날린을 분출시키는 가십, 드라마, 예측 불가능한 관계 역동 또는 다른 사람과의 상황에 묘하게 끌린다. 그런 드라마나 스트레스가 기분이 좋지 않을 수 있지만 적어도 뭔가를 느끼게 해준다. 많은 사람에게는 이때가 감정을 느끼는 유일한 순간일 수 있다. 만일 이 스트레스로 인해 우리가 수동공격적으로 행동(불만이나 적개심을 품은 대상을 직접 공격하지 않고 간접적인 방식으로 불편하게 만드는 행동—옮긴이)하고, 정서적으로 다른 사람들과 거리를 두거나 그들의 경계를 침해한다면, 조절이 되지 않았을 때 보인 행동 방식을 나중에 되돌아보고 후회할 수도 있다. 익숙한 것을 선호하도록 신경생물학적으로 프로그래밍되어 있기 때문에 우리는 주기에 갇히고 같은 종류의 사람과 상황을 반복해서 찾고, 결국 우리 자신과 우리의 행동에 대해 자주 수치심을 느끼게 된다.

사회적 상태에 오래 머무르기

• •

자율신경계는 두 부분으로 구성된다. 교감신경계와 부교감신경계다. 교감신경계는 심박수, 혈압, 호흡, 근육의 긴장을 높여 인체의 투쟁-도피 반응을 활성화하고 우리에게 인지된 위협에 대처하거나 그것으로부터 도망갈 수 있는 에너지를 공급한다. 일단 우리가 인지된 위협을 극복하거나 피하면, 인체는 부교감신경계를 활성화하여 다시 진정된다. 이는 '휴식 및 소화' 또는 '안전 및 사회적' 상태로 알려져 있으며 심박의 속도가 느려지고, 깊은 호흡을 하고, 다시 정서적인 안전감을 느낀다. 간단히 말해 부교감신경계는 인체가 이완하는 능력을 통제한다.

부교감신경계가 주도하는 상태에서 대부분의 시간을 보내는 게 이상적이긴 하지만, 그러면 경직 또는 차단 상태로 알려진 부교감신경계의 반응에 갇히게 될 수 있다. 경직은 우리가 맞닥뜨린 인지된 위협이 지나치게 즉각적이거나 압도적이거나 지속적이어서 투쟁도 도피도 선택지가 될 수 없을 때 발생한다. 인체가 위협에 대해 방어할 준비 태세를 취하기 시작할 때도 교감신경계는 여전히 어느 정도 활성화되어 있다. 우리가 차단 반응에 돌입하면, 부교감신경계는 우리가 신체적으로는 존재하지만 정신적으로나 정서적으로는 존재하지 않을 정도까지 심박과 호흡 속도를 늦추는데, 이럴 때 대개 근육은 축 처지고 약해진 느낌이 든다. 진화론적 관점에서 볼 때 이런 반응은 고대 선조들이 현실적으로 위협에서 도망갈 수 없었을 때 가만히 있거나 '죽은 척' 하는 데 도움이 되었다. 오늘날 많은 사람이 환경에서 지속적으로 인지되는 위협에 대처하기 위해 만성적인 해리, 단절 또는 현실 감각의 마비 상태에 갇혀 있다.

가장 최근에 진화된 네 번째 스트레스 반응인 비위 맞춤은 우리가 주변 사람들의 욕구에 부응하거나 그들의 감정을 살핌으로써 인지된 위협을 회피하거나 낮추려는 시도를 할 때 발생한다. 우리는 누군가를 진정시킬 수 있다면 그들이 화가 났을 때 우리에게 발생하는 스트레스를 피할 수 있다고 배웠다. 비위 맞춤 반응은 주변에 다른 사람이 있을 때만 가능하기 때문에 사회적 상태로 알려져 있다. 대개 '사람들을 달래고 기분 좋게 해주는' 상태로 불린다.

교감신경이 활성화된 상태와 부교감신경이 활성화된 상태 사이를 의도적으로 오가는 법을 배우면 신경계를 조절하는 데 도움이 된다. 시간이 흐르며 이러한 유연성은 우리가 '안전 및 사회적' 상태에서 보내는 시간을 늘려 우리의 감정과 주변 세상을 차분하고 적절하게 헤쳐나가는 데 도움이 될 것이다. 관계에서 이런 상태에 도달하면 정서적 지지를 주고받을 수 있으며, 깊고 지속적인 사랑을 만들 수 있다.

지각 시스템의 오류

• •

안전이 인체의 이상적인 상태이긴 하지만, 평온하고 안정적이며 우리 자신과 다른 사람 또는 경험에 연결되어 있다고 일상적으로 느끼는 사람은 실제로 거의 없다. 그 이유를 이해하기 위해 다중미주신경 이론polyvagal theory에 대해 아는 것이 중요하다. 다중미주신경 이론은 우리가 환경에서 안전과 위험의 단서를 어떻게 감지하고 해석하고 그것에 반응하는지 설명한다. 가장 중요하게는 우리가 자주 무의식적으로 다른 사람의 행동을 잘못 해석하고, 필사적으로 원한다 해도 진정으로 교감할 정도로 충분히 사회적으로 안전하다고 느끼지 못하는 이유를 설명하는 데 도움을 준다.

1994년 스티븐 포지스Stephen Porges 박사가 소개한 이 이론은 뇌와 몸 사이의 소통을 담당하는 신경계의 주된 통로 가운데 하나인 미주신경을 주로 다룬다. 미주는 부교감신경계의 주요 신경이자 가장 긴 뇌신경으로, 뇌를 심장과 나머지 신체 부분에 연결한다.

미주신경은 배 쪽 가지와 등 쪽 가지로 구분된다. 배 쪽 미주신경은 심박수, 호흡, 목소리 톤, 듣기, 얼굴 표정 등 횡격막 위쪽의 신체 기능을 관장한다. 등 쪽 미주신경은 소화를 비롯한 횡격막 아래쪽의 신체 기능을 관장한다.

배 쪽 미주신경은 우리가 안전하고 사회적이라고 느끼도록 지원하며, 포지스 박사가 사회 참여 시스템이라고 부르는 것의 일부이다. 사회 참여 시스템이 활성화되면 심박수가 조절되고, 호흡이 깊어지고 안정되며, 다른 사람을 진정시키는 톤으로 말하고, 다른 사람의 언어적, 비언어적 단서를 보다 정확하게 해석하며, 얼굴은 이완되고 풍부한 표정을 짓는다. 이 배 쪽 미주신경이 활성화될 때 우리 본연의 모습으로 있을 수 있으며, 동시에 다른 사람들에게도 그럴 수 있는 기회를 준다. 그 결과 호기심과 즐거움, 심지어 장난기와 유머까지 느끼며 주변 세상과 교류하고 세상을 탐색할 수 있게 된다.

우리 대부분은 배 쪽 미주신경이 활성화된 상태로 많은 시간을 보내지 못한다. 오히려 감당하기 힘든 스트레스가 등 쪽 미주신경 반응을 활성화하여 경직 및 차단 상태로 산다. 그러면 소화 기능이 차단되고(변비가 생길 수 있다), 근육 활동이 느려지거나 멈추고(근육이 약하거나 지속적으로 피로하게 느껴질 수 있다), 목소리가 느리거나 둔탁해지며, 그 밖의 생리적 기능이 위축되어 움직이지 못하거나 현실에서 괴리되거나 해리될 수 있다(마음이 텅 비고 정신적으로 멀리 달아나거나 다른 곳에 가 있을 수 있다).

우리가 등 쪽 미주신경이 활성화된 상태에 있을 때에도 배 쪽 미주신경은 어느 정도 '온라인' 상태를 유지할 수 있어서 다른 사람의 욕구에 맞춰 충분히 마음을 쓸 수 있다. 한편 등 쪽 미주신경 반응은 우리를 '오프라인'으로 유지하거나 욕구로부터 단절되게 한다. 이런 현상은 우리가 다른 사람의 욕구나 바람을 앞세워서 우리의 안전을 유지하려고 애쓰는 비위 맞춤 상태에 있을 때 발생한다. 우리는 과각성되고 과도하게 예민해져 늘 주변 사람들의 욕구에 신경 쓰거나 다른 사람에 대해 생각하거나 걱정할 수도 있다(다른 사람에 대해 '공감적'으로 보일 수 있다). 다른 사람의 감정 변화에 주목하고 수용함으로써 스트레스와 화를 유발하거나 위협적인 경험을 예측하고 피하려고 애쓴다. 아래 그림은 이러한 신경계의 상태들을 시각적으로 표현하고 있다.

다중미주신경 이론: 자율신경계 사다리
신경계의 이해

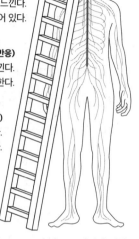

연결 모드(안전 및 사회적 반응)
: (신체적, 정서적으로) 안전하다고 느낀다.
나는 다른 사람들/주변 세상과 연결되어 있다.

폭발 또는 주의 분산 모드(투쟁 또는 도피 반응)
: (신체적으로 또는 정서적으로) 안전하지 않다고 느낀다.
나는 싸워 이겨내거나 도망쳐야 한다.

맞춤 모드(비위 맞춤 반응)
: (신체적으로 또는 정서적으로) 안전하지 않다고 느낀다.
나는 다른 사람들/주변 세상에 대해 과도하게 경계한다.

분리 모드(경직 반응)
: (신체적으로 또는 정서적으로) 안전하지 않다고 느낀다.
나는 감당할 수 없고 꼼짝할 수 없거나 차단되었다.

* 뎁 데이나Deb Dana의 자료를 각색한 것임.

신경계의 전반적인 상태는 우리가 주변 환경에서 끊임없이 인식하고 받아들이는 다양한 단서들에 달려 있다. 잠재의식은 항상 우리가 안전한지 위험한지 알려주는 신호를 찾아 주변을 살피고 있다. 이것을 신경지neuroception라고 한다. 사회 집단 속에서 진화적으로 성공한 인간의 잠재의식은 기본적으로 얼굴 표정, 제스처, 목소리 톤 등 다른 사람이 보내는 단서들을 찾게 되어 있다. 만일 다른 사람의 행동을 볼 때 그가 안전하다고 느끼는 것 같으면, 우리도 안전하게 느낀다. 하지만 주변에 아무도 없거나 우리가 받은 단서가 위협적이면 안전하게 느끼지 못하고 신경계는 투쟁, 도피, 경직 또는 차단, 혹은 비위 맞춤 반응으로 전환될 것이다.

비행 중 난기류를 경험한 적이 있다면 신경지가 어떻게 작용하는지 이해할 수 있다. 비행기가 흔들리기 시작할 때, 대부분의 사람들이 가장 먼저 하는 행동은 다른 승객들을 보고 겁먹은 표정인지 확인하는 것이다. 만일 주변 사람들이 차분해 보이면, 이를테면 그들의 자세가 개방적이고 편안해 보이고, 표정이 부드럽거나 친절하고, 호흡이 정상적이라면, 우리도 차분함을 느낄 가능성이 높다. 하지만 그들이 초조하다는 단서를 드러내고 위협에 눈에 띄게 반응하면, 우리는 안전하다고 느끼지 못하고 투쟁-도피 반응으로 전환할 것이다. 만일 무언가가 정말 잘못되었다면, 가령 난기류가 계속되거나 악화되면, 우리의 자율신경계는 인체의 경직 또는 차단 반응을 활성화하여 신체 기능의 속도를 늦추고 주변에서 벌어지는 일에서 거리를 두게 만들 것이다.

진화론적 관점에서 볼 때 신경지 과정은 환경에 있는 활성화된 위협으로부터 우리를 안전하게 보호하기 위해 설계되었지만, 잠재의식이 항상 정확하게 다른 사람의 행동을 인식하거나 해석하는 것은 아니다. 대신 과거의 조건화와 아동기 트라우마가 잠재의식이 주변 사람들에게서 안전과 위험의 단서를 받아들이는 방식에 영향을 미친다. 우리는 대개 환경에서 실제로 벌어지고 있는 일이 아니라 잠재의식이 우리가 보고 감지하길 '원하는' 것을 보고 감지한다.

만일 비행을 무서워한다면, 혹은 공포스러운 비행기 추락 이야기를 들었거나 과거에 난기류에 대한 트라우마가 생겼는데 난기류가 발생했다면, 설령 실제로 아무런 위험이 없다 해도 잠재의식은 주변 사람들이 보내는 신호를 위험 신호로 해석할 가능성이 크다. 이런 상황이 발생하면 우리는 안전하다고 느끼지 못하고 몸은 스트레스 반응을 활성화한다. 반면 난기류에 대해 편안하거나 익숙할 정도로 자주 비행을 한다면, 차분하게 앉아 있거나 심지어 주변에 있는 겁먹은 승객들을 진정시키는 데 도움을 줄 수도 있다.

놀라울 것도 없이, 생애 초기 관계와 환경은 잠재의식이 사회적 행동을 얼마나 정확하게 해석하는지에 가장 큰 영향을 미친다. 만일 외모나 옷 입는 방식 때문에 부모상이나 또래들로부터 괴롭힘이나 놀림을 당했다면 다른 사람의 시선을 그와 같은 경멸로 인식할 수 있다. 아니면 다른 사람들이 늘 뒤에서 자신의 외모에 대해 이야기한다고 생각할 수도 있다. 만일 부모상이 어린 시절 지속적으로 높은 성취나 완벽을 요구했다면, 자신이나 타인의 행동을 상상 속의 달성할 수 없는 기대치를 통해 걸러내거나 자신이 결코 그에 미치지 못하는 것처럼 느낄 수 있다.

나처럼 당신도 어린 시절 (신체적으로든 정서적으로든) 방임되었다면 연인이나 가까운 친구가 거리를 두거나 단절된 순간 어린 시절과 유사한 방임을 나타낸다고 해석할 수 있다. 이런 핵심적인 방임 상처를 가진 사람들은 거리감이 느껴지는 순간을 관계에 갈등이나 문제가 생긴 신호라고 인식한다. 나는 내가 보낸 문자에 연인이 내 생각에 적절한 시간 내에 답하지 않거나, 내 질문에 대해 짧막하게 답하거나, 함께 있는데 침묵하고 있으면 당황하곤 했다. 그럴 때면 무엇이 잘못되었는지 강박적으로 물었고, 상대가 나에게 화가 난 게 분명하다고 확신했다. 이 모든 것은 내 어린 시절에서 비롯되었다. 어머니는 내 행동이나 선택에 깊이 상처받거나 화가 나면 몇 주씩이나 침묵을 지키며 내게 말을 걸지 않거나 내 존재 자체를 아예 무시하셨다. 어머니를 화나게 할까 봐 걱정한 아버지는 어머니의 그런 태도를 묵인했고, 더러 모녀 사이에서 메신저 역할까지 하셨다. 결국 나는 내게 가장 필요한 두 사람으로부터 버림받았다고 느끼게 되었다.

롤리와 사귄 지 얼마 되지 않았을 때, 나는 혼자만의 시간을 갖고 싶다는 그녀의 일관된 바람과 요청에 자주 화가 났다. 기분이 상했고 가장 깊은 상처가 되살아났다. 하지만 롤리는 나를 버린 게 아니었다. 그녀는 지나치게 독립적인 모습을 보인 부모님 슬하에서 자라서 자립적으로 행동하도록 배웠다. 그녀가 원하는 거리는 사실 우리 관계에 위협이 아니었지만, 정말 위협이 존재하지 않았음에도 나는 위협이라고 잘못 인식했다.

실제로 연구에 따르면 모든 아동기 트라우마, 심지어 또래의 괴롭힘조차 편도체와 전두엽 피질에 구조적 변화를 유발할 수 있다. 편도체는 환경에 존재하는 위협을 감지하는 뇌의 부분이다.[15] 전두엽 피질은 계획하고, 의사 결정을 내리고, 사회적 행동을 관리하는 것과 같은 '집행 기능'을 담당하는 부분이다.[16] 아동기 트라우마로 인한 이러한 구조적 변화는 신경계가 경계 태세일 때마다 과각성 상태를 초래한다. 이 상태가 시간이 흐르며 만성화하거나 지속되면, 사회적 불안이나 복합 외상 후 스트레스 장애C-PTSD(주로 어린 시절부터 시작된 다양하고 지속적인 외상의 축적에 의해 발생하는 장애로, 감정 조절이 어렵고 지속적인 부정적인 사고와 대인관계의 문제가 발생한다―옮긴이)로 나타나 감정을 관리하고 억제력을 발휘하며 관계를 맺는 데 어려움을 겪는다.[17] 신경계가 극도의 경계 태세를 지속하면 끊임없이 환경을 살피고, 최악의 시나리오에 대한 생각에 빠지며, 또 다른 문제가 발생하길 기다리며 폭주하는 온갖 생각들로 압도된다. 뇌의 구조적 변화는 관계에서 무표정과 차분한 목소리를 공격으로 잘못 인식하게 할 수 있다.[18] 편도체가 고도의 경계 태세이면 공격 행동이 없을 때도 그것을 나타내는 신호를 볼 가능성이 높다. 감당하기 힘든 스트레스를 경험하거나 과거의 트라우마가 있으면 자기 자신과 관계, 주변 세상을 지각하는 방식뿐만 아니라 우리의 생각과 믿음에도 계속 영향을 미친다.

만일 신경지가 신호를 잘못 해석하고 모든 것을 잠재적 위험으로 지각하게 되어 있다면, 다른 사람과 갈등을 반복하는 악순환에 갇히게 될 것이다. 하지만 사실 그런 갈등은 대체로 스스로 만든 것이다. 오류가 있는 신경지 때문에 우리는 좀 더 깊고 열린 차원에서 다른 사람과 교류하기 위해 충분히 자신을 개방할 만큼 안전하다고 느낄 수 없다. 끊임없이 거절당할 위험을 느끼면 지나치게 취약하다고 느껴지므로 있는 그대로의 모습을 보이기 어렵다. 남에게 기대하고 심지어 남이 내 기분이 '더 좋아지거나' 더 큰 교감을 느끼는 데 도움을 줄 거라 기대할 수도 있지만, 그렇게 할 만큼 충분히 안전하다고 느끼지 않기 때문에 그들의 위로나 교감을 수용하기 위해 마음의 문을 열지 않을 것이다. 차분하고 안정된 타인의 물리적 존재, 친밀함, 또는 손길로부터 위안을 얻는 대신, 두려움에 뒤로 물러설 수도 있다.

신경지는 우리가 의식적으로 통제할 수 없는 무의식적 과정이다. 그럼에도 우리는 다른 사람이 보내는 사회적 단서를 본능적으로 해석하고 반응하는 방식을 바꾸는 법을 배울 수 있다. 첫 단계는 우리가 지금 주변에서 벌어지고 있다고 믿는 것에 대해 우리의 잠재의식이 오래된 의미를 부여하는 상황들을 알아차리는 것이다. 만일 사랑하는 누군가가 혼자 있고 싶다는 단서를 보내거나 그렇게 말한다면, 나는 사랑받을 가치가 없다는 가장 깊은 두려움을 재확인하며 버림받을 거라고 즉시 가정하는 습관을 깨뜨릴 수 있다. 더불어 상대가 여유를 갖거나 홀로 있고 싶어 하는 욕구를 누구에게나 때때로 필요한 것으로 받아들이고 존중할 수 있다.

마찬가지로 우리가 어떻게 보이는지에 대한 걱정이나 염려에 휩싸이는 경향성을 인식하여 다양한 미의 기준을 수용하기 시작할 수도 있다. 아니면 끝없는 완벽 추구와 비판적이거나 스스로를 깎아내리는 생각에 휩싸이는 경향을 인식할 수 있으며, 다른 사람들과 어떻게 '비교되는지' 상관하지 않고 우리의 강점과 개성을 인정할 수 있다. 나도 다른 사람과 주변 세상에 대해 열린 마음을 갖고 수용적이면서도 동시에 있는 그대로의 나로 존재할 만큼 충분히 안전하다고 느낄 수 있도록 이러한 습관들을 계속 실천하고 있다.

잠재의식에 의한 인식과 믿음에 대한 의식이 커질수록, 주변 사람들의 행동을 정확하게 해석하는 것을 막는 조건화된 필터를 제거하는 능력이 커진다. 6장에서 마음 의식 훈련을 확장하고 의식적인 자기 주시라는 새로운 습관을 키우는 방법에 대해 더 자세히 살펴볼 것이다. 이런 훈련과 습관은 진정한 자기에 이롭지 않은 조건화된 믿음, 감정, 반응을 알아차리는 데 도움이 된다.

신경계의 스트레스 반응들

• •

네 가지 스트레스 반응 모두 우리가 누구든, 어디서 어떻게 성장했든 상관없이 행동과 연관이 있다. 이러한 일반적인 신호들에 익숙해지면 당신이나 사랑하는 사람이 언제 스트레스를 받는지 파악하는 데 도움이 되며, 이를 통해 당신이나 그들이 스스로를 조절하거나 진정시키기 위해 시간이나 지지가 필요한 시점을 더 잘 판단할 수 있다.

폭발 모드(투쟁 반응)

폭발 모드에 있는 사람들은 싸우고 있을 때 가장 편안함을 느끼므로 틈만 나면 갈등을 찾거나 만든다. 그들의 신경계는 과잉반응하도록 프로그래밍되어 있어 늘 무엇이든 모욕이 될 만한 것을 찾고 있다. 뭔가 기분 나쁜 것을 발견하거나 분노할 상황이 닥치면 발로 차고, 비명을 지르고, 떼를 쓰거나 폭발하여 상대방에게 감정을 쏟아붓는다. 자주 방어적이 되고, 현재 상황에 기여한 자신의 역할은 보지 못하고, 쉽게 진정하지 못하며, 불만을 품거나 복수를 꿈꾼다. 주로 사사건건 트집을 잡다가 성질을 부리고, 다음에 벌어질 문제를 기다린다. 이들의 신경지는 가장 사교적인 행동조차 모욕, 무시, 상처 또는 도발로 인식하도록 조건화되었다.

1장에서 언급한 내 여자 친구였던 소피아가 자주 폭발 모드였다. 그녀는 늘 자신이 이용당하고 있다고 혹은 다른 사람들이 자신을 공격하려 든다고 느꼈다. 그녀가 다음 차례인 것을 보지 못한 마트 계산원과 다투거나 그녀의 문자에 답하는 데 너무 오래 걸린 친구와 다투는 등 자주 갈등에 휘말렸다. 소피아는 자주 폭발하여 다른 사람들에게 감정을 쏟아냈는데, 그럴 때면 씩씩거리며 말을 더듬거나 상대가 보기에 기분 나쁜 표정을 짓거나 대놓고 소리를 질렀고, 뭔가가 그녀의 뜻대로 되지 않으면 언쟁을 벌였다.

　소피아는 나쁜 사람이 아니다. 그녀의 폭발하는 경향성은 그녀의 탓이 아니다. 소피아는 소리를 지르는 일이 일상다반사인 감정 폭발이 잦은 가정에서 성장했다. 어릴 적부터 그녀의 신경계는 투쟁 모드로 전환하여 스트레스와 감당하기 힘든 감정들에 대처했다. 이 조절 장애가 아무런 위협이 없을 때조차 그녀가 본능적으로 위협을 계속 살피고 지각하거나 찾게 만들었다. 그렇게 해서 그녀의 몸은 익숙한 신경계 반응이 주는 '안전감'을 계속해서 느낄 수 있었다. 비논리적으로 들릴지 모르지만, 싸우지 않을 때 소피아는 신체적, 정서적으로 안전하지 않고 불편하다고 느꼈다. 아마도 좀 더 취약한 개방 상태에 있다는 신호로 받아들였기 때문일 것이다.

주의 분산 모드(도피 반응)

　주의 분산 모드에 있는 사람들은 위협적이거나 안전하지 않다고 느낄 때 인지된 문제로부터 도망간다. 정서적으로 사람들을 밀어내거나 신체적으로 일이나 다른 의무에 몰두한다. 항상 바쁘게 지내거나 일, 가정에서의 책임, 할 일 목록, 취미 또는 그 밖의 것들에 너무 몰두하느라 혼자만의 조용한 시간을 갖거나 감정을 느낄 수 없다. 주의 분산 모드에 있는 사람들 가운데 일부는 마약, 섹스, 술, 음식 또는 그 밖의 물질이나 활동으로 자신을 무감각하게 만든다. 일반적으로 이들은 대립을 피하기 위해 무엇이든 한다. 가령 갈등이나 문제로 비화될 가능성이 있는, 스트레스를 주는 불편한 대화가 시작되면 연락을 피하거나 화제를 돌려버린다. 나도 주의 분산 모드에 종종 빠지는데, 소셜 미디어에서 어떤 주제에 대해 찾아보거나 책장을 다시 정리하거나 집안을 정돈하는 등 불필요한 일로 꾸물거리면서 불편한 감정이나 어려운 일을 피하거나 거리를 두려고 한다.

아이샤는 많은 시간을 주의 분산 모드로 보낸다. 두 자녀와 유명한 변호사 남편을 둔 성공한 의사로, 매일 아침 5시에 일어나 조깅을 하고, 일과 후 저소득 계층 환자들을 무료로 진료해 주는 자원봉사를 하고, 모든 가족 파티, 명절 행사, 공동체와 직장 내 축하할 일을 직접 챙긴다. 의사로서, 엄마로서, 딸로서, 파티 주최자로서 계속해서 슈퍼우먼으로 살다 보니 혼자만의 조용한 시간을 가질 틈이 없다. 사실 그녀는 잠재적인 갈등, 대립, 그 밖의 불편한 감정에서 끊임없이 도망치는 도피 상태에 있다. 계속해서 바쁘게 지내면 설령 이런 습관 때문에 몸이 자주 한계에 부딪힌다 해도 내면을 들여다볼 경우 겪을 수도 있는 감정이나 순간들로 인한 스트레스를 피할 수 있다.

아이샤가 주의 분산 모드에 빠지는 것은 그녀의 탓이 아니다. 그녀의 어머니는 사랑이 많은 분이셨지만, 자주 폭발 모드에 빠졌던 유명한 예술가인 아이샤의 아버지를 진정시키고 보살피느라 정신이 없었기 때문에 딸에게 적절하게 주파수를 맞추지 못했다. 유명한 아버지의 그늘 아래 있는 가정이다 보니 아이샤는 성취와 생산성을 과도하게 강조하는 분위기에서 성장했다. 그 바람에 인정받고 사랑받기 위해 늘 뭔가를 하고 성취해야 한다는 믿음이 잠재의식에 형성되었다. 많은 사람이 그렇듯이 커리어와 봉사 활동과 건강 면에서 이룬 성취가 어느 정도는 인정받는다고 느끼게 해주었지만, 끊임없이 열심히 살다 보니 몸에 필요한 휴식과 재충전을 하지 못하고 있다. 도피하게끔 프로그래밍되어 있는 그녀의 신경계는 조깅이든 끊임없이 바쁘게 사는 것이든 아니면 더 깊은 정서적 불편함으로부터 주의를 다른 곳으로 돌리는 것이든 스트레스를 유발하는 경험에서 도망갈 때만 편안함을 느낀다.

분리 모드(경직 또는 차단 반응)

분리 모드에 있는 사람들은 인지된 위협 앞에서 경직되거나 완전히 차단하여 대처한다. 이들은 해리되거나 분리됨으로써 그들의 감정에 대처하며, 내가 '우주선'이라고 부르는 곳에 올라탄다. 즉, 몸은 이 순간에 머무를지 모르지만 마음은 현재와 당면한 문제나 인지된 고통으로부터 벗어나 저 멀리로 날아가 버린다. 분리 모드인 사람들은 주의 분산 모드인 사람들과 다르다. 주의 분산 모드에 있는 사람들은 대체로 너무 많은 일을 하거나 지나치게 집중하거나 자기분석적인 생각을 하지만, 분리 모드에 있는 사람들은 보통 정신이 '빈 상태'를 경험한다. 일반적으로 말하자면 이들은 마음에 떠오르는 생각, 감정, 또는 몸이 느끼는 감

각이나 주변 환경과 뚜렷한 방식으로 거리를 둔다. 내가 경험했
듯이 스트레스를 주는 사건이 너무 오랫동안 일어날 때, 또는 무
감각해지거나 주변과 거리를 둬서 자기 조절을 하려는 시도가
더 이상 통하지 않을 때, 분리 모드는 종종 주의 분산 모드로 넘
어가거나 대체될 수 있다.

내 어머니는 종종 분리 모드에 빠지셨다. 어머니는 식사 준비
를 하고 집 안을 돌보느라 항상 신체적으로 바쁘셨다. 하지만 정
서적으로는 자신이 차단되어 있음을 알지 못한 채 마음이 비어
있는 상태였다. 대화에 집중했다가도 어느샌가 흘려듣곤 했고,
자주 어머니만의 '우주선'을 타고 우리 주변을 맴돌았다.

내 생각에 어머니가 분리 모드로 사는 습관은 어머니의 아동
기에 시작된 것 같다. 어머니의 어머니(내 할머니)는 그녀 세대가
겪은 트라우마 때문에 냉정하고 초연한 사람이었고 사랑이나 다
른 감정들을 표현할 줄 모르는 분이셨다. 정서적으로 모든 사람,
심지어 자식들에게도 담을 쌓고 거리를 두었던 할머니에게 그것
은 정서적으로 자신의 안전을 보장하는 유일한 방법이었다. 유
사한 세대 간 트라우마 때문에 내 어머니의 아버지(내 할아버지)는
자식은 대화 상대가 못 된다고 믿었고, 퇴근 후 귀가하고서도 신
문을 읽느라 가족을 철저히 무시했다. 이렇듯 내 어머니는 정서
적 지지가 거의 혹은 아예 없는 환경에서 성장했기 때문에 스트
레스와 화를 유발하는 삶의 경험에 대처하기 위한 방법으로 현
실로부터 해리되는 법을 배웠다. 할머니처럼 어머니도 자신의

안전을 지키기 위해 감정으로부터 스스로를 차단했고, 결국 자녀로부터도 자신을 차단하고 똑같은 세대 간 방임의 상처를 나와 내 형제들에게 물려주었다.

내가 전처인 비비언의 흥얼거림에 대해 뚜렷한 이유 없이 화가 난다는 사실을 발견했을 때, 내가 겪은 방임의 깊이가 명확해졌다. 어느 날 그녀의 기분 좋은 흥얼거림에 내 몸이 심하게 움츠러드는 것을 느끼고는, 어머니가 우리에게서 멀어져 자신만의 세상에 빠져 혼자 흥얼거리고 노래를 불렀던 기억이 떠올랐다. 비비언이 흥얼거리자 내 신경지는 그 단서를 즐거운 유희가 아니라 내 아동기에 항상 그랬듯 거리 두기로 해석한 것이다. 내 반응을 유발한 것은 비비언의 흥얼거림이 아니라 그 소리를 어머니의 부재라는 내재된 위협과 연관시킨 나의 신경계였다.

맞춤 모드(비위 맞춤 반응)

맞춤 모드에 있는 사람들은 잠재적 위협을 지각할 때 '예'라고 말하거나 평화를 유지하거나 할 수 있는 것은 뭐든 다 함으로써 그것을 예측하거나 무력화한다. 갈등을 완전히 없애거나 피하기 위한 행동으로, 보통 이 과정에서 자신의 욕구를 희생한다. 폭발 모드의 사람들과 마찬가지로 맞춤 모드에 있는 사람들의 신경계는 과경각 상태로, 그들이 안전의 신호를 위험의 단서로 잘못 해석하게 만든다. 하지만 맞춤 모드에 있는 사람들은 문제를 인식할 때 싸우는 대신 상대의 비위를 맞추거나 무릎을 꿇는다.

나보다 열다섯 살이나 많은 내 언니는 많은 시간 맞춤 모드로 산다. 아동기와 10대 내내 언니는 끊임없이 그녀의 환경과 관계를, 특히 어머니와 우리의 관계를 감시했다. 종종 나와 어머니에게 양육자의 역할을 하며, 우리 주변을 맴돌면서 항상 어머니의 건강 상태와 전반적인 신체 상태를 평가했다. 모든 게 다 괜찮은지, 혹은 어떤 식으로든 보살핌이나 도움이 필요한지 우리에게 지속적으로 물었다. 이 패턴을 언니가 알아차릴 때까지 언니의 아들과 그녀의 삶에 등장한 대부분의 사람들에게 그렇게 했고, 그녀를 필요로 하는 사람이라면 누구에게든 늘 도움의 손길을 내밀었다. 자신이 신체적으로든 정서적으로든 다른 사람의 욕구를 충족할 수 있는지 여부와 상관없이 늘 그랬다. 자신의 감정과 다른 사람의 감정을 분리하거나 그 사이에 경계를 만들 수 없었기 때문에 대개 다른 사람의 감정까지 책임지고 그에 따른 불편을 완화하고자 맞춤 모드로 전환되었다.

아마도 언니는 어린 시절 병원에 입원했을 때 맞춤 모드로 전환되기 시작한 것 같다. 자신의 병이 우리 가족에게 극도의 스트레스와 두려움을 안겨줄까 봐 걱정했고, 그런 공포스러운 시기에 부모님의 정서적 지원이 전혀 없었기 때문에 방임에 대한 뿌리 깊은 두려움이 생기고 끊임없는 걱정에 휩싸이게 되었다. 언니는 부모님에게 의지하고 있지만 정서적인 안전과 안정이 없는 관계라는 것을 깨닫자 주변 환경을 통제하거나 감시하고 과경각의 패턴을 채택함으로써 내적으로 압도된 느낌을 관리할 수밖에 없었다. 이런 과경각 패턴이 성인이 되어서까지 지속된 것이다. 신경계 조절을 시작할 때까지, 언니는 오랫동안 다음에 나타날 위협을 찾느라 무의식적으로 우리 가정을 항상 살피고 그것이 스트레스를 더 유발하기 전에 무력화하려고 모든 것을 내려놓았다.

언니와 마찬가지로 나도 자주 맞춤 모드로 전환하여 상상 속의 갈등이나 문제를 예방하기 위해 다른 사람들이 나에 대해 무슨 생각을 하는지, 내게서 무엇을 필요로 하는지 걱정한다. 스트레스가 심할 때, 잠재적 갈등을 피하거나 예방하고자 나는 하고 싶지 않은 말을 하거나 하고 싶은 말을 참았다. 관심이 가지 않거나 그것을 하기 위한 시간, 에너지, 돈이 없어도 친구들이 세운 계획을 자주 받아들였다. 학교 동기들이나 회사 동료들을 지원하기 위해 내 프로젝트만으로도 이미 벅찬 상태여도 일을 더 맡아 하곤 했다. 수십 년간 가족 내 의사 결정에 대한 나의 관점을 소리 내어 말하거나 공유한 적이 거의 없었다. 대신 당시 다수가 원하거나 필요하다고 느끼는 것에 동조했다. 연애를 할 때는 대체로 내 감정에 대해 솔직해지는 게 어려웠고, 관계에 관심이 없음을 직접 표현하는 대신 연락을 피하기도 했다.

연결 모드(안전 및 사교적)

연결 모드에 있는 사람들은 신경계가 잘 조절되고 있으며, 위협이 있을 때 몸이 반응한 후 다시 쉽고 빠르게 안정된 이완과 진정 상태로 돌아갈 수 있다. 이들의 신경지는 대체로 정확하기 때문에 이들은 위협과 다른 사람의 사회적 행동을 위험의 신호로 잘못 해석하지 않고 현실적으로 인식할 수 있다. 연결 모드의 사람들은 열린 자세이며 다른 사람과 주변에서 벌어지는 일에 대해 수용적이어서 갈등, 스트레스 상황, 불편한 감정을 좀 더 차분하고 효율적으로 다룰 수 있다. 이들은 관점의 차이에 대해 궁금해하고 받아들일 여지가 있으며, 협상을 하고 문제를 협력적으로 해결할 수 있다. 아울러 경계를 설정하고, 사회적 지지를 주고받고, 진정한 관계를 구축하고, 자신의 욕구와 더 큰 집단의 필요를 감안하여 적절하게 대응할 수 있다.

다른 사람과 관계를 맺는 일에 대해 열려 있는 이 상태는 몸이 안전하게 느낄 때만 가능하다. 신체적, 정서적 욕구를 일관되게 충족하기 위해 필요한 신체적, 정서적 자원에 접근할 수 있을 때만 안전하다고 느낄 수 있다. 이 책 전반에 걸쳐 우리 자신을 지지하고 필요한 자원을 재충전하여 안전을 구축하기 위한 토대를 세울 수 있는 방법을 살펴볼 것이다.

신경계가 자각하게 만드는 방법

∙ ∙

신경계의 스트레스 상태는 자동적이고 비자발적이어서 우리는 실제로 그것을 통제할 수 없다. 하지만 스트레스 상태가 발생할 때, 우리는 그것이 유발한 정서적 조절 장애를 진정시키기 위해 알아차리고 5장에서 자세히 소개할 신체 의식 훈련을 이용할 수 있다. 신경계가 활성화될 때 인체가 뇌에 보내는 신체적 단서에 대한 인식이 커질수록, 우리가 스트레스 상태에 있을 때 더 잘 알아차릴 수 있다.

다음에 나오는 차트는 앞서 살펴본 다양한 스트레스 반응이 일상생활에서 어떤 모습으로 나타나며 어떻게 느껴지는지 이해하는 데 도움이 될 수 있다. 다음 지표들을 읽고 어떤 것이 현재 자신에게 해당되는지 표시한다. 그러고 나서 한두 주 동안 자신이 스트레스 반응에 있음을 나타내는 몸의 물리적 감각과 정신적 태도의 변화를 인식한다. 언제 신경계가 활성화되는지 알아차리기 위해 하루 중에 신체 의식 점검(100쪽 참조)을 자주 실시하라.

신경계 체크리스트

폭발 모드(투쟁 반응)

나는 상황을 개인적으로 받아들이고, 과도하게 방어하며, 대화를 주도하고, 다른 사람과 언쟁을 벌이고, 화가 나고, 분개심을 품고, 불만을 품거나 복수를 꿈꾼다. 나 자신이나 다른 사람을 괴롭히고, 망신을 주고, 깎아내리거나 심하게 비판할 수 있다.

몸:

___ 긴장을 풀 수가 없고 불편하고 불안하고 초조하다.

___ 심장이 빠르게 뛴다.

___ 몸에 땀이 많이 나고 떨리며, 어깨에 힘이 들어가거나 가슴을 앞으로 내민 상태일 수 있다.

___ 호흡이 가쁘고 (배부터가 아니라) 가슴으로 얕은 숨을 쉰다.

___ 근육(턱, 목, 등의 위쪽, 허리 근육)이 긴장되어 있고, 주먹을 꽉 쥐고 있다.

___ 큰 소리로 말하거나 심지어 소리를 지른다.

___ 가까운 주변 환경에 있는 무언가나 누군가를 과도하게 집중해서 응시한다.

마음:

___ (나 자신이나 다른 사람에 대한) 생각이 지나치게 비판적이다.

___ 생각이 지나치게 감정적이며 심지어 흑백논리에 빠져 있을 수 있다(가령 스트레스나 화를 유발하는 사건이 일어나면 "나는 완전히 실패자야" 또는 "그들은 완전히 틀렸어"라고 반복해서 생각한다).

주의 분산 모드(도피 반응)

나는 내 생각에 빠져들거나 업무나 해야 할 일들을 통해, 또는 먹고 마시거나 다른 약물을 사용하여 상황에서 도망가려고 한다. 불편한 대화에서는 화제를 돌리거나 자리에서 벗어나고, 갈등이 일어날 것 같으면 숨거나 피하거나 연락을 끊고 '잠수'를 탄다.

몸:

___ 긴장을 풀 수가 없고 심지어 불편하고 불안하고 초조하다.

___ 심장이 빠르게 뛴다.

___ 몸에 땀이 많이 나고 떨리며, (작아 보이도록) 구부정한 자세를 취하거나 배경으로 물러나고 싶다고 느낀다.

___ 호흡이 가쁘고 (배부터가 아니라) 가슴으로 얕은 숨을 쉰다.

___ 근육(턱, 목, 등의 위쪽, 허리 근육)이 전반적으로 긴장되어 있고 떨릴 수 있다.

___ 말을 많이 하지 않고, 작은 소리로 말하거나 횡설수설하거나 대

화의 주제를 바꾸려 한다.

____ 산만하게 이곳저곳을 바라보거나 가까운 주변 환경과 눈 맞춤을 아예 피하고 다른 곳을 응시한다(가령 전화기나 텔레비전).

마음:

____ 너무 많은 생각이 들고, 해야 할 일에 집중하거나 명료하고 비판적으로 생각하는 게 어려울 수 있다.

____ 특정 주제나 문제에 지나치게 몰두한다.

분리 모드(경직 또는 차단 반응)

나는 세상과 담을 쌓고 완전히 단절되어 있다. 무감각하거나 공허하게 느낀다. 종종 머릿속이 텅 빈 느낌이다. 내 생각이나 감정을 제대로 파악하기가 어렵거나 다른 사람에게 말로 전달하기가 힘들다.

몸:

____ 일반적으로 초연하거나 무관심하게 느껴지고, 심지어 우울, 무망감, 절망감을 느끼거나 뭔가를 할 의욕이 생기지 않는다.

____ 심장 박동이 느리거나 잘 느껴지지 않는다.

____ 몸이 차거나 감각이 없고 대체로 움츠러져 있으며 고개를 떨구고 있다.

___ 숨을 쉴 때 가슴이 갑갑하고 심지어 숨을 참거나 몸통 전체에 전반적인 뻣뻣함을 느낀다.

___ 근육이 전반적으로 무력하고 피로하거나 무겁게 느껴진다.

___ 신체적으로 지치고 에너지가 고갈되었거나 대체로 무감각하고 어떠한 감정이나 신체적 감각을 전혀 느낄 수 없다.

___ 말이 없거나 말을 해도 간단하고 단조롭거나 억지로 말한다(고개를 끄덕이거나 한마디로 답한다).

___ 눈이 멍하거나 먼 곳을 응시한다.

마음:

___ 멍해지고 현실과 상상이 잘 구분되지 않는다.

___ 머릿속이 텅 빈 느낌이며, 해야 할 일에 집중하거나 명료하고 비판적으로 생각하는 게 어려울 수 있다.

맞춤 모드(비위 맞춤 반응)

나는 다른 사람의 신체적 또는 정서적 상태에 지나치게 관심을 두며 심지어 그들의 욕구, 감정, 행동을 예상하는 일을 전적으로 책임지려 든다. 자주 내 생각, 감정 또는 선택을 다른 사람에게 과도하게 설명하거나 방어한다.

몸:

___ 나는 내 몸과 단절되어 있어서 내가 어떻게 느끼는지 인식하는 데 자주 어려움을 겪는다.

___ 다른 사람과 주변 환경에 지나치게 주의를 쏟는다.

___ 함께 시간을 보내는 사람들의 호흡을 따라간다.

___ 에너지가 주변 사람들이나 환경의 에너지를 반영한다.

___ 눈으로 누군가 또는 외부 환경에 있는 무언가를 끊임없이 살핀다.

마음:

___ 항상 다음에 발생할 수 있는 위협을 감지하는 데 주의를 쏟는다 (다른 일이 벌어지길 기다린다).

___ 다른 사람이 나에게 화가 났을지도 모른다는 생각이나 걱정 또는 전반적인 외부 상황에 대한 염려에 정신이 팔려 있다.

잘 조절되고 있는 신경계 체크리스트

연결 모드(안전 및 사회적 반응)

나는 침착하고 안전하다고 느끼며 주변의 누군가 혹은 무언가와 관계를 맺거나 교류하는 데 열려 있다. 호기심이 있고, 사물을 다른 관점에서 볼 수 있으며, 복잡하고 모순된 것에 대해서도 받아들일 여유가 있고, 무슨 일이 발생하든 안정적으로 잘 대응할 수 있다.

몸:

____ 신체적으로 깨어 있고 이완되어 있으며, 정신이 초롱초롱하다.

____ 자세가 열려 있고 이완되어 있으며 편안하고, 양팔은 편안하게
몸통 옆에 내려져 있다.

____ 느린 복식호흡을 한다.

____ 심장이 차분하게 뛴다.

____ 내 몸에 대해 평화롭고 편안하다고 느낀다.

____ 주변 사람들과 눈 맞춤을 할 수 있다.

마음:

____ 명료하게 생각하고 미래에 대한 계획을 세울 수 있다.

____ 다른 사람들과 주변 세상에 대해 열려 있으며 호기심이 있다.

____ 내 관심사나 열정에 몰입하고 있으며 나만의 고유한 창의력을
발휘할 수 있다.

...

　신경계가 활성화되면 대개 덫에 걸린 동물처럼 행동한다. 위협받고 있다고 느끼기 때문에 다른 사람을 고려하지 않은 채 자신의 생존을 유지하기 위해 무엇이든 한다. 이 경향성을 인식하고 인간의 타고난 행동으로 받아들이면, 스트레스 반응 상태에 있을 때 우리가 하는 말이나 행동에 대해 느낄 수 있는 수치심을 없애는 데 도움이 된다. 신경계 조절 장애의 신호를 인식하게 되어 우리가 언제 스트레스에 반응하는지 파악할 수 있게 되면, 관계에서 우리가 사람 사이에 스트레스를 유발하거나 악화시키는 행동이나 말을 하는 이유를 이해할 수 있다.

　언제 우리가 스트레스를 받은 상태에서 반응하는지 알아차리는 법을 배우면 달리 행동하거나 반응하도록 의식적으로 선택할 수 있다. 한발 물러서거나 혼자만의 시간을 가져서 상황에서 벗어나거나 서로가 차분해지고 사회적으로 다시 교류할 수 있는 능력과 마음이 생길 때까지 상호작용을 하지 않을 수 있다. 아기 엄마인 밍은 최근에 우리의 사적인 멤버십 포털에 이런 글을 남겼다. 밍은 몇 초간 멈춰서 자신부터 진정시키고 난 후, 조절이 안 되는 아기의 생떼를 견뎌낼 때 훨씬 더 큰 차분함을 느꼈다고 했다. 아기보다 자신에게 집중하는 게 '나쁜 엄마 같다'고 생각했지만, 그렇게 하기로 한 본능적 판단이 과학에 의해 옳은 것으로 뒷받침된다는 말을 듣고 안도감을 느꼈다.

밍과 마찬가지로 누구나 이 책 전반에 걸쳐 계속해서 다룰 마음-몸 훈련을 통해 몸의 안전을 되찾을 수 있다. 스트레스를 유발하는 상호작용이나 환경에서 벗어날 수 없을 때 이러한 훈련은 특히 유용하다.

거의 모든 사람이 친구, 가족, 동료 혹은 연인과의 관계에서 외상성 애착 패턴을 보인다. 우리는 다른 사람과의 관계에서 과거와 같은 역동을 재현하는데, 신경생물학적으로 그렇게 하도록 프로그래밍되어 있기 때문이다. 우리의 신경계와 잠재의식은 어린 시절 안전하고 인정받거나 사랑받는다고 느끼기 위해 우리가 학습한 방식을 현재의 관계에서도 재현하도록 프로그래밍되어 있다. 아무리 많은 통찰과 알아차림을 갖는다 해도 자신의 신경계를 조절할 수 있을 때까지 우리는 계속해서 다른 사람과 맺은 외상성 애착을 만들거나 강화할 것이다. 하지만 다행히도 누구나 자신의 신경계를 조절할 수 있다. 이 책에서 그 과정을 좀 더 자세히 설명할 것이다.

4장

관계 유형을 결정짓는
내 안의 내면아이

모나는 전화기에서 눈을 뗄 수가 없었다. '왜 내 문자에 답을 하지 않는 거지? 두 시간이나 지났잖아! 내가 뭔가 잘못한 게 분명해. 다른 여자랑 있을지도 몰라.' 이러한 모든 생각의 이면에는 '그의 연인이 될 만큼 나는 충분히 멋지지 않아'라는 생각이 자리 잡고 있었다.

모나는 후안과 2년 넘게 사귀고 있었고, 심지어 비교적 긴 시간 동안 안정적인 관계를 유지하고 있었다. 그런데도 후안이 그녀의 문자나 전화에 빨리 답하지 않거나 어떤 식으로든 딴생각을 하거나 무관심하게 보일 때마다 강한 불안을 느꼈다. 후안이 늦게까지 야근을 하면 바람을 피우고 있다고 의심했다. 그가 혼자만의 시간을 갖거나 친구들과 시간을 보내길 원하면 자신에 대해 불만족을 느끼는 게 분명하다고 생각했다. 후안이 조용하거나 불만을 품거나 기운이 없으면 그가 드디어 그들의 관계에 싫증이 난 거라고 생각했다. 모나는 늘 둘의 관계가 괜찮은지 나타내는 증거를 찾고 있는 것처럼 보였다.

두 시간이 지나 세 시간째가 되자 모나는 극심한 두려움에 휩싸이기 시작했다. '드디어 올 게 왔어'라고 생각했다. '나와 헤어지려는 거야!' 또다시 문자를 보냈다.

"무슨 일이야? 무슨 문제가 있는 건 아니지?"

시간이 흐를수록 더 초조해졌다. 사실 그날 모나는 끝내야 할 일이 산더미처럼 쌓여 있었다. 그녀는 재택근무를 하는 그래픽 디자이너였는데, 이 상황 때문에 일에 집중할 수가 없었다. 돈을 냈는데도 오후에 잡혀 있던 온라인 요가 강좌를 이미 건너뛰었고, 몇 통의 업무 전화도 미뤘다. 너무 불안해서 전화기를 바라보는 것 말고는 아무것도 할 수 없었기 때문이다. 평소에 들으면 마음이 차분해지는 플레이리스트조차 듣지 않았다. 혹시라도 문자 오는 소리를 놓칠까 봐 지나치게 걱정했기 때문이다.

마지막 문자를 보낸 후 또 한 시간이 지나자 그녀는 다시 문자를 보냈다.

"제발 답장 좀 해줄래? 아니면 전화를 하든가. 걱정되잖아."

이제 그녀의 불안은 모든 것을 삼켜버릴 정도로 심각했다. 차를 몰고 후안의 직장으로 가 그의 차가 있는지 확인해야 할까? 전화를 걸기로 결심했다. 하지만 곧바로 음성 사서함으로 넘어 갔다! '후안이 나를 차단했어!' 가방에서 자동차 열쇠를 찾으며 울기 시작했다. 그 시간쯤이면 후안은 보통 퇴근을 했지만, 어쨌든 차를 몰고 가 만일 그의 차가 옥외 주차장에 보이면 사무실로 쳐들어가 무슨 일인지 따져 물을 작정이었다.

모나가 차를 빼고 있는데 전화벨이 울렸다. 후안이었다. 아침에 충전기를 깜빡하고 두고 나왔는데, 그녀가 첫 번째 문자를 보낸 직후 방전되었다고 했다. 지금 막 전화기를 충전하고서 그녀가 보낸 모든 문자를 확인했다고 했다.

"괜찮은 거야?"

후안이 물었다.

모나는 안도의 비명을 지르고 싶었다. 후안이 나를 버린 게 아니야! 동시에 화가 나서 소리를 지르고 싶었다.

'왜 회사에서 충전을 하지 않는 건데? 동료에게 빌려달라고 부탁할 수도 있었잖아! 문자에 답장하기 싫어서 그런 거 아니야?'

하지만 그녀는 끽소리도 못 하고 대신 울음을 터뜨렸다. 그러는 동안 후안은 여자 친구가 또다시 무엇 때문에 화가 난 건지 이해하느라 애를 쓰고 있었다.

우리의 몸과 뇌는 상처를 기억한다

• •

모나가 타고나길 불안정하거나 편집증이 있는 것은 아니었다. 많은 사람이 겪은 일을 그녀도 겪었을 따름이다. 바로 핵심 방임 상처다. 부모상의 사망이나 투옥으로 물리적으로 홀로 남겨졌거나, 부모상이 아이를 포기하고 입양을 보냈거나, 어느 날 갑자기 집에 오지 않거나, 한쪽 부모로부터 분리되었을 때, 아이는 이 상처를 갖게 된다. 또한 어린아이로서 정서적으로 감당하기 힘든 경험을 겪고 있는데 부모상이 정서적 지지를 주지 않고 아이를 지속적으로 방치해도 이 상처를 갖게 된다.

모나의 경우 비록 부모님이 그녀를 깊이 사랑하고 신체적으로도 그녀의 삶에 늘 함께해 왔지만, 그들은 어린 나이에 결혼해서 어린 딸에게 주파수를 맞추는 것은 물론이고 자기 자신이나 배우자를 정서적으로 지지하는 법도 알지 못했다. 모나의 부모님은 끊임없이 다투었고, 그녀가 세 살 때 유독 심한 다툼 끝에 아버지가 갑자기 집을 나가버려 결국 이혼 소송까지 하게 되었다. 몇 년 후 아버지는 다른 여성과 재혼하여 새 가정을 꾸렸다. 그래도 모나는 아버지와 배다른 형제들을 주기적으로 만나긴 했지만 그 가족의 일부라고 느껴본 적이 없으며, 심지어 그녀가 더 이상 아버지의 딸이 아니지 않나 하는 생각까지 들었다.

모나는 부모의 부부싸움이나 아버지가 떠난 밤의 자세한 내막에 대해 많은 것을 뚜렷하게 기억하지 못하지만, 그녀의 몸과 뇌는 기억한다. 우리가 아동기에 겪은 모든 경험은 심지어 우리가 너무 어려 의식적으로 떠올릴 수 없다 해도 암묵적인 기억으로 기록되어 본능적인 생각과 감정으로 우리 안에 존재한다. 하지만 의식적인 기억을 담당하는 뇌의 일부인 해마가 세 살까지 완전히 발달되지 않기 때문에, 발달 중인 신경계가 그 경험을 저장한다고 해도 세 살 이전에 우리에게 벌어진 일을 직접 떠올릴 수는 없다. 《몸은 기억한다》(을유문화사, 2020)의 저자인 베셀 반 데

어 콜크Bessel van der Kolk 박사의 획기적인 연구에 따르면, 뇌가 언어 능력을 갖기 전에 우리가 경험하는 감당하기 힘든 사건은 우리 마음에서 암묵적 기억으로 남거나 언어 이전의 영역에 새겨진다. 간단히 말해, 설령 우리가 어린 시절 우리에게 영향을 준 경험을 능동적으로 기억할 수 없다 해도 조건화에 미친 영향은 여전히 남아 있어 현재 우리의 생각, 감정, 반응을 좌지우지한다.

만일 어린 시절 가정 안팎의 환경 때문에 만성적인 스트레스를 받았다면, 몸이 스트레스 호르몬인 코르티솔을 많이 분비했을 것이며 그 결과 해마의 기능에 영향을 미쳤을 것이다. 이것은 나를 비롯하여 많은 사람이 과거를 떠올리는 데 평생 동안 어려움을 겪는 이유를 설명해 준다.

어린 나이에 트라우마를 경험하면 정서적으로 성숙하지 못하여 개인이 처한 상황의 주관적인 뉘앙스를 맥락적으로 이해할수 없다. 그 때문에 우리에게 무슨 일이 벌어지고 있는지 또는 무슨 일이 벌어진 것인지 이해하려고 애쓸 때 미성숙하고 자기중심적인 생각을 하게 된다. 흔히 '나 때문에 엄마가 항상 기분 나쁜 채로 집에 오나 봐', '내가 나빠서 아빠가 술을 마시나 봐', 혹은 '내가 더 사랑스러우면 엄마가 우울하지 않을 텐데'와 같은 생각을 한다. 어린 시절 우리가 어떤 생각을 충분히 자주했다면, 그것은 결국 우리의 신경 패턴과 뿌리 깊은 믿음의 일부가 된다.

모나의 아버지가 그랬듯이 부모 한쪽이, 특히 아이가 어릴 적에 가정을 떠나면 아이는 갈등이나 이별이 자신과 무관함을 이해하지 못한다. 아이는 마치 자기 때문에 엄마나 아빠가 떠났다고 느낄 수 있으며, 자신이 사랑받을 만한 가치가 없거나 타고나길 결함이 너무 많아 부모가 곁에 머물길 원치 않는다고 느낄 수 있다. 이런 생각은 뿌리 깊은 수치심을 유발하고, 아이는 이 감정을 내재화하여 성인이 되어서까지 안고 간다.

내 어머니는 늘 단절되고 마음이 다른 곳에 가 있고 자기만의 세상에 빠져 있었기 때문에, 나와 정서적인 교감을 하거나 나에게 주파수를 맞출 수 없었다. 나는 어머니가 거리를 두는 진짜 원인을 알 만큼 발달상 성숙하지 않았기 때문에 나와 나의 감당하기 힘든 정서 세계가 원인이라고 생각했다. 이렇듯 우리의 관계를 단절시킨 나에게 수치심을 느꼈기 때문에 또는 그렇게 믿었기 때문에 나는 내 감정을 더 이상 그 누구와도 공유하지 않았다. 그게 관계를 유지하는 가장 안전한 방법이라고 믿었다.

신체적 방임이든 정서적 방임이든 방임은 관계 안에서 사랑받고 지지받을 만큼 충분히 가치가 있거나 좋은 사람이 아니라는 믿음을 가진 성인으로 성장하는 결과를 초래한다. 엄마나 아빠가 어떤 식으로든 나를 떠났기 때문에, 잠재의식에서 다른 사람들도 내가 믿는 것처럼 나에게 결함이 있고 가치가 없거나 문제가 있음을 발견하자마자 내 곁을 떠날 거라고 추정한다. 특히 우리가 신체적으로도 정서적으로도 가장 취약해지는 연인 관계에서 이런 식으로 느끼는 경향이 있지만, 친구 사이에서도 버림받을까 봐 이와 유사하게 걱정할 수 있다. 또는 직업적 관계에서 자신이 진짜 실력을 속이고 있어서 언젠가 들통날 것 같다는 느낌을 받을 수도 있다.

어떤 사람들은 자신이 무가치하다고 믿는 탓에 성인임에도 여전히 다른 사람들이 그를 사랑하고 함께 있고 싶어 하는지 확인하고 증명하려고 끊임없이 다른 사람들을 좇거나 밀어붙이는 사람이 된다. 그런 사람은 충분히 좋다는 느낌을 갖게 되기를 바라면서 새로운 로맨틱한 관심사나 심지어 가벼운 성적 만남을 추구할 수도 있다. 상사나 동료가 가장 최근에 한 프로젝트에 대해 칭찬하지 않으면 해고될까 봐 끊임없이 스트레스를 받을 수도 있다. 안정적인 연인 관계에 있으면 연인에게 필요한 여유를 주지 못하고, 거리감을 느끼거나 연인이 관심을 주지 않는 순간을 자신이 전반적으로 무가치하다는 증거로 해석할 수 있다. 다른 사람에 의해 버려질 가능성을 아주 조금이라도 인식할 때마다 모나가 그랬듯 연인에게 비합리적이고 비이성적인 방식으로 문자를 보내고 전화를 하거나 뒤를 좇는 등 과잉 반응한다. 정서적으로 무너져 슬픔에 잠기고, 감당하기 힘든 감정에 휩싸이거나 마음을 완전히 닫아버리고 아무것도 못 하게 될 수 있다. 잠재의식에서 있는 그대로의 내가 엄마나 아빠를 떠나게 만들었다고 믿기 때문에 세상에 드러나는 나의 모습을 변경한다. 그 결과 나는 결코 있는 그대로의 나로 또는 온전하고 진정한 자기로 존재할 수 없으며, 어린 시절 수용되었던 나의 일부만을 계속 드러낸다.

어린 시절 방임되지 않은 사람들도 있지만, 그런 사람들도 부모상에 의해 수치심을 느끼거나 비판받거나 무시당하거나 압도되었을 때 다른 방식으로 상처를 받았다. "그만 좀 징징거려"라는 말을 듣거나 운다고 놀림을 받을 때마다 우리는 그 당시 가장 필요했던 사람들에게 상처를 받았다. 부모상이 우리에게 어떻게 생각해야 하는지, 무엇을 믿어야 할지 또는 무엇을 느끼거나 느끼지 말아야 하는지 일일이 말해 우리의 경계가 무시되거나 존중받지 못했을 때마다 우리의 정서적 직관이 틀렸다고 확인되었다. 외모나 성과와 같은 외적 자기표현의 일부가 우리의 더 깊은 관심사나 즐거움보다 더 크게 칭찬받거나 인정받을 때마다 우리의 진정한 자기는 작아졌다. 부모의 연장선으로 여겨져 가족의 자랑이 되라고 압박을 받거나 부모가 추구할 수 없었던 관심, 커리어, 경로를 좇으라는 말을 들을 때마다 우리의 타고난 성향과 재능은 무시되었다.

개인적으로 어떤 아동기 상처를 겪었든 그런 초기의 상처 때문에 우리는 생애 초기 관계와 환경 안에서 안전하다고 느끼고 관계를 유지하기 위해 본연의 모습을 바꿔야 했다. 그러한 적응은 아동기 대처 기제 또는 적응 방식이 되었다. 당연히 이러한 대처 기제는 성인이 되어서도 사라지지 않는다. 과거의 조건화가 우리의 신경계에 저장되고, 성인이 된 우리의 본능적인 반응을 계속 좌지우지한다. 조건화된 일부가 미성숙하고 감정적으로 반응하고 트라우마에서 비롯되었는데도 불구하고 학습된 습관 때문에 많은 사람이 성인이 된 후 맺은 관계에서도 어린 시절과 같은 역할을 계속 맡는다.

이러한 적응을 나는 '조건화된 자기conditioned self'라고 부른다. 어린 시절 가장 안전하며 가장 사랑받는다고 느끼기 위해 우리가 터득한 방식을 따라 성인이 되어서 맺는 관계에서도 우리가 계속 맡는 역할을 말한다. 수년간의 연구와 이론들에 뿌리를 둔 이 조건화된 자기라는 개념은 내면가족체계치료Internal Family Systems, IFS로 알려진 증거 기반 치료법에서 왔다. 1980년대에 심리학자 리처드 슈워츠Richard Schwartz 박사가 개발한 내면가족체계치료에 따르면 우리의 마음은 다양한 '부분들'로 구성되며, 이 부분들은 생애 초기의 충족되지 못한 욕구에 반응하여 발달되고, 우리 안에서 정신적인 구성 요소로서 계속 살아가며 우리가 다른 사람과의 관계에서 어떻게 행동하고 반응할지를 지시한다.

조건화된 자기는 신경생물학적으로 프로그래밍된 부분들로, 잠재의식을 구성한다. 어린 시절 가진 생각, 감정, 반응이 신경계에 패턴으로 새겨지고 현재까지도 계속 존재하기 때문에 조건화된 자기는 신체적, 정서적으로 체화된 우리의 일부다. 시간을 내어 이러한 자기를 인식하고 그것이 다른 사람과의 관계에서 어떻게 우리의 생각, 느낌, 행동을 좌지우지하는지 주시하지 않는다면, 조건화된 자기는 우리를 신경생리학적으로 같은 반응 패턴과 습관의 틀에 계속 가둬둘 것이다.

이 장에서는 우리의 조건화된 자기를 만날 것이다. 탐색을 돕기 위해 일곱 가지 조건화된 자기와 각각에 수반된 공통적인 생각, 감정, 습관을 제시했다. 내가 만나거나 상담한 대부분의 사람들이 모든 관계는 아닐지언정 대부분의 관계에서 이 가운데 하나 이상을 발견했다. 당신도 앞으로 읽게 될 설명에 나온 일곱 가지 자기 가운데 최소 하나에 해당됨을 알게 될 것이다.

조건화를 보다 심층적으로 탐색하려면 우선 우리의 내면아이를 만나야 한다. 더 정확하게는 상처 입은 내면아이다. 상처 입은 내면아이는 정서적 욕구가 부모상에 의해 일관되게 충족되지 않았을 때 방임되고, 수치를 당하고, 비난받고, 무시되고, 압도되거나 상처받았던 작은 존재로, 우리 모두의 안에 살고 있다. 상처 입은 내면아이와 다시 연결되면 핵심 상처와 그로 인해 우리가 개발한 아동기 대처 기제를 더 잘 볼 수 있다. 우리 안에 존재하는 이 고통받은 일부를 이해하고 주시하면, 변화를 원하거나 필요로 하지만 같은 역기능적 습관을 반복할 때 우리 자신과 다른 사람들에 대한 연민을 키울 수 있다. 상처 입은 내면아이와 다시 연결되면 성인으로서 맺은 관계들에서 우리가 가장 많이 체화한 조건화된 자기가 무엇인지 파악하는 데 도움이 된다. 아울러 이러한 트라우마에 기반한 역할에서 벗어날 수 있는 기회가 생길 것이다.

누구에게나 (상처 입은) 내면아이가 있다

• •

누구에게나 내면아이가 있다. 우리의 내적 본질 또는 진정한 자기와 연결된, 자유롭고 건강하게 태어난 우리의 일부다. 내면 아이는 놀이를 좋아하고, 마음을 자유롭게 말하며, 표현을 잘하고, 자연스럽고, 창의적이며, 신뢰할 줄 알고, 순수하다. 만일 당신이 있는 그대로의 당신으로 온전히 존재할 만큼 진정한 자유를 느낀다면 어떤 모습일지 상상해 보라. 그것이 바로 타고난 존재 방식을 바꿔놓는 삶의 모든 경험에 노출되기 전 당신의 진정한 자기다. 다시 말해 기능적이든 역기능적이든 누구나 겪는 모든 각인, 가르침, 꾸짖음, 비난, 수치심, 비판, 규칙 만들기와 그밖의 모든 형태의 조건화를 겪기 이전의 당신을 말한다.

내면아이는 대개 오랫동안 자유롭고 건강하며 즐거울 수 없다. 아이였을 적 누구나 불안정하고 겁나거나 상처받았다고 느끼게 되는 순간이나 상황을 경험했다. 그러한 순간이나 상황이 충분히 자주 발생했거나 충분히 압도적이었다면, 우리 자신의 안전을 유지하기 위해 타고난 본능과 우리가 가진 유쾌하고 표현을 잘하고 자연스러운 면을 억압하는 법을 배웠을 것이다. 타고난 본능을 꾸준히 억압할수록 내면아이는 더 많은 상처를 입었다.

감정이 아동기와 삶의 경험에서 겪는 정상적인 일부이긴 하지만, 부모상이 건강한 감정 표현의 본보기가 되는 경우는 거의 없다. 특정 감정을 용인하지 않는 가정에서 성장했다면, 이를테면 울지 말라는 말을 듣거나 슬플 때마다 무시되었다면 그와 다른 특정 감정만 표현해도 된다고 배웠을 것이다. 감정의 폭발이나 감당하기 힘든 감정의 분출을 자주 목격했다면 그것이 화가 날 때 자신을 표현하는 적절한 방법이라고 믿게 될 수 있다. 아니면 부모상이 자기감정을 숨기거나 억누르고 우리와 정서적으로 거리를 두거나 단절했다면 우리도 비슷한 습관을 들였을 수 있다.

많은 사람이 아동기에 역기능적인 감정 표현과 소통을 보고 배우게 되는 몇 가지 흔한 방식이 있다.

흔히 보이는 역기능적인 소통의 유형

- **감정 무효화** | 누군가의 감정이 실제 문제나 당면한 갈등이 아니라고 믿게 하려는 시도. 감정을 표현할 때마다 "너무 징징대잖아", "너무 예민해", "이겨내고 넘어가야지" 등의 말을 들었을 수 있다.

- **투사** | 자신이 가진 바람직하지 않은 특성이나 행동을 다른 사람에게 속한 것으로 보는 방어기제. 문제를 표현했을 때 "네가 거짓말을 하는 것이겠지"와 같은 비난을 들었을 수 있다.

- **점수 매기기** | 두 사람이 과거의 잘못을 들추고 상대방을 탓하며 갈등이나 근본적인 감정을 다루는 일을 회피하는 통제 역동. 현재의 문제에 대해 과거의 이슈를 들춰낼 수 있다.

- **욕하기/수치심 주기** | 다른 사람의 행동을 통제하거나 변화시키는 방법으로 욕을 사용하는 것. 욕설, 인성 공격, 또는 잔인한 말이나 '농담'을 사용할 수 있다.
- **냉대하기** | 이슈를 피하거나 반대를 표현하는 방법으로 차단, 철회, 또는 사람이 앞에 없는 것처럼 행동하는 것. 말을 하지 않거나 반응하지 않음으로써 상대를 완전히 무시할 수도 있다('침묵 요법').
- **회피** | 문제를 부인하거나 간과하거나 숨기려는 행동. 자신의 행동을 인정하길 거부하거나 거짓말을 함으로써 자신의 행동에 책임을 지지 않으려 할 수 있다. 특정한 내용을 일부러 누락하거나 문제에 대해 말하길 거부하거나 문제의 현실을 완전히 무시할 수 있다.
- **편향** | 비난을 다른 사람에게 돌리고 개인적인 책임을 피하기 위해 주제를 일관되게 바꾸려는 습관. "네가 X를 하지 않았으면 나는 Y를 하지 않았을 거야"와 같은 말을 해서 자신의 언어적, 정서적, 신체적 학대의 원인을 상대방의 탓으로 돌릴 수 있다.

　이러한 소통 방식 가운데 많은 것이 나의 가족 안에서 발생했다. 내 가족 가운데 누구도 일상과 건강 문제에 관한 걱정 외에 많은 감정을 내보이지 않았다. 불안감에 사로잡혀 가족 중 누구도 편안함이나 즐거움, 유쾌함을 느낄 기회가 거의 없었다. 이 끊임없는 스트레스가 두려움에서 비롯된 근본적인 긴장을 유발했고, 이는 종종 표면적인 통제 행동으로 나타났다. 아버지는 자신의 아동기에서 비롯된 생존 모드에 갇혀 있어서 가족의 재정적 안정을 제공하는 유일한 존재라는 데서 늘 스트레스를 받으셨다. 아버지는 가정사를 세세하게 관리하고, 찬장과 선반을 강박적으로 정리정돈하고 감시하며 항상 오래된 음식과 물건들을 아낌으로써 스트레스를 표현하셨다. 심지어 명절에 사용한 포장용지와 리본처럼 이미 사용한 물건까지도 아끼셨다. 뭔가가 사라지거나 아버지가 둔 자리에 있지 않으면 폭발 모드로 전환하여 소리를 지르고 장기간 조절 장애와 충족되지 않은 욕구가 쌓여 발생한 억눌린 분노를 터뜨리며 주변 사람들, 심지어 가장 사랑하는 사람들마저 상처받게 했다.

가족 안에서 나는 감정에 대해 말하거나 표현하면 무시되거나 이미 감당하기 힘든 환경에 더 많은 스트레스를 더할 뿐이라는 메시지를 지속적으로 받았다. 생애 초기 관계에서 아무도 건강한 감정 표현의 본보기가 되어주지 않았기 때문에 나는 감정이 실제로 어떤 모습인지 알지 못했다. 정서적으로 지지받지 못한 나는 나의 내면세계와 진실된 존재 방식을 억압하기 시작했고, 심지어 다른 사람의 지지가 전혀 필요하지 않은 것처럼 겉으로 냉담하거나 초연한 모습을 보였다. 물론 이런 특성은 내 성격의 타고난 부분은 아니었지만, 아동기 관계에서 나의 정서적 안전을 지키기 위해 터득한 방식 가운데 하나였다.

10대 초반에 가장 친한 친구가 상급생들에게 집단 폭행당한 것을 본 후 나는 아무에게도 말하지 않았다. 지금으로선 어떻게 혼자만 간직했는지 상상하기 힘들다. 겁을 먹었고 폭행하는 선배들을 피하기 위해 도망가려는 과정에서 나도 다쳤지만, 어머니와 다른 가족들이 알게 되면 어떻게 반응할지가 더 두려워 철저히 비밀에 부쳤다. 그날 밤 가장 필요했던 정서적 안전이나 지지를 받지 못한 채 침대에 홀로 누워 부들부들 떨다 울며 잠들었다. 그 경험은 내가 정서적 지지를 받는 것을 막는 무언가가 내게 있는 게 분명하다는 믿음을 강화하기만 했다.

불쾌하거나 어려운 감정을 드러내길 피한 것과 마찬가지로 나는 성장하면서 유쾌한 감정도 억압했다. 20대 초반에 어머니가 아주 위험한 심장 수술을 하기 직전이 되어서야 어머니에게 사랑한다고 말할 수 있었다. 우리 집에서는 그런 정서를 대놓고 표현하는 일이 좀처럼 없었기 때문에, 처음으로 그 말을 소리 내어 할 때 얼마나 벌거벗겨진 느낌이었는지 지금도 기억한다.

감정 표현이 풍부한 가정에서 성장했다면 특정 관심사나 습관을 가졌다고 비판받거나, 겉모습이나 행동에 대해 망신을 당하거나, 모나와 나처럼 신체적 또는 정서적으로 방임당하거나, 모나처럼 지지를 일관되게 받지 못하거나, 도미닉처럼 일일이 관리되고 통제되거나, 디에고처럼 부모상의 욕구를 자신의 욕구보다 앞세워야 했을 때 내면아이가 상처를 받았을 수 있다.

디에고는 영어를 할 줄 모르는 외국 태생의 홀어머니 슬하에서 자랐다. 그의 어머니는 소통이 어려웠기 때문에 낯선 땅에서 새로운 삶을 헤쳐나가기 위해 아들에게 의지할 수밖에 없었다. 집안의 가장 역할을 맡은 디에고는 나이에 비해 성숙하다는 말을 자주 들었고, 어머니가 일하러 가면 어린 두 동생들을 홀로 돌봐야 했다. 어린 시절부터 그는 가족을 돌보고, 스트레스가 많을 수밖에 없는 어머니를 정서적으로 지지하는 일을 도맡았다. 어머니에게 지지가 필요한 게 너무도 확실했기 때문에 디에고는 가족 외의 관계를 원한다는 생각이 들 때마다 죄책감을 느꼈다.

디에고의 어머니가 스트레스가 많은 상황들을 최선을 다해 헤쳐나가긴 했지만, 그녀의 행동은 전통적인 부모-자식 역할을 역전시켜 아들이 부모 역할을 하게 만들었다. 어머니와 어린 형제들을 보살펴야 했던 터라 디에고는 결코 아이가 될 수 없었고, 원할 때 놀 수 없었으며, 화가 나거나 슬플 때 화를 낼 수도 없고, 관심이 가는 무언가를 좇을 수도 없었으며, 자신의 욕구를 우선시하고 충족하는 법을 배울 여지도 없었다. 대신 그는 자신의 욕구를 무시할 때 가족에게 이롭다고 배웠다. 어른이 되어서도 잠재의식에 의해 어떤 식으로든 도움이나 지지가 필요한 사람들에게 계속 끌렸지만, 한편으론 그들의 의존성에 대한 분개심이 커졌다.

지금도 디에고는 이 장 후반부에 소개할 일곱 가지 조건화된 자기 가운데 하나인 '예스맨'의 역할을 하고 있다. '친절하고 책임감 있고 가족 지향적인 사람'이라는 정체성에 자부심을 느끼기 때문에 다른 사람들을 행복하게 해주기 위해 자주 무리해서 애를 쓰며, 그 과정에서 자신의 욕구는 무시한다.

자신의 상처 입은 내면아이를 볼 수 있게 되자 디에고는 관계에서 그가 이 역할을 행하는 여러 가지 방식뿐만 아니라 내면에서 증폭되고 있는 불만에 대한 인식도 커졌다. 이러한 감정은 진정한 욕구나 열망을 억압할 때마다 자연스럽게 발생한다. 이렇게 계속 자신의 일부만을 표현하면 온전하고 진실된 모습으로 수용되고 사랑받을 기회가 생기지 않는다.

디에고는 어린 시절 진정으로 필요하고 원하거나 관심이 가는 것을 추구할 만한 안전이나 안정이 없었기 때문에 성인이 되어서도 여전히 자신의 그러한 면으로부터 깊이 단절되어 있었다. 오랫동안 모든 에너지를 다른 사람을 지지하고 돕고 사랑하는 데 쏟아부었기 때문에 당연히 번아웃을 겪었다. 하지만 그 역할을 어떻게 멈추는지 몰랐으며 자존심이 너무 강해서 도움이나 지지를 청하지 못했다. 대체로 자기 자신과 자신의 감정으로부터 지나치게 거리를 두어 그런 감정이 자신에게 도움이 될 수 있다는 사실조차 알지 못했다.

어린 시절 어떤 식으로 상처를 받았든 대부분은 주변 사람들에게 맞추기 위해 자신의 욕구를 억압하고, 자신의 진정한 관심과 호기심을 간과하고, 진정한 자기표현을 바꿔야 한다고 배운다. 성인이 된 후에도 상처 입은 내면아이는 여전히 우리의 잠재의식 속에 살며, 어린 시절과 같은 방식으로 생각하고 느끼고 반응하도록 우리를 좌지우지한다. 과거에 우리를 압도한 존재와 비슷해 보이는 사람이나 무언가와 마주치면, 우리는 본능적으로 익숙한 스트레스 반응과 학습된 대처 기제라는 오래된 신경 경로로 돌아간다. 잠재의식은 익숙한 신경생물학적 반응을 선호하기 때문에, 뇌의 망상활성계reticular activating system(각성에 관여하는 신경계의 하나로, 감각 정보를 대뇌로 전달하는 경로로서 각성 체계를 통합하고 조절하는 역할을 한다—옮긴이)라는 행동 조절을 지원하는 뇌세포 망은 특정 경험이 어떤 식으로든 과거와 유사하지 않다는 증거를 모조리 걸러낸다. 이렇게 해서 우리는 자기 확인적 안전 주기에 빠지고, 오래된 역기능적 패턴 속에 갇힌다.

상처 입은 내면아이는 잠재의식뿐만 아니라 우리의 몸에도 살고 있다. 핵심 상처가 활성화되어 어린 시절과 같은 방식으로 불안정하고 겁이 나거나 상처를 받으면 심박수가 올라가고, 호흡이 가빠지고, 근육의 긴장이 높아진다. 이것은 신경계의 투쟁-도피 반응으로, 우리가 인식한 스트레스에 익숙한 방식으로 대처하도록 지원한다.

문제는 이러한 생존 본능에 의한 반응 때문에 차분하거나 이성적으로 생각하지 못한다는 것이다. 우리의 안전이 위험에 처했다고 믿으면, 뇌는 우리를 보호하기 위해 무슨 짓이든 한다. 이를테면 이기적이거나 비이성적이거나 상처를 주는 방식으로 행동하게 만들어 결국 우리가 바라는 사랑이 되는 것을 방해한다.

디에고는 그의 상처 입은 내면아이에 대해 알게 되고 예스맨 역할을 하는 습관적 경향성을 깨달은 후, 진정한 자기와 다시 연결되기 위한 여정에 돌입했다. 현재 그는 자신의 진정한 열정과 목적을 재발견하고 진정한 사랑의 가능성을 열어갈 수 있는 방식으로 다른 사람들과 교감하기 위한 여정에 있다.

(상처 입은) 내면아이를 만나다

••

의식적으로 아동기의 구체적인 상처를 기억해 낼 수 없다 해도 상처 입은 내면아이를 주시하고 치유하면 결과적으로 관계까지 치유할 수 있다.

처음에는 바보 같고 불편하게 느껴질 수 있지만, 누구에게나 일상 속 반응을 좌지우지하는 상처 입은 내면아이가 있다는 사실을 인정하고 받아들일 수 있어야 한다. 그렇게 인정하면 우리가 보이는 역기능적 습관이나 조건화가 지닌 수치심을 일으키는 측면들을 좀 더 연민을 가지고 이해할 수 있는 여지가 생긴다. 사실 우리에겐 아무런 잘못이 없다. 많은 사람의 생각과 달리, 우리에겐 결함이나 문제가 없으며 사랑스럽지 않은 것도 아니다. 다만 지난 경험에서 최대한 안전하게 스스로를 보호하기 위해 필요한 방식으로 적응했을 따름이다. 상처 입은 내면아이는 우리의 삶을 망치려는 게 아니라 고통스러운 과거의 상황으로부터 우리를 보호하려고 존재한다.

아동기 트라우마의 결과로 우리가 만든 역기능적 관계 습관이 우리의 탓은 아니지만, 성인인 우리의 책임이긴 하다. 이제 원하는 행동에 대해 새로운 선택을 하기 시작함으로써 우리 자신과 다른 사람들에게 상처 주게 만드는 깊은 내면의 고통을 인식하는 힘을 얻을 수 있다.

잠시 멈춰 마음의 여유를 갖고 성인으로서 맺은 관계에서 우리의 정서적 욕구를 충족하려고 시도하는 모든 다양한 방식을 무비판적으로 탐색하거나 알아차릴 때, 내면아이와 다시 연결될 수 있다. 보편적으로 우리 모두 있는 그대로의 우리로 존재할 수 있을 만큼 충분히 안전하고 안정적으로 느끼길 갈망한다. 생각과 관점을 자유롭게 공유하고, 진정한 열정과 관심을 추구하고, 아이디어와 창의력을 이용하고 싶어 한다. 우리 개개인이 있는 그대로의 자기를 완전히 표현할 수 있을 때에야 비로소 다른 사람과의 사이에서 '느껴지는' 존재감을 공유할 수 있다. 그럴 때 우리는 개인으로서 지지받는다고 느끼고, 살면서 겪는 정서적 부침에도 잘 대처할 수 있다. 다른 사람 앞에서 감정을 경험하면 우리의 모든 것, 즉 몸과 마음과 정신으로 소통할 수 있고, 깊고 진정한 관계를 위해 필요한 '체화된' 정서적 교감을 만들 수 있다.

나는 누구와도 정서적으로 교감하지 못한다고 불평하면서도 관계 안에서 나의 정서 세계를 실제로 공유한 적이 없다는 것을 영혼의 어두운 밤을 겪으며 깨달았다. 어린 시절 가정에서 그랬듯 관계에서 스트레스나 불만에 관한 소통과 역동의 패턴을 만들어 친구들과 연인들에게 내가 가장 최근에 겪은 위기에 대한 불안과 걱정의 감정만을 표현했다. 생애 초기 관계를 반복하면서 다른 사람과 깊고 진정한 교감을 형성하지 못했다. 성인이 되어서도 여전히 상대방에게 모든 책임을 전가했다. 나의 진정한 욕구와 열망을 희생하며 과잉성취자인 자기를 계속 체화했다. 다른 사람들이 내가 진정한 내가 되는 것을 막아서가 아니라 내가 진정한 내가 되기가 어려웠기 때문이었다. 지나치게 고립되고 두려워서 다른 사람들 앞에서 취약해질 정도로 온전히 나를 드러내거나 애초에 내게 감정이 있다는 사실을 인정하지 못했다.

내면아이와 다시 연결되자 평생 동안 말로 표현하기 힘들었던 내면의 고통이 보이기 시작했다. 어머니의 평생에 걸친 정서적 부재를 받아들이기 시작하자 내가 어머니와 맺지 못한 관계에 대해 애도할 수 있는 시간과 여유가 생겼다. 그러자 내가 어머니와 맺은 실제 관계에 대해 좀 더 솔직해질 수 있었다. 나는 우리 사이의 미미한 정서적 끈을 깨달았고, 더 이상 우리가 맺지 못한 관계에 대해 내 탓을 하지 않아도 된다고 스스로를 다독였다. 어머니와 나머지 가족들로부터 이렇게 거리를 두고 여유를 갖자 나는 성인으로서 정서적 거리를 두고 존재할 수 있을 만큼 이제 충분히 안전하다는 것을 알 수 있었다. 정서적 거리는 과거에 항상 존재했고 한때 내 생존에 위협을 줬으나 이제는 그렇지 않았다. 마침내 내가 내 안의 고통을 있는 그대로 받아들이자 다른 사람이 가진 고통에 대해 공감하거나 진심으로 관심을 가질 수 있는 역량이 생겼다.

나는 다른 사람들이 나의 자기를 보지 못하게 했다. 하지만 나의 고통은 사실 나의 자기를 남들이 보고 사랑해 줬으면 하는 절실한 바람과 기대에서 비롯된 것이었다. 이것을 이해하기 시작하자 나는 스스로에게 자비와 연민을 계속 베풀게 되었다. 그것은 깊은 고통이었다. 내가 무시당하고 보살핌을 받지 못한다고 무의식적으로 인식하면서 점점 커져간 분개심으로, 때때로 밖으로 분출되곤 했다.

내가 나의 경험에 대해 더 많은 공감을 갖게 되자 내 안의 상처 입은 내면아이에게도 연민과 보살핌과 배려를 더 잘 베풀 수 있게 되었다. 그 아이는 항상 그런 대접을 받을 자격이 있었다. 처음에 스스로에게 공감을 베푸는 훈련을 하자 놀라울 정도로 취약하게 느껴지고 불편했다. 만약 당신도 나처럼 어린 시절 진정한 이해나 조율의 순간을 경험하지 못했다면 마찬가지일 것이다. 시간이 흐르고 훈련을 하자 나의 내면아이는 편안해져서 있는 그대로의 모습으로도 가치가 있음을 깊이 이해할 수 있게 되었다. 어머니와 교감하지 못할 때 생기는 고통은 아무도 치유해 줄 수 없다는 것을 알지만, 현재 나는 내가 늘 필요로 했던 엄마 역할을 스스로에게 해주는 법을 배우는 중이다.

내면아이와 다시 연결되면, 당신도 충족되지 않은 욕구와 존재하지 않은 관계의 기저에 깔린 뿌리 깊은 슬픔이나 상실감에 맞닥뜨릴 수 있다. 관계에서 정서적 욕구를 인식하고 살피기 위해서는 우리에게 애초에 감정이 있다는 사실을 인정해야 한다. 이 말이 당연하게 들릴지 모르지만, 많은 사람이 자신의 몸과 심하게 단절되어 있어 감정의 경험을 아예 인식하지 못한다. 감정은 진화론적 메시지이며(이것에 대해서는 다음 장에서 더 자세히 다룰 것이다), 이러한 감각 신호와 다시 연결되는 것은 인간으로서 우리의 생존과 행복에 근본적으로 중요하다. 우리는 잠재의식에게 우리가 안전한지 위험한지 알려주기 위해 감각에 기반한 정보를 끊임없이 수집한다. 안전할 때 우리는 이완되고 우리가 느끼는 대로 자신을 진정으로 표현할 수 있다.

이제 잠시 시간을 내어 지난주에 당신이 겪은 다양한 정서적 경험에 대해 생각해 보라. 슬프거나 화가 나거나 무섭거나 놀랍거나 즐거웠던 순간이 있는가? 다른 사람에 대해 그렇게 느꼈을 때, 당신이 어떻게 느끼는지 직접 말할 수 있을 정도로 안전하고 안정적이라고 느꼈는가? 혹은 그들의 앞에서 다른 방식(공격적이지 않은 방식으로 소리를 지르거나 울거나 웃어서)으로 당신의 감정을 표현할 정도로 안전하고 안정적이라고 느꼈는가?

다른 사람들에게 당신의 감정을 표현하는 방식을 탐색하면 현재 관계에서 보이는 당신의 정서적 습관을 이해하는 데 도움이 된다. 아래의 질문에 답해보자.

• 차분함을 유지하고 당신과 주변 사람들에게 안전한 방식으로

감정을 표현할 수 있는가?

- 다른 사람에게 감정을 쏟아붓거나, 집요하게 굴거나, 거리를 두거나, 감정적으로 행동하는가?
- 약물을 사용하거나, 개인적인 업무나 취미를 방치하거나, 수면이나 영양 공급이나 그 밖의 자기 돌봄의 욕구를 희생하는 등 어떤 식으로든 스스로에게 해를 입히는가?
- 신체적으로나 정서적으로 폭발하거나, 학대하거나, 폭력적인 말이나 행동을 하는 등 어떤 식으로든 다른 사람에게 해를 입히는가?

우리가 미성숙하고 비합리적이거나 비이성적인 방식으로 감정을 다루는 것은 우리의 상처받은 부분이 표출되고 있다는 신호다. 우선 이러한 순간들에 주의를 기울이는 일부터 시작한다. 즉각적으로 반응하는 순간을 객관적으로 관찰할 수 있다면, 당신이 가진 더 깊은 정서적 상처와 다시 연결될 수 있다. 이러한 순간에 시간을 내어 다음 질문에 답하면서 당신이 불안정하고 무섭거나 상처 입었다고 느끼는 이유를 곰곰이 생각해 본다.

- 다른 사람에 의해 상처받거나 버림받거나 남겨질까 봐 걱정하는가?
- 다른 사람이 당신을 무시하거나 간과한다고 느끼는가?
- 관계에서 당신이 한 역할 때문에 평가절하되거나 비판받는다

고 느끼는가?

- 당신이 지닌 특정 측면만 과대평가되거나 주목받는다고 느끼는가?
- 다른 사람에 의해 압박을 받거나 통제된다고 느끼는가?

감정이 활성화된 이유를 탐색하면 상처 입은 내면아이와 다시 연결되고 오래된 아동기 상처가 어떻게 현재 관계를 망치고 있는지 알 수 있다.

어떤 사람들은 자신이 관계에서 미성숙하고 비합리적이거나 비이성적으로 행동하는 방식에 대해 이미 잘 알고 있다. 모나가 스스로에게 솔직했다면, 설령 어쩔 수 없다고 느꼈다 해도 후안에 대해 그녀가 가진 본능적인 생각, 감정, 반응이 비이성적임을 알았을 것이다. 마찬가지로 당신도 당신이 거리 두기나 분리에 대해 지나치게 과잉 반응을 하거나 다른 사람들이 선의를 가졌을 때조차 특정 발언이나 행동을 개인적으로 받아들인다는 것을 알 수 있다. 아울러 감정 조절이 되지 않거나 다른 사람에게 상처받거나 화가 났을 때, 당신이 버럭 화내거나 과민하게 반응하는 것을 알 수도 있다. 아니면 무시당했다고 느낄 때, 수동공격적으로 행동하거나 상대방을 무시하거나 냉대하거나 침묵으로 대할 수도 있다. 혹은 과각성되어 대장 노릇을 하려는 아이가 놀이터에서 하듯 다른 사람들을 세세하게 관리하거나 통제하려 들수도 있다.

모나가 그녀의 상처 입은 내면아이와 다시 연결되기 위해 거친 여정을 다시 살펴보자. 그녀는 본능적인 수준에서 그녀가 이미 알고 있는 것을 인정하면서 시작했다. 이를테면 연인 관계에서 거리감을 느끼면 과민 반응하고 비이성적이 된다는 것을 인정했다. 그녀의 상처 입은 내면아이가 "그는 너를 더 이상 사랑하지 않아. 너를 떠날 거야. 넌 사랑받을 가치가 없어"라고 속삭이는 소리가 들릴 때, 무비판적으로 자신에게 연민을 베풀기 시작했다. 이 목소리가 현재 벌어지고 있는 상황을 정확하게 나타내는 게 아니라 오래된 상처가 잠재의식에 남긴 부산물임을 깨달았다.

이제 상처 입은 내면아이의 목소리가 들리면, 그녀는 그녀의 몸에 주의를 기울이기 시작한다. 대개 심박수가 급상승하고, 호흡이 얕아지고, 근육에 긴장이 높아지는 것을 알아차린다. 이 모든 증상이 그녀의 신경계가 투쟁 반응 중이라는 신호다. 이러한 다양한 신체 감각에 대한 인식이 커지자(신체 감각을 알아차리는 법은 5장에서 배울 것이다), 언제 자신이 위협을 느끼는지 파악할 수 있게 되었다. 위협을 느끼면 다른 사람의 행동을 잘못 해석해서 과도하게 반응할 가능성이 높아진다. 이러한 순간에 그녀는 신경계를 조절하고 상처 입은 내면아이를 진정시키기 위해 마음-몸 기법을 실시했다. 그렇게 하자 머릿속에서 "지금 위협을 느끼지만 후안의 행동을 잘못 해석하는 것일 수 있어. 그는 아마 바쁠 거야. 배터리가 나가서 전화기가 꺼졌을 거야. 그에겐 그만의 공간이 필요해. 혹은 지금은 말하고 싶지 않을 거야. 이 모든 건 너와 상관없어. 과민 반응하거나 나중에 창피하게 행동하지 말고 이제 안전하게 느끼도록 스스로 다독일 수 있어"라고 말해주는 현명한 목소리를 키울 수 있었다.

상처 입은 내면아이 관찰하기

• •

내면아이는 충족되지 않은 욕구, 억압된 아동기 감정, 습관적 대처 전략을 품고 있는 잠재의식의 일부다. 이러한 깊은 잠재의식의 상처가 활성화될 때, 우리는 보호받고 고통을 예방하거나 진정시키길 바라며 어린 시절 감정을 헤쳐나갔던 방식으로 무의식적으로 돌아간다.

다음 목록을 보고 한두 주 동안 당신의 상처 입은 내면아이를 관찰한다. 이러한 상처 입고 과민 반응하는 상태들이 정서적 고통의 신호임을 기억하고, 당신의 뿌리 깊은 고통과 다시 연결되는 동안 무비판적이고 연민 어린 태도를 갖도록 노력하라.

___ 나는 감정이 폭발하여 언성을 높이며 내가 의도하지 않은 말을 하고, 문을 쾅 닫거나 물건을 던진다.

___ 심하게 방어적이거나 다른 사람의 생각이나 감정을 개인적으로

받아들이고, 공격받는다고 느끼거나 감정적으로 반응한다.

___ 다른 사람의 감정을 별것 아닌 것으로 치부하거나 무효화하거나 부인하고 아니면 내가 느끼는 불편을 덜어내기 위해 그가 느끼는 방식을 바꾸려 든다.

___ 흑백논리에 빠져 대상을 완전히 좋거나 완전히 나쁜 것으로 보거나, 맥락적 의미나 다른 사람의 관점을 보지 못한다.

___ 내 감정을 대화나 경험의 중심으로 삼는다. 혹은 다른 사람의 내면세계에 대해 호기심이나 공감을 표현하기 힘들다.

___ 주제를 나의 관심사로 돌리거나 내 관점이나 경험만을 공유하며 대화를 통제하거나 주도하려고 한다.

___ 소셜 미디어를 들여다보거나 텔레비전을 켜거나 아예 방을 나가는 등 불편한 대화, 주제, 경험에서 벗어나거나 피하는 방법을 적극적으로 찾는다.

___ 물러나거나, 철회하거나, 감정적으로 거리를 두거나, 스스로를 차단하거나, 다른 사람에게 침묵으로 대응한다.

___ 다른 사람이 주는 교감이나 지지로부터 나를 차단하거나 의도적으로 내 욕구와 감정을 억압하고, '거친' 모습을 보이거나 정서적으로 거리를 두려고 한다.

___ 스트레스를 받거나 화가 나거나 불편할 때 무감각해지기 위해 술, 음식 또는 약물을 사용하거나 내게 해로운 행동을 한다.

당신 안에서 이러한 반응들을 자주 발견할수록 내면아이가 더 많이 상처받았다는 뜻일 수 있다. 자기를 보호하기 위해 남에게 보이고 인정받길 원하는 당신의 일부에 대한 인식이 커지면, 그런 부분에게 연민과 사랑을 베푸는 훈련을 시작할 수 있다.

상처 입은 내면아이가 가진 습관 파악하기

한두 주 동안 일상생활에서 드러나는 당신의 상처 입은 내면아이를 주시한다. 상처 입은 반응을 일관되게 발견할수록 주제를 더 잘 알아차릴 수 있다. 아래 문답을 이용하여 당신이 발견한 공통적인 패턴을 탐색할 수 있다.

나의 내면아이가 입은 상처가 활성화되면, 나는 _____ 라고 생각하는 경향이 있다.

나는 _____ 라고 느끼는 경향이 있다[당신이 느끼는 신체 감각을 적는다].

관계에서 나는 _____ 하게 행동하는 경향이 있다.

그러고 난 후 나는 _____ 하게 생각하고/거나 _____ 하게 느낀다.

당신의 조건화된 자기

• •

이제 알다시피 조건화된 자기는 신경계의 일부다. 우리가 같은 신경 회로들을 반복해서 활성화하면, 그것들이 서로 연결되기 시작하여 뇌가 유사한 사건들에 대해 같은 반응을 계속 반복할 가능성이 높아진다. 빽빽한 숲을 가로질러 생긴 사람이 많이 다닌 산책길과 같이, 가장 꾸준히 사용된 회로들이 뇌가 가장 쉽게 본능적으로 따르는 경로가 된다. 신경생물학적으로, 조건화된 자기는 성인이 된 우리에게 익숙하고 안전하며 심지어 자연스럽게 느껴진다.

하지만 조건화된 역할이 아무리 익숙하게 느껴진다 해도, 그것은 다른 사람과의 관계에서 우리를 역기능적인 주기나 외상성 애착 관계에 가둬둘 수 있다. 다행히도 다른 사람과의 관계에서 우리가 행하는 다양한 조건화된 부분들을 파악함으로써 진정한 변화를 이뤄나갈 수 있다. 일단 습관적으로 행하는 역할을 인식하면, 좀 더 진실되게 나를 표현하기 위해 의식적인 선택을 할수 있다.

조건화된 자기의 일곱 가지 유형

누구나 자기만의 고유한 아동기 상처가 있고 그것을 관리하기 위해 고유한 대처 기제를 개발했다. 그렇긴 하지만 아이들이 정서적 욕구를 충족하기 위해 자주 사용하는 전략에는 공통점이 있다. 내담자들과의 만남, 그리고 글로벌 커뮤니티와 나의 개인적인 관계를 통해 나는 성인으로서 맺은 관계에서 우리가 자주 행하는 일곱 가지 조건화된 자기를 파악했다. 바로 돌보미형, 과잉성취자형, 저성취자형, 구조자/보호자형, 분위기 메이커형, 예스맨형, 영웅 숭배자형이다.

《내 안의 어린아이가 울고 있다》를 읽은 사람들은 이러한 역할들을 내면아이 원형으로 기억할 수도 있다. 내면아이 원형은 아동기의 관계 및 환경과 우리가 관계를 맺은 방식에서 발견되는 공통적인 패턴을 말한다. 시간이 흐르면서 이러한 원형들은 뇌의 신경 회로의 일부가 되고, 결국 우리가 매일 체화하거나 행하도록 신경생물학적으로 이끌리는 조건화된 자기로 굳어진다.

다음 설명을 읽으면서 당신이 하나의 조건화된 자기 또는 동시에 여러 조건화된 자기에 해당될 수도 있음을 명심하라. 누구와 함께 있는지 또는 인생에서 어떤 시기에 있는지에 따라 다양한 조건화된 자기로 전환될 수 있다. 연인 관계에서 일관되게 어떤 하나의 조건화된 자기를 체화하면서도 가족, 친구, 직장 동료나 상사와의 관계에서는 다른 조건화된 자기를 체화할 수 있다.

여기서 목표는 다양한 관계에서 우리가 가장 자주 체화하는 조건화된 자기(들)를 확인하는 것이다. 그렇게 하면 우리에게 도움이 되지 않거나 우리가 원하는 관계를 지탱해 주지 못하는 습관을 파악할 수 있다. 일단 자신의 조건화를 인식하게 되면, 자신과 관계에 더 이로운 새로운 습관을 만들어줄 의식적인 선택을 할 수 있다. 이 과정을 통합integration이라고 한다. 통합은 우리가 더 이상 습관적으로 행동할 충동을 느끼지 않는다는 뜻이 아니라 관계에서 이러한 역할을 행하고 싶은 충동을 느낄 때를 더 잘 인식한다는 뜻이다. 우리가 가진 무의식적 습관을 인식하게 될 때, 신경생물학적으로 프로그래밍된 패턴 밖에서 선택하고 지속적인 변화를 꾀할 수 있는 기회가 생긴다. 200쪽의 '조건화된 자기 평가' 훈련이 통합의 과정을 시작하는 데 도움이 될 것이다.

조건화된 자기의 일곱 가지 유형은 아래와 같이 정의된다.

- **돌보미형** | 관계에서 다른 사람의 욕구를 충족함으로써 정체감과 자기 가치감을 얻는다. 사랑받을 수 있는 유일한 방법은 남에게 필요한 존재가 되거나 자신의 욕구나 열망은 무시한 채 다른 사람을 신체적으로나 정서적으로 보살피는 것이라고 믿는다. 보살핌이 필요한 관계, 경험, 직업을 추구하거나 그런 필요의 신호가 보이자마자 바로 이 역할을 행할 수 있다. 돌보미형의 신경계는 대개 과각성 상태이고 맞춤 모드여서 다른 사람의 욕구를 파악하기 위해 환경을 주의 깊게 살핀다.
- **과잉성취자형** | '완벽한' 친구, 자식, 연인 또는 배우자가 되려 한다. 끊임없이 외부의 인정이 필요하며, 다른 사람의 기대치에 부응하는 데 집중하거나 몰두한다. 대체로 관계에서 대부분의 책임을 지려고 하며, 지지를 요청하거나 받는 것을 힘들어한다. 과잉성취자형의 신경계는 대개 주의 분산 모드에 갇혀 있으며, 특히 다른 사람의 인정이 없을 때 자기평가, 자기분석 또는 자기비판적 사고에 정신을 쏟는다.
- **저성취자형** | 바람직하지 않은 부분을 다른 사람에게 숨김으

로써 평가와 판단으로부터 도망가 안전을 유지하려 든다. 사랑받을 수 있는 유일할 방법은 관계에서 존재감을 최소화하여 눈에 띄지 않는 것이라고 믿는다. 자기 가치감이 낮고 비판을 두려워하며, 잠재적인 거절에 대비해 자신을 보호하려고 정서적으로 거리를 두거나 회피하거나 발을 뺀다. 뿌리 깊은 무가치감을 증명해 주는 부정적인 관심을 받기 위해 간혹 지나친 행동을 할 수도 있다. 저성취자의 신경계는 대개 주의 분산 모드와 분리 모드 사이를 오간다. 주의 분산 모드일 때는 자기비하적이거나 스스로를 수치스러워하는 생각에 빠진다. 분리 모드일 때는 동기 부여 및 에너지 시스템을 늦춰 의사 결정이나 행동을 미룰 수 있다.

• **구조자/보호자형** | 대개 무력하거나 무능하거나 의존적이라고 인식되는 사람들을 구조, 보호하거나 그들에게 도움을 줄 수 있는 관계에 있다. 개인적인 도움을 필요로 하지 않는 데서 우월감을 느끼고, 필요할 때조차 지지를 요청하거나 받는 것을 힘들어한다. 구조자/보호자형의 역할은 돌보미형의 역할과 비슷하지만, 돌보미형은 다른 사람의 신체적 욕구를 충족하려고 노력하는 반면 구조자/보호자형은 정서적으로 취약하다고 인식되는 사람들을 살피고 옹호하는 데 더 관심이 있다. 이 유형의 신경계는 주로 과각성 상태로, 자신의 구조나 보호를 필요로 하는 사람들을 무의식적으로 찾는다.

• **분위기 메이커형** | 불편한 감정이나 경험을 두려워하고 어떤

희생을 치르더라도 갈등을 피한다. 불편한 감정이나 실망을 유발할 수 있는 이슈나 의견을 말하길 꺼린다. 전형적으로 행복해 보이지만 보통 현실로부터 괴리되거나 단절되어 있다. 분위기 메이커형의 신경계는 대개 분리 모드에 갇혀 있어서 스트레스를 유발하거나 불편한 생각, 감정, 경험으로부터 대부분 혹은 모두 거리를 두고, 무감각해지거나 단절한다.

- **예스맨형** | 관계에서 뚜렷한 선호를 드러내지 않아 누구와도 잘 어울리는 경향이 있으며, 종종 남에게 늘 맞추는 사람이나 '만만한 사람'으로 불린다. 대체로 공동 의존적인 역동에 빠져 있어서 자신의 욕구를 무시하고 다른 사람을 위해 모든 것을 포기한다. 관계에서 지지와 보살핌을 주기만 하고 받지는 못하는 상황이 자주 발생하더라도 항상 남을 위함으로써 '이타적'으로 행동하는 데 또는 '순교자'가 되는 데 자부심을 느낀다. 주로 연인, 친구, 가족의 신념, 습관, 취미를 채택하고 지시를 내려주는 다른 사람이 없으면 상실감이나 무력감을 느낄 수 있다. 예스맨의 신경계는 대개 과각성 상태이자 맞춤 모드에 있어서 끊임없이 자신보다 남을 앞세운다.

- **영웅 숭배자형** | 관계를 맺은 사람들을 우러러보거나 다른 사람을 우상화하는 경향이 있다. 다른 사람이 그를 위해 무엇이 최선인지 알 거라 믿으며 쉽게 영향을 받고, 다른 사람을 어떻게 살아야 하는지 알려주는 본보기로 여기며 자신을 무시할 수 있다. 다른 사람을 이상화하면서 자신이 그와 달리 생

각하거나 느끼거나 다른 욕구를 가지면 자신을 비난하거나 수치스럽게 생각한다. 영웅 숭배자형의 신경계는 대개 과각성 상태이자 맞춤 모드에 있어서 자신의 본능이 아닌 다른 사람의 생각, 의견, 믿음, 감정에 더 주목하고 무게를 둔다.

조건화된 자기와 관련된 모든 습관이 잘못되거나 피해야 하는 것은 아니다. 바로 앞서 열거한 행동들 가운데 많은 것이, 가령 다른 사람을 돌보고 목표 달성을 하려는 동기를 얻는 것은 그 자체로는 문제가 없다. 다만 같은 행동을 계속 취하는 것이 우리나 관계에 가장 이롭지 않을 때조차 아동기 상처가 그것을 계속하게 만들 때, 그런 행동들은 문제가 된다. 자신의 조건화된 자기에 대한 인식이 커지면 과거 고통의 잔재와 그 밖의 학습된 행동들이 현재의 행동을 좌지우지하게 방치하지 않고 행동을 의식적, 의도적으로 택할 수 있는 기회가 생긴다.

많은 사람과 마찬가지로 나는 조건화된 자기라는 개념을 알지 못하던 시절에도 나의 과잉 성취하려는 습관들에 대해 어쩔 수가 없다는 느낌을 오랫동안 받았다. 지금도 여전히 거부당할 것에 대한 아동기 두려움이 내 반응과 선택을 좌우하게 때때로 방치하며, 다른 사람에게 내 취약성이나 개인적인 욕구를 표현하길 어려워한다. 어머니가 죽음을 앞두고 있을 때도 연인들에게 지지를 청하기가 어려웠다. 그들을 밀어내고 침실에서 홀로 울었고, 그들이 나를 위로하지 않으면 화를 내고 분개하며 내가 그들을 필요로 하거나 원하는 상태임을 그들이 '알아야 한다고' 생각했다. 그런 미성숙한 조건화된 믿음을 가졌을 뿐만 아니라 실제로는 위로를 원하거나 필요로 하는 사람처럼 행동하지 않았다. 어머니가 오래전에 내게 그랬듯 나는 정서적으로 흥분했을 때 다른 사람들과 교감하는 법을 알지 못했고, 그래서 나의 불편함과 절실하게 필요한 사랑과 지지를 얻을 수 있는 기회로부터 나를 단절하는 패턴을 지속했다.

시간이 흐르며 얼마나 자주, 언제 내가 다른 사람과의 관계에서 과잉성취자가 되는지 더 잘 인식하게 되었다. 내가 언제 스스로에 대해 비현실적인 기대를 하는지 더 잘 알아차릴 수 있게 되었다. 그런 순간에 나는 아무도 내가 완벽하리라 기대하지 않으며 완벽하려고 애쓰는 일이 더 깊고 진정한 수준에서 다른 사람과 교감하는 것을 방해한다는 사실을 의식적으로 떠올리는 연습을 한다. 이렇게 의식적으로 인식하면 나의 진정한 욕구를 더 잘 충족하고, 내가 다른 사람 및 주변 세상과 더 깊이 교감하는 데 도움이 되는 의도적인 선택을 할 수 있다.

이듬해 어머니의 1주년 기일이 되기 전, 나는 홀로 주말여행을 가기로 했다. 매 순간 내 감정을 온전히 느끼고, 신경계를 조절하고, 절실하게 필요한 안전하다는 느낌을 만들기 위해서였다. 이 시간과 여유 덕분에 보다 조절된 상태로 돌아갈 수 있었고, 주변에서 찾을 수 있는 사랑과 연결되기 위해 나를 개방할 만큼 충분히 안전하다고 느낄 수 있었다. 돌아왔을 때 나는 내게 필요한 도움을 솔직하게 요청할 수 있었다. 그리고 그 순간, 더 이상 남들이 내 모든 슬픔을 가져가 줄 거라 기대하거나 그런 사람이 필요하지 않았기 때문에 남들이 나를 지지하건 말건 정말 상관없었다. 그 누구도 항상 우리를 위해 그렇게 해주거나 정서적으로 항상 함께해 줄 수 없다. 내가 정말로 원하는 지지는 내가 무엇을 느끼든 상관없이 누군가가 내 곁에 있어주고 나와 교감하는 것임을 깨달았다. 더 간단히 말하자면, 누구나 고통 속에서 혼자라는 느낌을 덜 받길 원한다.

당신의 조건화된 자기 탐색하기

우리 대부분은 조건화된 자기와 진정한 자기를 하루 종일, 때로 매 순간 오간다. 많은 사람이 자신의 더 깊은 욕구와 연결되지 못하거나 진정한 자기 모습이 무엇인지 알지 못한다. 하지만 가장 자주 체화하는 조건화된 자기를 파악하면 진정한 자기와 다시 연결될 수 있다.

조건화된 자기를 탐색하기 위해 다음 페이지에 제시한 탐색을 위한 문답을 활용해서 친구, 가족, 동료, 연인과의 관계에서 보이는 전형적인 패턴을 관찰하거나 기록해 보자. 다양한 관계에서 한 가지 이상의 조건화된 자기를 볼 수 있음을 명심하라. 이 훈련의 목표는 당신의 조건화된 자기를 파악하여 앞으로 관계에서 당신이 이러한 역할을 습관적으로 행하려고 할 때 알아차리는 것이다.

조건화된 자기 평가

아래 체크리스트를 보고 다양한 관계 속에서 당신의 모습을 무비판적으로 관찰한다. 자신에게서 가장 흔하게 관찰되는 습관에 표시하라. 다양한 관계에서 혹은 시간이 흐르며 다양한 자기 유형을 체화하는 것을 알아차릴 수도 있다.

돌보미형:

___ 관계 안에 있을 때, 나는 강한 끌림이 필요하다고 느끼거나 그런 끌림에 의지하고 싶다.

___ 대개 다른 사람의 욕구를 과도하게 인식하거나 그들이 무엇을 바라는지 예측하려고 애를 쓴다.

___ 누군가가 보살핌을 받기 위해 어떤 식으로든 내게 의지할 때 가장 사랑받는다고 느낀다.

과잉성취자형:

___ 항상 다른 사람들이 나를 충분히 좋다고 생각하는지 신경을 쓴다.

___ '최고의' 연인/친구/딸/아들 등이 되는 데서 자부심을 느낀다.

___ 나는 보통 다른 사람이 가장 먼저 교류하거나 연락을 하거나 그 사람을 위해 가장 먼저 나타나는 사람이며, 상대가 나를 위해 그렇게 하지 않아도 나는 그렇게 한다.

저성취자형:

___ 관계를 피하는 경향이 있거나 헌신하지 못하는 문제가 있다.

___ 다른 사람들과의 관계에서 내 감정을 오롯이 다 드러내거나 정
서적인 교감을 느끼는 게 어렵다.

___ 비판과 거절당하거나 버림받았다고 느낄 수 있는 상황은 무엇이
든 피한다.

구조자/보호자형:

___ 오직 주의가 상대방에게 집중되는 관계와 그런 사람에게 끌린다.

___ 정서적으로 취약한 누군가가 내 존재를 필요로 할 때 내가 사랑
받거나 중요하다고 느낀다.

___ 관계를 맺고 있는 사람들이 누구이고 내가 그들에게 동의하는지
와 상관없이 그들을 열렬히 두둔하고, 그들의 편을 들거나 그들
의 관점에 동조한다.

분위기 메이커형:

___ 나의 관계에는 갈등이 거의 없다.

___ 보통 내 감정을 표현하지 않는다. 나나 다른 사람을 불편하게 만
들 수 있는 것들에 대해 말하지 않는다.

___ 스트레스나 화를 유발하는 상황을 다루는 최선의 방법은 모든
게 괜찮은 척하는 것이라고 생각한다.

예스맨형:

___ 거의 항상 '분위기를 따라 가거나' 사랑하는 사람의 욕구나 바람을 따른다.

___ 관계에서 친구나 연인이 선호하는 것을 채택하는 경향이 있다. 가령 옷을 비슷하게 입고, 같은 믿음을 공유하고, 같은 취미를 추구하거나 그들의 스케줄에 맞춰 내 스케줄을 변경한다.

___ 나의 일, 휴식, 자기 돌봄에 방해가 된다 해도 남들이 내게 원하는 것을 하겠다고 한다.

영웅 숭배자형:

___ 누군가를 처음 만나면 매료되고, 그를 완벽하게 보는 경향이 있다.

___ 내가 이상화하는 사람들과 비슷해지려고 내가 가진 '수치스러운' 부분들을 자주 숨기거나 바꾼다.

___ 내가 사랑하는 사람들이 가진 결점이나 문제를 간과하고 그들의 긍정적인 면에만 주목하려는 경향이 있다.

역량 강화를 위한 멈춤 훈련

지금까지 배웠듯 우리가 겪은 삶의 경험은 조건화된 뇌에 의해 형성되고 걸러진다. 우리의 습관적 반응과 패턴을 인식하게 되면 주어진 상황에 갇히거나 욕구가 충족되지 않거나 무력하게 느끼는 대신 우리가 원하는 경험을 만들 수 있다. 이러한 역량

202

강화는 전두엽 피질에서 비롯된다. 전두엽 피질은 의도적인 반응을 통제하고, 계획을 세우고, 주의를 집중하고, 충동을 억제하며, 만족을 지연하고, 결과를 예측하고, 정서적 반응을 관리하는 역할을 한다.

하루 중 오가는 생각, 감정, 충동에 반응하기 전에 잠시 멈춰 전두엽 피질을 활성화하는 훈련을 할 수 있다. 이 훈련을 하면 자신의 반응성을 인식하고 의도를 가지고 새롭게 대응할 수 있다.

아래 제시한 탐색을 위한 질문들과 훈련은 반응성과 대응성에 대한 자신의 경험을 탐색하는 데 도움이 된다. 자신의 생각과 감정에 대해 생각해 보고, 도움이 된다면 별도의 노트나 일기장에 적어본다.

잠시 시간을 내어 충분히 생각하지 않고 어떤 경험에 즉각적이거나 폭발적으로 반응했던 순간을 떠올려보고 다음 질문에 답한다.

이러한 반응을 보인 순간과 그 후에 신체적으로 어떤 느낌이 드는가?

_____

_____

_____

이러한 반응을 보인 순간에 당신 자신 그리고 관련된 다른 사람에 대해 정서적으로 어떤 느낌이 드는가?

_____

_____

_____

잠시 시간을 내어 다른 사람의 즉각적이고 폭발적인 반응을 경
험했던 순간을 떠올려보고 다음 질문에 답한다.

다른 사람의 반응을 경험한 순간과 그 후에 신체적으로 어떤 느낌이
드는가?

_____

_____

_____

당신 자신과 격한 반응을 보인 사람에 대해 정서적으로 어떤 느낌이
드는가?

_____

_____

_____

잠시 시간을 내어 당신이 침착하게 대응하거나 선택할 수 있었
던 순간을 떠올려보고 다음 질문에 답한다.

이러한 대응을 한 순간과 그 후에 신체적으로 어떤 느낌이 드는가?

_____

_____

_____

당신 자신과 이 대응의 순간에 관련된 다른 사람에 대해 정서적으로
어떤 느낌이 드는가?

_____

_____

_____

...

'옳은' 대답 또는 '잘못된' 대답은 없음을 명심하라. 당신의 조건화된 패턴과 습관을 의식적으로 바꾸는 작업은 이 자기 탐색으로 시작한다. 자기 탐색은 그 자체로 우리의 역량을 강화할 수 있다. 조건화된 습관을 인식할 수 있게 되면 오래된 아동기 상처에 끊임없이 반응하고 그것을 재현하는 대신 관계 안에서 의도된 선택을 할 수 있다. 그러고 나면 우리가 아동기 이후 줄곧 행한 역할들이 어떻게 우리의 진정한 자기나 관계에 도움이 될 수 없는지 호기심을 가지고 탐색할 수 있다. 조건화된 자기를 통합하는 이 작업은 삶에서 다른 사람들과 무슨 일이 벌어지든 상관없이 우리가 안전하고 안정적이라는 느낌을 회복하는 데 도움이 된다. 일상의 선택을 통해 스스로 안전과 안정을 만들면 뇌에 새로운 신경 경로가 생긴다. 장기간에 걸쳐 이 훈련을 꾸준히 반복하면 이러한 새로운 신경 경로는 영구적이 될 수 있으며, 그와 관련된 습관들은 본능이 될 수 있다.

그렇다고 해서 조건화된 생각, 감정 또는 반응을 다시는 반복하지 않거나 익숙한 습관에 다시 본능적으로 끌리지 않을 거라는 뜻은 아니다. 조건화된 자기를 의식하게 된다는 건 있는 그대로의 당신과 당신이 되고 싶은 모습, 진정으로 당신을 충만하게 해줄 사람들과 관계 역동에 더 일치하는 새로운 선택을 할 수 있게 된다는 뜻이다. 당연한 말이지만 이러한 새로운 선택을 가능하게 하는 것은 조절이 잘된 신경계다. 다음 장에서는 삶을 변화시키는 신체 의식 훈련을 계속 살펴보면서 신경계를 조정하는 여정을 시작할 것이다.

HOW TO BE
THE LOVE
YOU SEEK

5장

내 몸을 파악하고
안정감을 찾는 법

신체 의식을 자세히 살펴보기 전에 잠시 시간을 내어 지금 당장 몸이 느끼는 대로 몸과 다시 연결되는 데 도움이 될 짧은 훈련을 실시해 보자.

정수리부터 시작해서 턱, 목, 어깨, 허리, 다리 등의 근육에 긴장이 느껴지는지 살핀다. 천천히 깊게 숨을 쉬며 뻣뻣하거나 긴장한 부분으로 숨을 보내고, 턱을 이완하고, 혀가 입천장에 닿아 있으면 평평하게 펴고, 어깨가 올라가 있거나 움츠린 상태라면 어깨를 내려 뒤로 펴고, 어떤 부분이든 근육이 뻣뻣하면 이완한다. 잠시 시간을 내어 이런 식으로 몸을 이완한 후 정신이나 감정에 어떤 변화가 있는지 감지한다.

많은 사람이 전에 알아차리지 못한 스트레스나 긴장을 발견했을 수 있다. 일부는 지금 이 순간 자기 몸을 느끼는 일 자체가 어려울 수도 있다. 이 훈련이 관계의 문제를 해결하는 일과 아무런 상관이 없어 보이지만, 사실 퍼즐에서 아주 중요한 조각에 해당된다. 진정한 신체적, 정서적 안전과 안정은 몸에서 시작하고, 우리 안에서 이 안전과 안정을 느낄 수 있어야 비로소 다른 사람과의 관계에서 안전과 안정을 느낄 수 있다.

어릴 적 나는 생존 전략으로 내 몸과 단절하여 스트레스를 유발하는 환경에 적응했고, 몸이 계속해서 내게 보내는 신호를 무시했다. 언제 근육이 긴장되는지 혹은 언제 호흡이 가빠지거나 얕아지는지 알지 못했다. 이 상태는 성인이 되어서도 계속되어 내가 실제로 무엇을 느끼는지뿐만 아니라 내 몸에 무엇이 필요한지 알아차리는 것도 방해했다. 신체 감각은 환경에 대한 몸의 지속적인 평가를 뇌에 전달하여 정서적 삶에서 중요한 역할을 한다. 하지만 나는 내 몸과 심하게 단절된 상태여서 아무것도 느끼지 못했고, 대부분의 삶을 머릿속에서 살며 나의 신체적 자기와 거리를 두었다.

내 몸 안에 존재하는 일은 익숙하지 않고 불편해서 안전하게 느껴지지 않았다. 어릴 적, 물리적인 몸 안에서 안전하고 안정적으로 사는 게 어떤 모습인지 내게 본보기가 되어 준 사람이 없었다. 몸이 비하의 대상이거나 불안정한 존재로 취급되는 가정환경에 노출되어 있었다. 어머니와 언니는 항상 다이어트를 하거나 먹는 것을 제한했다. 둘은 그들과 주변 사람들의 몸에 대해 비판적이었다. 어머니는 자신을 포함하여 가족들 가운데 누군가 체중이 늘거나 신체 치수가 변하면 그것에 대해 자주 언급하셨다.

성장하면서 내 몸에 불편함을 느꼈고, 스트레스를 받은 내 몸에서 느껴지는 감각을 참는 게 점점 더 힘들어졌다. 그래서 내 존재의 신체적 측면으로부터 나를 차단하기 시작했다. 정서적으로는 다른 사람들과 교감을 느끼길 절실하게 원했지만 그럴 수 없었다. 그러려면 내 감정에 닿을 수 있기 위해 먼저 나의 신체적 자기와 교감해야 했지만 그리지 못했기 때문이었다. 무엇이든 느끼는 것 자체가 어려웠다.

신체를 의식하는 상태를 키우거나 내 몸의 신체 감각을 인식하여 신경계를 의식적, 의도적으로 조절할 수 있기까지 수년이 걸렸다. 대부분의 사람들은 안전한 가정에서 성장하거나 다른 사람과 안전하고 안정적인 관계를 맺지 못했기 때문에 내면세계와 외부 세계로부터 우리를 단절시키는 신경계 조절 장애를 안고 살아간다.

몸을 인식한다는 것

• •

우리 모두는 우리에게 물리적인 몸이 있다는 사실을 안다. 우리가 하는 거의 모든 일을 위해 물리적인 몸을 사용하며 일반적으로 걷고, 앉고, 자고, 운동하고, 섹스를 하고, 손을 잡고, 음식을 먹고, 와인을 마시고, 빗속에서 뛰고, 눈을 맞으며 춤을 추거나 햇볕을 쬐며 낮잠을 잘 때 어떤 느낌인지 안다. 많은 사람이 기초적인 수준에서 몸의 기본 욕구를 인식한다. 이를테면 배가 고프거나, 목이 마르거나, 피곤하거나, 아프거나, 상처를 입으면 이를 자각한다. 심지어 몸의 웰빙에 주목하여 건강하게 먹고, 운동하고, 충분한 수면을 취하려고 노력하며, 몸의 외형과 느낌을 개선해 주리라 여겨지는 습관을 채택하기도 한다.

건강한 마음을 가진 사람들조차 신체 인식을 좀처럼 하지 못하거나 신체적 자기 안에서 자신이 얼마나 안전하게 또는 불안하게 느끼는지 알아차리지 못한다. 내가 이 책에서 사용하는 신체 의식이라는 용어는 우리 몸이 자신에게 혹은 다른 사람에게 어떻게 보이는지를 스스로 알아차리거나 그것을 과도하게 인식하는 상태를 말하는 게 아니다. 그보다 이 용어는 우리 몸 안에서 무슨 일이 벌어지는지 감지하는 능력을 말한다.

신체 감각을 관찰하는 능력을 강화하고, 이 감각 입력 정보를 사용하여 신경계와 행동 반응을 조절할 때 신체 의식이 개발된다. 신경계가 언제 스트레스를 받는지 파악하는 법을 배우면 반응적이거나 회피하거나 단절된 상태에서 벗어나 보다 개방되고 수용적인 상태로 전환할 수 있다. 내 몸의 신체 감각에 주파수를 맞출수록 심박수나 호흡 속도와 같은 신체적 스트레스의 명백한 신호뿐만 아니라 좀 더 미묘한 신호까지 식별할 수 있다. 가령 나의 에너지가 가볍거나 무겁거나 차분하거나 요동하는지, 어깨가 굽었는지 펴졌는지, 내가 부드럽게 말하는지 시끄럽게 말하는지, 빠르게 말하는지 느리게 말하는지, 눈 맞춤을 유지하거나 편하게 미소 지을 수 있는지 알아차릴 수 있다.

중요하지 않아 보일 수 있지만, 이러한 감각들은 신경계의 상태를 반영하며 동시에 정서를 결정하는 데 도움이 되는 정보를 뇌에 전달한다. 이러한 감각의 변화를 의식적으로 지각할 때 그 것들이 뇌에 보내는 정시적 메시지를 이해할 수 있다. 이러한 알아차림으로 우리가 활성화되었음을 알 때 다시 진정할 수 있는 여지를 스스로에게 줄 수 있다. 또 이 장 후반에 소개할 의도적인 몸-마음 기법을 이용해서 안전을 확보할 수 있는 기회도 스스로에게 줄 수 있다.

신체를 의식하는 상태를 유지하는 일은 쉽지 않다. 우리 몸에 저장된 스트레스와 트라우마는 현재의 경험에 집중하는 능력에 영향을 미친다. 대부분의 시간 동안 마음은 몸에 저장된 스트레스와 긴장에 반응하므로 정처 없이 헤매고, 우리가 지금 이 순간에 집중하고 우리 안과 주변에서 무슨 일이 벌어지는지 제대로 인식하는 일을 어렵게 한다. 스트레스가 유발하는 이러한 생각의 악순환 때문에 일상생활을 하는 동안 몸에 제대로 주의를 쏟는 사람은 거의 없다. 대신 우리는 마음에 머물며, 과거에 대한 생각으로 분주하거나 미래를 예측하려고 애쓴다. 과거를 돌아보거나 미래를 상상하는 일이 더러 이로울 수 있지만, 진정으로 우리 자신의 존재로 살려면 현재에 몰두하고 몸과 연결되어야 한다. 다른 사람이 우리에 대해 무슨 생각을 하고 무엇을 느끼는지 끊임없이 신경을 쓰면, 그들과 함께 있을 때 우리가 정말 어떻게 느끼는지 결코 알 수 없다.

우리 몸에 저장된 이러한 스트레스의 영향도 있지만, 어떤 사람들은 그들이 노출된 문화적, 사회적 메시지로부터 신체를 비하하는 습관을 배우기도 한다. 텔레비전과 매체, 영화에서 피부색, 민족성, 신체 치수, 신체 능력을 다양하게 그리지 않는 것이 우리의 몸에 대한 믿음에 깊은 영향을 미쳤고, 사람들에게 수용되고 매력적이거나 바람직한 사람의 이상적인 모습이 있다는 메시지를 잠재의식에 보낸다. 피부색, 몸의 형태나 기능이 이상적인 모습과 다르면 타고난 외모 때문에 안전하거나 수용된다는 느낌을 받기 힘들며, 스트레스 반응이 만성적으로 활성화될 수 있다.

신체 접촉은 모든 인간에게 보편적으로 중요하며, 우리에게 위로를 주거나 정서 경험을 진정시키는 데 도움이 된다. 하지만 접촉(또는 접촉의 결여)에 대한 개개인의 경험은 신체 접촉에 대해 상충하는 감정을 갖게 하여 혼란과 불안, 궁극적으로는 충족되지 않은 욕구로 이어질 수 있다. 다른 사람과 신체적으로 가까이에 있으면서 편안하게 느끼려면 우선 자기 몸에 대해 편안하게 느껴야 한다. 그러기 위해서는 자신의 몸과 계속 연결되고, 다른 사람에게 신체적으로 다가가더라도 자기의 경계 안에서 안전을 유지할 수 있는 능력을 신뢰하는 법을 배워야 한다. 우리가 원할 때 언제든지 멈추거나 속도를 늦출 수 있음을 알면 다른 사람이 우리를 신체적으로 진정시키고 위안을 주거나 심지어 자극할 때조차 받아들일 수 있는 능력을 키울 수 있다.

대부분의 사람처럼 조절 장애를 겪는 신경계를 가졌다면 시간을 들여 자기 몸을 감지한다고 해서 바로 안전하다는 느낌이 들지 않을 것이다. 안전하지 않다는 느낌이 바로 그토록 많은 사람이 애초에 자기 몸과 단절되어 머릿속에 사는 이유다. 그리고 많은 사람이 심하게 불편하여 견딜 수 없는 정서적 기억들과 연결된 감각들을 계속 피한다는 것을 알아차릴 수 있다.

감정은 몸에서 시작된다

• •

감정은 공통된 인간다움의 일부다. 감정은 우리의 삶을 채색하고, 의미를 부여하며, 우리를 인도하고 살아 있다고 느끼게 한다. 진화론적 관점에서 보면 감정은 우리가 환경을 해석하는 데 도움을 줘 위협을 파악하고 안전을 유지할 수 있게 한다. 두려움을 더 빨리 인식하거나 위협의 존재를 다른 사람들에게 더 빨리 알릴 수 있다면, 개인으로서 그리고 집단으로서 우리는 더 안전하게 남을 것이다.

감정emotion과 느낌feeling은 종종 혼용되지만, 사실 둘은 다른 현상을 묘사한다. 감정은 신체 감각에 대한 잠재의식 수준의 반응인 반면 느낌은 몸의 감각을 의식적으로 경험하는 것이다.

대부분의 사람들이 생각이 감정을 만들고, 감정이 한순간 내가 누구인지 정의한다고 생각한다. 이를테면 내가 이 감정을 생각하면, 이 감정이 나를 나로 만든다는 것이다. 만일 내가 슬프거나 우울한 생각을 하는 경향이 있다면, 이것이 나를 슬프거나 우울한 사람으로 만든다고 가정할 수 있다. 혹은 내가 화가 나고 불안하거나 걱정스러운 생각을 한다면, 그것이 나를 화나고 불안하거나 걱정하는 사람으로 만든다는 것이다.

또한 많은 사람이 주변과 가까운 외부 환경에서 일어나는 일이 감정의 원인이 된다고 생각한다. 가령 현재 이 상황이 내가 X, Y, Z라고 느끼게 만든다고 생각한다. 또한 우리는 누군가가 우리를 특정한 방식으로 느끼게 만든다고 생각한다. 당신이 지금 하고 있는 일이 내가 이런 식으로 느끼게 만든다는 것이다. 이러한 추정이 진실이 아님을 깨달으면 큰 도움이 된다. 감정은 사실이 아니며, 우리에게 벌어지는 일을 정확하게 나타내지도 않는다. 사실 대체로 감정은 현재 순간에 벌어지고 있는 현상에 대한 반응도 아니다.[19]

내 감정이 어떻게 현재 순간이 낳은 결과물이 아닐 수 있는지 궁금하다면, 당신만 그런 게 아니다. 수십 년간 심리학자들은 감정이 우리가 보고 듣거나 경험하는 것에 대한 즉각적인 반응이라고 믿었다. 최근에 와서 신경과학자들이 이 생각을 뒤집었는데, 부분적으로는 구성된 감정 이론을 처음으로 소개한 노스이스턴대학교 심리학과 교수인 리사 펠드먼 배럿 박사의 연구 덕분이다. 이 획기적인 이론에 따르면 감정은 신체 감각으로서 몸에서 시작된다. 그러고 나서 잠재의식이 그것을 사용하여 우리가 같은 감각 상태를 경험한 과거에 어떻게 느꼈는지를 토대로 우리가 어떻게 느껴야 하는지를 예측한다.

심장이 마구 뛰면 호흡이 가빠지고, 혈액이 정맥을 통해 마구 흐르며, 뇌는 과거에 우리가 비슷하게 느꼈을 때 무슨 경험을 했느냐에 따라 이러한 감각을 공포나 흥분으로 해석할 수 있다. 그러므로 가령 중요한 연설을 준비하는데 대중 연설에 대한 안 좋은 경험이 있다면, 잠재의식은 우리의 감각 상태를 두려움으로 해석할 수 있다. 하지만 대중 연설에 대한 과거의 경험이 긍정적이라면, 잠재의식은 같은 감각을 흥분으로 해석할 수 있다. 감정은 몸이 만들고 과거에 의해 좌우되는 정신적 개념에 불과하다. 아니면 배럿 박사의 표현대로, 우리의 감정은 "세상에 대한 반응이 아니라 세상의 구성물"이다.[20]

감정이 현실이나 관계에 대한 고정된 반응이 아니라 몸-뇌의 구성물이라는 사실은 우리가 느끼는 감정의 노예가 될 필요가 없음을 뜻한다. 구성된 감정 이론은 감정을 현실이 아닌 우리가 만들어낸 것으로 인식하게 해주어 특정한 신체 감각을 바꿈으로써 우리가 느끼는 방식을 바꿀 수 있는 힘을 부여해 준다.

심리학에서 내면의 감각을 지각하는 능력을 '내수용 감각interoception'이라고 한다. 때로 내부 감각으로도 불리는 내수용 감각은 잠재의식이 환경이 안전한지 위험한지 해석하기 위해 몸의 감각 정보를 살필 때 무의식 차원에서 끊임없이 발생한다. 몸의 감각을 의식적으로 관찰함으로써 감정 상태를 파악하는 데 도움이 되기 위해 신체 의식을 훈련하면 내수용 감각의 지각하는 능력을 의도적으로 강화할 수 있다.

몸을 인식하는 이 능동적인 상태를 이용하면 스트레스를 받을 때 몸의 감각을 적극적으로 바꾸고 스스로 진정시킴으로써 순간의 느낌을 의도적으로 바꿀 수 있다. 신체 의식은 우리가 관계에서 느끼고 싶은 감정과 관계에 응하는 태도에 관해 의식적인 선택을 하는 데 도움을 줘 삶을 바꾸는 실천 방법이다.

내 몸을 의식하는 여정

• •

내가 내 몸 안에서 꾸준히 시간을 보낼 정도로 안전하다고 느끼게 되어 몸의 욕구와 몸에 저장된 감정을 파악하게 되기까지는 몇 년이 걸렸다. 과거에 나는 안전한 내 마음의 우주선 안에 살며 나의 신체 경험으로 빠져들지 못한 채 생각에만 집착했다. 매일 내 몸이 내게 보내는 메시지를 알아차리거나 듣지 못했고, 그 바람에 신체적 욕구를 파악하거나 충족할 수 없었다. 그 결과 자주 과잉 반응을 하고 감정을 조절하지 못했다. 대체로 나는 설명할 수 없고 피할 수 없는 동요와 불편을 계속 느끼는 주기에 갇혀 있었다.

대부분의 사람들에게 단절의 과정은 초기 아동기에 시작된다.

내 경우 자궁 안에서 시작되었다고 생각하는데, 어머니의 신경계가 조절 장애를 겪어 몸이 스트레스를 받은 상태에서 생리 작용이 발생했고, 어머니의 그런 몸 안에 내가 있었던 것이다. 만일 어머니가 자신의 몸 안에서 안전하다고 느끼지 못했다면, 자식인 나도 발달 과정에서 모체 안에서 안전하다고 느끼지 못했을 것이다.

내 어머니는 마흔둘의 나이에 나를 임신했다는 사실을 알게 되었다. 언니를 낳은 후 15년이나 지난 후였다. 또 다른 아이를 가지려고 노력하지도, 기대하지도 않은 나이였다. 게다가 건강에 대한 만성적인 불안을 안고 살았기 때문에 아침마다 속이 울렁거리기 시작하자 위암이라고 추측하셨다. 나는 의사가 임신이라고 말했을 때 어머니가 두려워했을 거라고 생각한다. 나는 어머니가 또 하나의 걱정거리가 될 셋째 아이에 대한 생각으로 몹시 힘들어했다 해도 이해할 수 있다.

어머니 뱃속에서 자라나는 동안 나는 어머니의 스트레스와 걱정을 고스란히 흡수했다. 걱정 근심은 어머니에게 정상적인 상태였지만, 고령의 출산이기에 더 심해졌다. 어머니는 불안했고 자신으로부터 단절되어 있었기 때문에 자신의 감정이나 코르티솔 수준을 조절하지 못했고, 그 결과 뱃속에 있는 나도 그렇게 할 수 없었다. 나는 자궁 안에서 몸에 스트레스를 너무 많이 받아서 엄지손가락에 손가락을 빤 자국이 남아 있는 채로 태어났다. 태어나기 전부터 필사적으로 스스로를 위로하려고 애를 쓴

나에 대해 연민을 느낀다. 압도된 신경계를 진정시킬 수 없었기 때문에, 나는 아마도 이미 조절되지 않은 상태로 내 몸 안에서 안전함을 느끼지 못한 채 세상에 발을 내디뎠을 것이다. 내 경험은 연구 결과에 의해 뒷받침된다. 연구에 따르면, 산모의 몸에서 스트레스 호르몬인 코르티솔 수준이 올라가면 발달 중인 태아의 편도체 부피가 커져 조절되지 않은 스트레스 반응과 불안 행동으로 이어질 수 있다.[21]

성장하면서 나는 나만의 욕구나 다른 욕구를 표현할 여지는 거의 또는 전혀 없다는 무언의 메시지를 가족으로부터 계속 받아 흡수했다. 그래서 점차 욕구를 표현하지 않게 되었다. 구세대 부모 슬하에서 자란 많은 사람이 겪었듯이, 우리 집에는 대공황 시절의 정서가 남아 있었다. 식탁에 먹을 음식이 있고 머리를 가려줄 지붕이 있으면, 정서적 지지를 비롯한 다른 그 무엇도 필요하지 않다는 생각이 지배적이었다.

이탈리아계 미국 가정에서 자란 나는 어머니가 음식을 사랑과 보살핌의 표시로 사용하는 고도로 의례화된 식습관을 보고 자랐다. 매일 밤 우리는 한 가족으로서 '저녁 식사 시간'에 모여 밥을 먹었다. 그게 우리 집에서는 아버지가 퇴근하고 귀가하신 직후인 저녁 5시 30분이었다. 무슨 일을 하고 있었든 간에 저녁 식사 시간에 참석하는 일을 의무 또는 무언의 기대라고 느꼈다. 오빠의 가족과 삼촌 두 분이 커다란 솥에 담긴 이탈리아식 파스타와 소스(자라면서 나는 그것을 그레이비라고 부르기 시작했다)를 먹기 위해 건

너오는 일요일에는 특히 그랬다. 어머니는 우리 모두와의 관계에서 깊은 불안정을 느꼈기 때문에 사랑을 보여주는 주된 방법으로 음식을 이용하셨다. 대개 어머니는 그런 식사 시간 동안 우리에게서 인정을 바라셨다. 이를테면 어머니의 음식이 맛있다고 칭찬하거나 우리의 인정과 사랑을 보여주는 신호로서 접시를 싹싹 비우기를 기대하셨다. 어머니를 기쁘게 하고 싶어서 나는 내 몫을 전부 다 먹고서, 어머니가 "지금 더 먹어 둬. 그래야 나중에 배고프지 않지"라고 말씀하시면 두 번째 접시를 해치우곤 했다.

이렇게 음식은 우리 가족 안에서 지속적인 교감의 주된 수단 가운데 하나였다. 그뿐 아니라 그렇게 음식을 함께 먹으며 내 몸이 거부할 때조차 다른 사람의 기대와 감정에 맞추는 게 중요하다고 배웠다. 나는 배가 고프지 않거나 음식 맛이 싫어도 누군가의 기분을 상하지 않게 하려고 주변 사람들이 편리한 때에 주어진 음식을 먹곤 했다. 어머니를 실망시키거나 어머니의 요청을 거절하지 않기 위해 더 먹어두라고 하시면 더 먹었다. 성인이 되어서도 주변 사람들의 스케줄, 욕구나 제안에 따라 내 식사 시간을 정하고 메뉴를 선택함으로써 이러한 습관을 이어갔다.

또한 일관된 시간에 자고 규칙적으로 신체 활동을 하는 게 우리 집에서는 중요하지 않았고 누군가 본보기를 보이지도 않았기 때문에 식사를 제외한 그 밖의 신체적 욕구를 간과하도록 배웠다. 정해진 취침 시간이 없어서 가족들과 늦게까지 텔레비전을 함께 시청하곤 했다. 운동경기에 참가하는 것(우리 가족에게 성공한 모습을 보여주고 싶은 마음에 참가했다) 말고는 운동하라는 말을 듣지 못했고, 아버지가 활동적이긴 했지만 어머니는 자주 아파 소파에 누워 계셨다.

신체 치수나 건강에 대한 일상적인 발언이나 비판 외에 가족 누구도 그들의 몸에 대해 대놓고 말하거나 보여주지 않았다. 나는 집에서 누구의 나체도 본 적이 없어서 나체를 보여주면 안 되는 거라고 생각했다. 신체를 많이 드러내면 불편하다고 느끼는 한 가지 이유이기도 하다. 나는 어머니와 사춘기나 여성의 생리 주기에 대해 대화한 적이 없어서 어머니에게 내가 언제 생리를 하는지 말하지 않았다. 그 나이에 이미 발달하고 있는 내 몸에 대해 대단히 수치스럽게 느껴서 어떤 식으로든 그런 경험을 누군가와 공유한다는 것은 상상할 수도 없었다. 이 뿌리 깊은 수치심으로 인해 내 몸에 대해 비판적이고 무정한 관계를 맺게 되었고, 자주 나의 기본 욕구를 간과하며 자기 돌봄을 급하게 처리하거나 몸을 대충 관리했다.

내 몸과 단절하자 감정과도 단절하게 되었다. 잠을 충분히 자거나 건강한 방식으로 움직이지 않았고, 몸에 염증을 일으키고 스트레스를 주는 음식을 먹었다. 그러자 안 그래도 감당하기 힘든 감정을 조절하기가 더 어려워졌고, 이런 증상은 세상에 대한 나의 인식에 계속 부정적인 영향을 미쳤다.

시간이 흐르자 가족들이 '그 무엇에도 신경 쓰지 않는 니콜'이라고 부를 정도로 냉정하고 초연한 겉모습을 갖게 되었다. 방임,

외로움, 수치심이라는 뿌리 깊은 감정으로 꽉 찬 나의 내면세계의 고통스러운 현실을 숨기기 위해서였다. 온전한 나 자신의 모습으로 존재할 수 있는 안전과 안정을 느끼지 못했기 때문에 외적인 태도를 이용하여 점점 커가는 무가치하다는 느낌으로부터 나를 보호했다. 취약점을 절대 보이지 않는다면, 취약해지거나 거부당했다고 느낄 위험에 처하지 않을 거라고 생각했다.

나를 계속 보호하기 위해 내 외모에 지나치게 집중하고 완벽주의적인 태도를 갖게 되었다. 시간이 흐르며 내 몸에 쌓인 다양한 상처들을 강박적으로 살펴보거나 숨기느라 애를 썼다. 습관적으로 옷과 신발의 먼지와 얼룩을 제거하며 마모나 다른 결점의 흔적을 없애려 했다. 이런 강박적인 행동은 물리적 환경에까지 이어져 어린 시절에는 내 몸에 쌓여가는 스트레스와 긴장을 완화하기 위해 침실에 있는 물건들을 미친 듯이 정리했다. 우리 가족의 눈에는 이 모든 행동이 내 정체성이나 '별난 성격'의 일부로 보였다. 하지만 사실 그런 행동들은 신경계를 조절하고 감당하기 힘든 감정을 관리하기 위한 나의 대처 기제였다.

결국 나는 내 몸으로부터 내가 얼마나 단절되었는지, 내 신체적 자기 안에 얼마나 많은 스트레스를 안고 사는지 인식하기 시작했다. 물론 10~20년 동안 깨닫지 못했지만, 내 몸은 스트레스 상태에 갇혀 있어서 시간이 흐를수록 특히 등, 목, 턱의 근육이 뻣뻣해지고 수축했다. 몸의 긴장이 증가하자 내 몸은 내가 휴식하거나 이완할 수 있는 안전한 장소로 전혀 느껴지지 않았다.

《내 안의 어린아이가 울고 있다》에서 말한 대로, 나는 몇 개월 사이에 두 번이나 기절한 적이 있었다. 한 번은 어린 시절 친구의 집에서였고, 또 한 번은 명절에 가족이 다 모여 상당한 시간을 보낸 후였다.

내 몸은 신경계의 조절 장애, 감당하기 힘든 감정, 아동기 트라우마에 의해 압도되어 차단하기 시작하고 있었다. 산업용 동물 사육에 대해 알게 된 후 20대 중반에 비건vegan(동물성 제품을 전혀 섭취하거나 사용하지 않는 사람—옮긴이)이 되겠다고 결심했을 때 내 건강을 챙기고 있다고 생각했지만, 나는 여전히 내 몸과 충족되지 않은 신체적 욕구에 귀 기울이지 않고 있었다. 대부분의 사람들처럼 자동 조종으로 작동하며 그냥 주변에 있는 음식이나 다른 사람들이 먹는 음식을 그들이 먹을 때 먹고, 운동은 거의 하지 않으면서 내 몸에 진정한 휴식을 주지 않고, 수면을 별로 중요하지 않게 여기며 살았다. 이 모든 게 어린 시절 익힌 습관이었다.

물론 적극적인 주의를 기울이지 않은 채 일을 처리하면 매일 헤쳐나가야 하는 많은 복잡한 경험들에 대처하는 데 도움이 된다. 가령 먹을 것을 확보하거나 매일 통근을 어떻게 할지 정하고, 변화하는 사회적 예절을 인식할 때 그렇다. 하지만 일상에 무념무상으로 임하는 습관적인 경향 때문에 음식의 맛도 음미하지 않은 채 먹고, 휴식이 필요할 때 근육을 과도하게 사용하고, 실제로 다른 사람들과 교감하지 않은 채 상호작용하게 될 수 있다.

내 몸이 수십 년간 충족되지 않은 신체적 욕구와 축적된 감정에 압도되었기 때문에 신체 감각을 느끼거나 그것을 이해하기 위해 내 몸 안에서 많은 시간을 보내는 게 편하지 않았다. 내 심장이 얼마나 빠르게 뛰는지, 혹은 내가 주변의 공기를 얼마나 깊이 또는 차분하게 들이마실 수 있는지, 내 에너지가 제약받았는지 아니면 가벼운지, 근육이 어떤 느낌인지 전혀 알지 못했다. 이러한 감각들이 매일 매 순간 나의 전체적인 정서 상태를 만들었지만, 나는 그런 감각들에 주의를 기울이지 않았다. 게다가 왜 주의를 기울여야 하는지 혹은 어떻게 주의를 기울일 수 있는지조차 알지 못했다.

내 영혼의 어두운 밤 동안 나는 신체에 대해 많이 배웠고, 그때 우리 안(근육과 근막과 기관을 구성하는 세포 안)에 감정이 산다는 것을 발견했다. 마음의 문제는 신체에 담겨 있다는 속담(your issues are in your tissues)이 그야말로 사실이었다. 몸이 트라우마에 대해 생물학적 반응(호르몬, 신경, 세포 반응)을 할 때 감정이 활성화된다. 이런 사실에 몹시 놀라고 영감을 받은 나는 시간을 더 들여 매일 내 몸을 의식적으로 인식했고, 이런 노력에 도움이 되고자 미래의 자기 일기Future Self Journal, FSJ를 작성했다. (이 일기장의 무료 사본과 작성법에 관한 설명은 나의 웹사이트 www.theholisticpsychologist.com에서 내려받을 수 있다.)

그토록 오랫동안 내 몸과 단절되어 있었기 때문에 처음에는 내 몸 안에서 무슨 일이 벌어지는지 느끼기가 어려웠다. 심장박동은 자주 불규칙했고, 호흡은 얕고 답답했으며, 턱은 항상 힘이 잔뜩 들어가 있었다. 동시에 그러한 감각들이 내게 뭔가를, 이를 테면 내가 두려움과 스트레스의 상태에 있다고 말해준다는 것을 알게 되었다. 신경계 조절 장애가 나를 차단하게 만들었고, 내가 기절(경직 반응의 진행)을 하고 남들이 쉽게 기억하는 과거의 순간들을 기억하지 못하는 이유를 설명해 주었다. 나는 기본적으로 압도된 느낌에 대해 무감각해진 상태에서 살고 있었다.

감정의 진화론적 기능과 신경계 반응에 대해 알게 되자 내가 내 몸 안에서 진정으로 편안함이나 평온함을 느끼지 못하는 이유를 이해하게 되었다. '완벽한' 외모나 환경에도 오직 일시적으로만 차분한 이유가 설명되었다. 또한 아주 어린 나이부터 내가 의존해 온 술과 약물들이 내면의 뿌리 깊은 고통을 결코 없애주지 못하는 이유도 설명되었다.

이런 깨달음이 놀랍긴 하지만, 더불어 놀랍도록 내게 큰 힘을 주어 신체 의식을 만들 수 있는 길로 나를 인도했다. 나는 미래의 자기 일기를 이용해서 매일 여러 차례 내 몸을 점검하겠다는 일일 목표를 기록했다. 그러고 나서 한두 시간에 한 번꼴로 휴대전화에 알람을 설정해서 신체 의식 점검을 실시했다(100쪽 참조).

이 훈련으로 내 신체적 욕구를 충족하기 위해 내가 얼마나 자주 다른 사람을 찾았는지, 그리고 스스로 나를 돌보는 법을 알고 있을 때조차 얼마나 많이 어머니에게 건강에 관한 조언을 얻고자 의지했는지 알게 되었다. 건강 문제에 대한 나의 스트레스나 걱정을 공유하는 것은 어머니나 다른 사람들과 정서적으로 교감하려는 시도라는 것을 보다 분명하게 이해하게 되었다. 아침에 짬을 내어 내 몸과 교감하고 돌보는 대신 해야 할 일들에 뛰어들며 나의 '의무'나 '성취'를 우선 앞세우는 게 얼마나 일상화되었는지도 알 수 있었다. 아울러 업무 이메일 보내기와 같은 과업을 먼저 완수함으로써 휴식이나 이완의 순간을 '벌어야' 하는 것처럼 느끼며 항상 끝도 없는 해야 할 일들을 '완수'하려고 나를 몰아붙인다는 것도 알게 되었다.

나는 성인이 된 내가 어린 시절 이후 내 안에 살아온 조절 장애를 어디를 가든 지니고 다니는 모습을 보기 시작했다. 의식적인 생각의 고리를 따라 돌고 도는 대신 내면을 들여다보고 내 몸과 시간을 더 많이 보낼수록 내 신체 감각을 지각하고 신경계가 활성화될 때를 알아차리는 능력이 커졌다. 내 안에서 뭔가 더 심오한 일이 일어나고 있음을 알게 되자 무엇이 내 반응을 촉발시키는지 호기심이 생기기 시작했다.

시간이 지나자 실제로 배가 고프거나 몸을 움직이거나 휴식을 취해야 할 때를 식별하는 능력이 커졌다. 그 덕분에 전반적으로 더 안정적이 되고 짜증도 줄었다. 수년간의 스트레스와 그로 인한 긴장으로 경직되고 위축되었던 몸의 근육들을 풀기 위해 스트레칭을 시작하고 좀 더 영양가 있는 음식을 먹기 시작했다. 생애 처음으로 규칙적인 수면 스케줄을 유지하며 나의 자연스러운 하루 리듬을 태양과 맞추기 위해 좀 더 일찍 자고 일찍 일어났다. 거의 매일 몸을 움직이고 꾸준히 스트레칭을 하면서 필요할 때 휴식을 취했다.

내 몸에 좀 더 연결되자 신경계가 활성화된다고 느낄 때마다 스스로 안전을 확보하는 훈련도 실시했다. 그런 느낌이 들고 내가 차단되거나 경직 반응에 돌입하는 것을 감지할 때, 윔 호프 호흡법wim Hof Method을 실시했다. 이 호흡법은 교감신경계를 활성화하여 부교감신경에 의해 차단되는 상태로부터 벗어나게 한다. 내가 지나치게 자극받거나 투쟁-도피 모드에 돌입하는 것을 알아차리면, 진정하기 위해 느리고 깊은 복식호흡을 몇 차례 실시했다. 이러한 다양한 호흡법에 대해서는 237쪽에서 다룰 것이다.

현재 나는 신경계를 조절하고 감정을 견뎌내는 데 도움이 되도록 의도적인 호흡과 여타 몸-마음 훈련들을 사용한다. 대부분의 사람이 그렇듯 나도 관계 안에서 자주 활성화되기 때문에, 내 감정을 이해하고 관리하는 데 도움이 되고자 주변에 다른 사람들이 있을 때 혹은 그들에게 충동적으로 반응하기 전에 신체 의식을 실시하려고 노력한다. 연인이 내가 원하는 만큼 빨리 답장을 보내지 않아 관계가 불안하다는 걱정이 들기 시작하면, 내 몸을 점검하고 신체 의식을 위한 멈춤을 실시한다. 심박수가 상승하고, 얼굴이 상기되고, 에너지가 동요된다고 느끼면, 내 신경계가 스트레스 반응 상태라는 것을 안다. 이러한 느낌들이 실제이긴 하지만, 이젠 새로운 상처가 아닌 오래된 상처에 반응하고 있을 가능성을 인정할 수 있다. 이러한 이해 덕분에 나는 내 상황을 재해석할 수 있다. 연인이 나를 여전히 사랑하며 단지 여유가 필요할 따름이거나 뭔가 스트레스를 받고 있기 때문에 혼자만의 시간이 필요한 것일 수 있다. 그런 순간이면 나는 빈정거리는 문자를 보내거나 나중에 후회할 짓을 하지 않도록 내 몸을 진정시킬 수 있다. 예를 들어 산책을 가거나, 깊은 복식호흡을 하거나, 야외로 나가 잔디밭에 발을 디뎌도 좋다. 이런 모든 활동이 내 몸이 다시 안전하게 돌아오는 데 도움이 된다. 심박수가 떨어지고 에너지가 다시 가벼워지면, 상황을 좀 더 침착하고 객관적으로 재평가할 수 있다.

사실 나는 여전히 신체 의식을 꾸준히 유지하는 데 애를 먹는다. 신체 감각으로 살고 그것을 느끼는 대신, 때로 내 몸을 간과하고 끊임없이 산만한 생각들을 하고, 머릿속으로 끝없는 해야 할 일들을 되짚어 본다. 또는 몇 시간씩 아무 생각 없이 텔레비전을 시청하여 멍해짐으로써 내 몸으로부터 도망간다. 그런 순간이면 이러한 행동이 어린 시절 크고 감당하기 힘든 감정들을 조절하기 위한 최선의(그리고 유일한) 방법이었음을 이해하고 나에게 자비와 연민을 베푼다. 가끔은 여전히 좋아하는 텔레비전 프로그램을 한두 시간 시청하며 정신을 빼앗긴다. 그런 순간들이 내가 유독 스트레스를 받거나 압도될 때 신경계가 균형을 다시 잡고 재충전하기 위해 필요한 휴식을 줄 수 있음을 알기 때문이다.

다행히도 나는 이제껏 충분히 오랫동안 내 몸에 주의를 기울여 왔다. 그래서 이제 내가 내 몸과 연결되고 그것에 귀 기울이면 주변에서 혹은 관계 안에서 무슨 일이 벌어지든 상관없이 내 욕구를 더 잘 충족하고 신경계를 진정시킬 수 있다는 것을 안다. 내가 차분하고 안정적이고 나 자신과 연결되어 있으면, 다른 사람들과 있을 때 차분하고 안정되고 연결될 수 있는 능력이 더 커진다. 내가 나로 존재할 만큼 충분히 안전하다고 느끼는 순간에만 내가 진정으로 당신에게 연결될 수 있는 기회가 생긴다.

내 몸 안에 오롯이 존재하는 법

• •

다른 사람과 진정으로 연결되는 여정의 첫 단계는 신체 의식을 실시하여 자신의 몸 안에 오롯이 존재하는 법을 배우는 것이다. 자기 몸 안에 존재하는 데 주의를 더 많이 꾸준히 기울이기 시작하면, 몸의 다양한 정서 상태를 조절하는 데 도움이 되는 의도적인 선택을 할 수 있다. 이것이 바로 정서적 회복력을 키우는 방법으로, 정서적 회복력을 키우면 자기 자신이나 관계에 이롭지 않은 방식으로 반응하거나 행동하지 않고도 감정을 느낄 수 있는 기회가 생긴다. 또 정서적 회복력이 있으면 스트레스와 기분 나쁜 감정들을 다룰 수 있고, 습관적이거나 조건화된 반응에 계속 갇혀 있는 대신 변화하는 상황에 유연하게 대처할 수 있다.

많은 사람이 아주 오랫동안 자기 몸에서 단절되어 있는 터라 다양한 신체 감각을 느끼며 시간을 보내는 일이 처음에는 어려우면서도 불편할 수 있다. 심장이 빨리 뛰는지 느리게 뛰는지, 에너지가 열려 있고 활기찬지 아니면 제한적이고 무거운지 구별하지 못할 수도 있다. 하지만 2장에서 배운 대로 매일 신체 의식을 위한 멈춤을 실시하면 자기 몸의 감각과 다시 연결되는 데 도움이 된다.

신체 의식을 이용하여 당신의 감정을 주시하라

3장에서 살펴봤듯 우리가 어떤 특정 반응을 경험하고 있는지뿐만 아니라 언제 우리가 스트레스 반응에 있는지 파악하는 법도 배울 수 있다. 만일 우리가 경직 또는 차단 반응에 있어서 주변에서 벌어지는 일로부터 단절되어 있음을 알아차리고 파악할 수 있으면, 몸을 열심히 움직이고 흔들어 깨워 현재 순간에 다시 연결될 수 있다. 투쟁-도피 반응에 있어서 과도하게 자극받은 상태라는 것을 알아차리면, 보다 느리게 움직이고 호흡하여 진정할 수 있다. 일단 몸이 안전한 느낌으로 돌아가면 다른 사람들과 교감하기 위해 자신을 다시 개방할 수 있다.

정서 경험을 전환하기 위해 우리가 실제로 느끼는 신체 감각을 이용할 수 있도록 몸에서 얼마나 다양한 정서 상태가 느껴지는지 주시하는 법을 배울 수도 있다. 명심하라. 사람들은 감정을 조금씩 다르게 경험하므로 한 사람에게 두려움을 나타내는 신체 감각이 다른 사람에게는 흥분을 나타낼 수도 있다. 동시에 누구나 여

정서	감각	메시지
분노	근육의 긴장 상기된 얼굴 악문 턱/두근거리는 관자놀이 꽉 쥔 주먹 언성이 올라가거나 시끄럽게 말함	경계의 침해 또는 충족되지 않은 욕구
슬픔	무겁거나 에너지가 별로 없음 어깨가 축 처짐 미소 짓는 게 어려움 목이 막힌 느낌 가슴이나 배의 통증 말할 때 생기가 없거나 징징거림	상실
공포	심박수 상승 떨림 초조하거나 속이 울렁거림 호흡이 가빠짐/짧아짐 땀이 남(손과 겨드랑이) 말이 빨라지고 입이 마름	안전에 대한 위협
기쁨/행복	가볍고 확장적인 에너지 전신의 온기 미소 짓거나 소리 내어 웃음 말할 때 쾌활함	관심, 즐거움 또는 행복
혐오	속이 갑갑하거나 울렁거림 (토할 수도 있음) 코를 찡그리거나 막음 피하는 시선/몸짓	(신체적, 정서적, 도덕적으로) 불쾌한 것에 대한 혐오감
놀람	심박수와 전반적인 에너지의 상승 과도한 주의 집중/눈으로 살피기 눈이 커지고 입을 벌림 (숨을 들이쉴 때처럼 입을 살짝 벌림)	뜻밖의 사건 또는 무너진 기대

섯 가지 핵심 정서, 즉 분노, 슬픔, 공포, 기쁨/행복, 혐오, 놀람을 유사한 방식으로 경험한다. 다음 표는 신체 감각에 따라 정서를 파악하는 방법과 이러한 감각이 보내는 메시지를 보여준다.

이 훈련을 하면 정서에 대한 인식이 발달되어 감정이 생길 때 주시하는 법을 배울 수 있다. 신체 감각을 파악하기 위해 신체 의식을 사용하면 그러한 감각을 변화시키도록 의식적으로 노력하여 주변 세상에 대한 정서 경험을 바꿀 수 있는 기회가 생긴다.

꽤 오랫동안 존재해 왔을 수 있는 다양한 신체 감각들을 인식할 수 있게 되면, 정서 경험에 대해 생각하거나 말하는 방식을 관찰하는 것도 도움이 된다. 만일 "나는 무서워, 스트레스 받고 있어, 또는 화가 나"와 같이 생각하거나 말함으로써 특정 감정이나 전반적인 정서 상태와 과도하게 동일시하려는 충동이 감지되면, "'나의 일부'가 두려워, 스트레스 받고 있어 또는 화가 나"라고 말하는 훈련을 한다. 이 훈련을 꾸준히 하면 종종 동시에 경험할 수 있는 다양하고 많은 감정을 느낄 수 있는 여력이 생긴다. 이렇게 동시에 다양한 감정을 느끼는 것은 인간의 정서 경험이 갖는 다면성을 보다 정확하게 반영한다.

신경계를 조절하여 안전을 조성하라

우리는 오랫동안 스트레스를 받으며 살아왔지만, 신경계는 언제든지 조절될 수 있다. 주변에서 무슨 일이 벌어지든 상관없이 스스로 안전을 확보할 때, 불편한 감정에 대한 내성을 높이고, 환경과 다른 사람들을 좀 더 정확하게 인식하고, 사랑하는 사람들과 교감할 수 있는 방식으로 차분하고 친절하게 반응하게 된다.

지금부터 신경계 조절을 지원하는 데 필요한 내적 안전을 조성하는 가장 효과적인 훈련들을 소개한다. 의도적인 호흡과 그라운딩 같은 일부 방법들은 즉각적인 안전감을 만들 때 사용하면 가장 좋다. 영양, 수면, 기 운동, 경계 설정 같은 방법들은 장시간에 걸쳐 신체적 욕구를 보다 꾸준히 충족하는 데 도움이 될 수 있는 생활 양식의 변화다. 어떤 사람들은 하루만 영양가 있는 식사를 하거나 하룻밤의 숙면만으로 혹은 기 운동 1회만으로도 신경계를 진정시키는 데 도움이 되었다고 생각한다. 하지만 대부분이 너무 오랫동안 신체적 욕구를 간과하고 살았기 때문에 효과를 보려면 시간을 들여 이러한 습관을 꾸준히 실천해야 한다.

다음에 제시한 다양한 훈련들을 실시하면 당신이 어디에 주의를 쏟고 있는지 알아차릴 수 있다. 걱정이나 기분 나쁜 생각에 빠져 있다면, 이를테면 신경계를 활성화한 경험을 곱씹고 있다면, 당신의 몸은 계속 스트레스 상태에 머물러 완전히 진정할 수 없다. 다음에 제시한 훈련들을 열심히 하면서 자신과 자신의 몸에 대해 계속 인내심을 가져야 한다. 하룻밤 사이에 조절 장애가 된 것이 아니기 때문에 신경계를 조절하려면 하루 이상의 훈련이 필요하다. 또한 모든 훈련법을 동시에 실행할 필요는 없다. 눈에 들어오는 하나를 택하여 거기서부터 시작하라. 미래의 자기 일기를 이용하면 며칠, 몇 주, 몇 개월 동안 그 한 가지 방법을 연습하기 위한 일일 목표를 설정할 수 있다.

의도적인 호흡 훈련

신경계를 조절하는 효과적인 방법 가운데 하나는 바로 호흡을 이용하는 것이다. 윔 호프 호흡법과 같은 일부 호흡법이 경직 또는 차단 반응을 완화하는 데 적합한 반면, 투쟁-도피 반응을 진정시키는 데 더 잘 맞는 호흡법이 따로 있다. 인간은 누구나 고유하므로 당신에게 가장 유용한 호흡법이 무엇인지 알아내기 위해 다양한 방법들을 시도해 보길 권한다.

- **복식호흡** | 이 호흡은 교감신경계가 주도할 때 신경계를 이완시킴으로써 투쟁-도피 반응을 진정시킬 수 있다. 스트레스를 받을 때마다 복식 호흡을 실시하고 아침에 일어난 직후에 또는 잠자리에 들기 전에 실시하여 일상의 루틴에 포함시킨다.

  1. 몇 분간 이완할 수 있는 편안한 자세나 안전한 공간을 찾는다. 앉거나 누울 수 있으면 가장 이상적이지만 서서도 할 수 있다.
  2. 가슴에 한 손을 올리고 다른 손은 흉곽 바로 아래에 둔다.
  3. 코로 깊이 숨을 들이마시며 배가 올라가는 것을 느낀다.
  4. 입술 사이로 서서히 내뱉고, 몸과 흉부에서 공기가 빠져나가는 것을 느낀다.
  5. 1~2분 동안 반복한다.

6. 신체 감각들을 다시 평가하여 심박수가 떨어지는지, 근육
   이 이완되는지, 에너지가 차분해졌는지 감지한다.

- **윔 호프 호흡법** | 이 호흡법은 경직 또는 차단 반응에 갇혀 있
  거나 부교감신경계가 주도할 때 신경계에 에너지를 실어줄
  수 있다. 경직되거나 단절되거나 무감각해졌다고 느낄 때마
  다 이 호흡법을 실시하고, 자주 이런 상태에 있다면 이 호흡
  법을 일상의 루틴에 포함시킨다.

  1. 몇 분간 머물 수 있는 있는 편안한 자세나 안전한 공간을
     찾는다.
  2. 코로 빠르고 깊게 숨을 들이마시고 입으로 내뱉기를 30회
     실시한다.
  3. 한 차례 깊이 들이마시고 내뱉기를 실시하는데, 다시 들숨
     이 필요할 때까지 날숨을 유지한다.
  4. 다시 최대한 깊이 들이마시고 10초간 참는다.
  5. 몸에 에너지가 생기기 시작한다고 느끼거나 의식이 현재
     상태로 돌아온다고 느낄 때까지 반복한다.

자연 속에서 그라운딩하기

맨발 걷기earthing 또는 그라운딩grounding으로 알려진 자연과
의 신체 접촉은 인체를 가장 깊은 수준에서 안정시키고, 신체 기
능의 거의 모든 측면의 균형을 잡아주고 개선한다.[22] 그라운딩을
실시하면 자연과 공동 조절을 하거나 자연의 에너지를 사용하여

우리 몸을 안전하게 되돌릴 수 있다. 이것은 미신적인 사고가 아니라 과학이다. 지구의 전하가 인간의 부교감신경계를 활성화하고, 심박 변이도HRV를 개선하고(이에 대해서는 8장에서 더 자세히 다룰 것이다), 염증을 줄이고, 수면을 개선하고, 에너지를 높여주고, 고통을 완화하고, 스트레스를 줄이고, 전반적인 웰빙을 높이고, 심박 변이도를 포함하여 인체의 생물학적 리듬을 정상으로 돌린다고 증명되었기 때문이다.[23] 심지어 지평선을 바라보는 것같이 눈을 좌우로 움직이는 것마저도 부교감신경계를 활성화하여 몸과 마음에 진정하라는 신호를 보내는 데 도움이 된다. 가능할 때마다 매일 최소 30분씩 야외에서 시간을 보내며 자연과 신체적으로 교감하면 좋다.

다음은 자연과 공동 조절하는 데 도움이 되는 방법들이다.

- 잔디밭에 맨발로 서거나 앉는다.
- 바다, 강 또는 호수에서 수영한다.
- 맨발로 해변을 걷는다.
- 나무를 끌어안거나 나무에 기댄다.
- 정원을 가꾸거나 땅에서 일한다.
- 눈사람을 만들거나 눈밭에 누워 팔다리를 휘젓는다.

안정감을 위한 영양 섭취

● ●

신경계에 염증을 일으키는 음식을 먹고 있다면 안전하다고 느끼고 감정을 조절하기가 어렵다. 마이크로바이옴은 장내에 서식하는 수많은 미생물로, 마이크로바이옴의 건강은 장뇌축으로 알려진 경로 때문에 중추신경계의 건강에 직접적으로 영향을 미친다. 대부분의 사람들이 건강에 좋지 않은 장내 미생물을 필요 이상으로 많이 가지고 있으며, 이로 인해 장내 세균 불균형이 발생하여 질병과 신경계 조절 장애의 위험이 높아진다.

장내 유해 박테리아의 수가 유익한 박테리아보다 많을 때 장누수 증후군을 겪는다. 이 질병은 대장을 이루는 세포들이 약화되어 독성과 음식 분자들이 혈류에 유입되고, 그 결과 염증과 신경계 조절 장애를 일으킬 때 발생한다. 여러 요인이 장누수를 일으킬 수 있는데, 가령 지나친 스트레스, 글루텐, 가공 설탕이나 술, 영양학적으로 불균형한 식단, 약품의 과도한 사용이 원인이 될 수 있다.[24]

몸에 염증을 일으키지 않고 영양분을 공급해 주는 유기농 식품이나 자연식품 위주로 먹으면 장내 미생물 불균형, 장누수, 신경계 조절 장애를 치료하는 데 도움이 된다. 가공식품을 줄이고 자연식품을 더 많이 먹기 시작했을 때, 한두 달이 지나자 나는 몸이 더 차분해지고 조절이 잘된다고 느꼈다. 영양에 좋은 생활 습관으로 바꾸는 일은 하루아침에 할 수 있는 일이 아니기 때문에 며칠이나 몇 주가 아니라 더 장기간 유지할 수 있는 식단으로 변경하는 게 중요하다. 무엇을 먹을 수 있고 먹을 수 없는지에 대해 이분법적으로 사고하지 말고, 특정 식품을 우선적으로 섭취하고 나머지는 섭취를 줄이는 방법을 생각하면 좋다.

신경계 조절을 위해 우선 섭취해야 할 음식

- **자연식품** | 가공되지 않거나 최소한만 가공된 자연식품을 소비하면 신경계에 염증을 일으키는 식품의 섭취를 최소화할 수 있다. 그렇긴 하지만 이러한 식품은 대체로 가공식품에 비해 비싸거나 구하기가 쉽지 않다. 간혹 합리적인 가격의 자연식품을 마을 정원, 음식 공유 프로그램, 협동조합, 무료 식품 배급소 등을 통해 찾을 수 있다.

- **비타민 B 고함량 식품** | 비타민 B, 특히 비타민 B_{12}와 엽산은 신경계를 지원하고 불안과 우울증과 같은 기분 장애를 예방하는 데 결정적인 역할을 한다.[25] 대부분의 사람들은 비타민 B, 특히 고기, 유제품, 계란과 같은 동물성 식품에서만 찾아볼 수 있는 비타민 B_{12}를 충분히 섭취하지 않는다. 나는 오랫동안 유기농 식품과 자연 방목 동물성 식품을 피하다가 마침내 이러한 식품들을 더 많이 섭취하기 시작하고 나서야 기분의 현저한 변화를 느꼈다. 메틸화된 B_{12}라고 불리는 제품과 엽산 영양제를 섭취해도 좋다. 메틸화된 B군은 MTHFR 유전자의

유전적 변이가 있는 사람들도 흡수할 수 있다. 이 변이는 B_{12} 또는 엽산을 적절히 소화하지 못하게 막는 흔한 질환이다. 새로운 영양제를 섭취하기 전에 반드시 담당 의사나 약사와 상담해야 한다.

- **어류에서 추출한 오메가-3 지방 고함량 식품** | 에이코사테트라엔산$_{EPA}$ 및 도코사헥사엔산$_{DHA}$은 주로 지방이 많은 해산물에서 발견되는 어류 추출 오메가-3로 신경계 건강, 인지 건강, 기분 장애의 예방 등 다양한 생리적 기능을 위해 필요하다. 오메가-3 지방은 아마씨, 호두, 치아씨와 같은 식물에서도 발견되지만, 어류 추출 오메가-3(EPA와 DHA)가 신경계의 건강과 조절에 단연 가장 이롭다. 연어, 정어리, 고등어, 대구 간유, 송어, 홍합, 굴, 그리고 참치에 함유되어 있다.

- **비타민 D 고함량 식품** | 비타민 D는 신경계를 조절하고, 기분을 고양하고, 생체 시계를 맞춰 낮에는 더 많은 에너지를 느끼고 밤에는 숙면하는 데 아주 중요하다. 햇볕 쐬기는 인체가 비타민 D를 합성하는 데 도움이 되지만, 우리 대부분은 햇볕을 많이 쐬어도 충분한 양의 비타민 D를 섭취하지 못한다. 인간의 피부는 위도 37도 위에서는 비타민 D를 충분히 만들 수 없는데 미 대륙 대부분이 여기에 해당되며, 여름에도 마찬가지다.[26] 이것이 바로 고지방 생선, 계란 노른자, 치즈, 버섯, 비타민 D가 강화된 저당 식품 등 비타민 D가 많이 포함된 식품을 섭취해야 하는 이유다. 비타민 D는 영양제로 섭취할 수

도 있다. 섭취 용량은 담당 의사나 약사와 상의한다.

- **항산화 물질이 풍부한 식품** | 연구에 따르면 과일, 채소, 콩류, 견과류 및 기타 항산화 물질을 많이 함유한 식물성 식품은 에너지를 공급하고 신경계를 보호한다.[27]

섭취를 최소화해야 하는 음식

주의 | 어떤 종류의 음식이든 줄이거나 제한하는 일은 현재나 과거에 섭식 장애를 앓은 사람에게 적절하지 않을 수 있다. 이에 해당되면 이 단락은 그냥 넘어가도 좋다.

- **설탕** | 설탕은 오늘날 공급되는 식품 가운데 염증을 가장 많이 일으키는 성분은 아닐지라도, 우리가 섭취할 수 있는 식품 가운데 염증을 아주 많이 일으키는 물질이다. 몸에 글루코스가 지나치게 많으면 세포가 스트레스를 받고, 신경계의 조절이 어려워지며, 마이크로바이옴(미생물군집)에 문제가 생길 수 있다. 시간을 갖고 장기간에 걸쳐 설탕 섭취량을 제한하면 설탕에 대한 갈망이 줄어들 수 있다. 가공식품이나 편의식품에는 일반적으로 설탕이 가미되어 있으니 가장 단순한 형태의 자연식품을 주로 소비하면 식품 라벨을 일일이 읽지 않아도 설탕 섭취량을 최소화하는 데 도움이 된다.
- **글루텐** | 임상 연구에 따르면 셀리악 병(글루텐에 대한 면역반응으로, 인구의 1퍼센트가 앓고 있다)이 없는 사람들에게서는 글루텐

이 염증과 관련이 없다. 하지만 밀과 다른 곡물에서 발견되는 단백질을 많이 함유한 식단은 장내 유해 미생물이 많이 번식하게 하고, 장의 투과성에 기여하여 장뇌축의 건강에 해로울 수 있다.[28]

- **가공식품** | 가공식품은 염증을 유발하므로 가능할 때마다 가공식품 대신 자연식품을 섭취하는 것이 신경계의 조절을 도와 스트레스에 대한 회복력을 높이는 가장 간단한 방법이다.
- **술** | 과음이 아니라 해도 매일 밤 와인 한 잔이든 매주 한두 차례 거하게 외식을 하든 알코올이 꾸준히 혈류에 유입되면, 신경계가 침체되어 행동의 장기적인 여파를 생각하는 능력이 손상되고 억제력이 줄어든다. 술이 전두엽 피질의 기능에 미치는 영향 때문에 알코올 섭취는 정서의 불안정과 변동으로 이어져 관계에 부정적인 영향을 미칠 수 있다.

섭취하는 음식에 우선순위를 정하는 것뿐 아니라 먹는 장소나 방법을 바꿔도 신경계에 이로울 수 있다. 너무 많은 사람들이 이동 중 혹은 업무 중 서둘러 먹거나, 스트레스나 화를 유발하는 뉴스를 보거나 읽으면서 먹거나, 연인이나 자녀와 대화하면서 먹거나, 소셜 미디어를 보면서 먹는다. 이런 식의 섭취는 몸의 스트레스 반응을 활성화하여 적절한 영양 공급을 위해 필요한 '휴식 및 소화' 상태에서 벗어나게 할 수 있다. 먹는 방법을 바꾸고 최대한 차분한 환경을 조성하면 우리 몸이 필요한 영양분을 흡수할 가능성이 높아진다.

몸을 진정시키는 수면

••

부교감신경이 주도하는 건강한 상태를 유지하고 다른 사람들과 교감할 수 있으려면 매일 밤 최소 일곱 시간 수면을 꾸준히 취해야 한다. 특히 많은 사람이 그렇듯 만성적인 수면 부족일 때, 수면을 최우선에 두면 관계에 큰 도움이 된다. 에너지원을 충분히 갖고 있지 않으면 동요되고, 짜증이 나며, 인내심이 사라지고, 주변 사람들에게 쉽게 반응할 가능성이 높아지기 때문이다. 하지만 대부분은 수면을 중요하게 여기지 않으며 업무, 친목 모임, 디지털 기기 사용, 좋아하는 텔레비전 쇼를 수면보다 우선시한다. 밤 시간에 학대나 그 밖의 트라우마를 경험한 사람들은 수면 자체를 안전하게 느끼지 못할 수 있으며, 그 결과 잠들기 어렵거나 악몽 때문에 깨어 있을 수 있다. 그러므로 나처럼 잠자리에 들기 전 몸을 진정시키고 부교감신경의 '휴식 및 소화' 시스템을 활성화하는 데 도움이 되는 규칙적인 야간 루틴을 만들면 좋다. 몸을 진정시키는 취침 루틴을 만드는 유용한 방법은 아래와 같다.

• 날이 흐리더라도 몸을 자연광에 노출하기 위해 야외로 나가

는 것을 아침에 가장 먼저 해야 할 일로 삼는다. 아침의 자연광은 우리 몸의 24시간 내적 주기인 일주기 생체 시계를 조절하는 데 도움이 된다. 그러면 밤에 쉽게 잠들고 아침에는 충분히 휴식을 취한 상태에서 기상할 수 있다.

- 잠자리에 들기 최소 한 시간 전부터 소셜 미디어와 스트레스나 화를 유발하는 뉴스를 피한다. 둘 다 뇌를 흥분시키고 뇌에 스트레스를 주기 때문이다. 자기 전에 자극을 피하기 위해 (그리고 밤중에 깨어났을 때 휴대전화를 들여다보는 일을 피하기 위해) 휴대전화를 다른 방에 둘 수도 있다.
- 침대에 눕거나 앉아서 몇 분 동안 깊은 복식호흡을 실시한다.
- 잠자리에 들기 전 부드러운 요가 동작을 실시한다. 보통의 요가보다 느린 속도로 실시하는 인 요가가 특히 도움이 될 수 있다.
- 휴대전화와 그 밖의 모든 와이파이나 블루투스 기기의 전원을 끈다. 신기술로 탄생한 대부분의 기기에서는 전자파와 자기장, 소량의 방사선이 방출된다. 장시간에 걸쳐 이러한 눈에 보이지 않는 에너지에 꾸준히 노출되면 신경계의 기능과 야간 수면에 부정적인 영향을 미칠 수 있다.
- 오늘 벌어진 일이나 내일 벌어질 일에 대해 걱정하고 있다면, 잠자리에 들기 전 혹은 침대에서 몇 분 동안 명상을 한다.

이처럼 몸이 밤에 휴식을 취할 수 있게 준비시키기 위해 수면에 도움이 되는 많은 활동을 하루 종일 실천할 수 있다.

움직임의 방식

• •

신체 활동을 하면 에너지를 사용하고 몸을 통해 에너지를 이동시켜 신경계를 조절하는 동시에 불안, 스트레스, 심지어 우울감을 줄일 수 있다. 규칙적으로 움직이면 고통스러운 감정과 저장된 트라우마를 완화하고, 근육을 다시 키우고, 신경 회로를 새로운 방식으로 다시 만들 수 있다.

인 요가, 스트레칭, 걷기와 같은 부드러운 운동은 우리가 투쟁-도피 모드에 있을 때 신경계를 진정시키는 데 도움이 된다. 반면 격렬한 운동은 경직 또는 차단 모드에 있을 때 교감신경계를 자극할 수 있다. 땀 흘리며 운동을 해본 사람이라면 누구나 알겠지만, 신체 활동을 하면 신경계가 고통과 스트레스에 대처하도록 지원하는 화학물질인 엔도르핀이 방출된다.

몸을 움직이는 방식이 어떤 전통적인 '운동'을 꼭 닮을 필요는 없다. 심지어 가장 부드러운 움직임과 스트레칭마저도 몸에 이롭다. 무엇이든 자신이 즐기는 활동을 하면 된다. 이를테면 거실에서 춤을 추거나, 피트니스 비디오 게임을 하거나, 강아지나 자녀들과 마당에서 뛰면 더 많이 움직이게 된다.

개인적으로 나는 매일 15~30분 동안 스트레칭을 하는 것을 좋아하는데, 때로 유튜브의 요가 강좌('에이드리언과 함께 하는 요가'와 트래비스 엘리엇의 인 요가 수업을 즐겨 본다)를 보며 따라 한다. 며칠에 한 번씩 오래 걷고 좀 더 격렬한 운동을 하려고 노력하며, 반드시 짬을 내어 좋아하는 노래에 맞춰 춤을 추거나 차고 문에 테니스공을 던지는 것과 같이 좀 더 재미있는 활동을 한다.

신경계를 진정시키는 것을 목적으로 운동을 할 수도 있다. 그럴 땐 당신이 경험하는 스트레스 반응에 따라 움직임을 택하면 된다.

- 투쟁, 도피 또는 비위 맞춤 반응일 때, 부교감신경계를 활성화하고 싶을 것이다. 스트레칭, 걷기, 인 요가, 태극권, 기공과 같은 부드러운 동작을 실시하는 게 최선이다. 몇 시간 동안 할 필요는 없다. 우선 집에서, 직장에서 또는 안전하다고 느끼는 곳이면 어디에서든 할 수 있는 동작으로 10분간 실시한다. 혼자 있을 수 있는 조용한 방을 찾거나, 실내에서 안전한 공간을 찾을 수 없다면 야외로 나간다. 인 요가, 태극권, 기공이 처음이라면 유튜브에서 무료로 재능 기부를 하는 훌륭한 선생님들이 제공하는 동영상을 보고 연습할 수 있다. 가장 좋아하는 동작 한두 가지를 배워두면 앞으로 화면을 볼 필요 없이 혼자서도 할 수 있다.
- 경직 반응일 때 또는 단절이나 차단되었다고 느낄 때마다 교

감신경계를 활성화하고 싶을 것이다. 달리기, 줄넘기, 빠른 걸음으로 언덕 오르기, 역기 들기, 빠른 속도로 자전거 타기, 테니스, 농구와 같은 격렬하고 강도 높은 운동을 10분간 실시하는 게 최선이다. 양팔을 휘젓고, 다리를 흔들고, 동시에 코어를 돌리면서 5분간 몸을 격렬하게 흔들어도 좋다. 격렬하게 움직일 수 없거나 다른 아이디어를 찾는다면, 얼음물에 1~2분 동안 손을 담그거나 얼굴을 씻는 저온요법을 시도해 본다.

에너지의 균형을 잡는 법

• •

인체의 모든 세포는 에너지를 생산한다. 우리가 스트레스 반응에 갇혀 있을 때 세포 안의 에너지는 격렬해지고, 닳거나 부족해질 수 있다. 침술, 지압, 감정자유기법Emotional Freedom Technique, EFT의 두드림과 같이 기를 이용하는 방법은 몸의 경락 또는 기가 흐르는 길을 재조정하여 건강하지 못한 기의 균형을 바로 잡는데 유용하다.

• **침술** | 막힌 기를 뚫고 신경계 기능을 자극하기 위해 한의사나 침구사가 가는 침을 혈자리에 놓는다. 연구에 따르면 침술은 교감신경과 부교감신경의 기능 사이에 균형을 잡고 만성

스트레스와 불안을 낮추는 효과가 있다.[29]

- **지압** | 침술과 같은 혈자리를 이용하여 기를 조정하고 신경계 기능을 촉진한다. 하지만 침을 놓는 대신 손과 팔꿈치, 심지어 발을 이용하여 혈자리를 압박한다. 지압을 통해 스트레스 반응에서 벗어날 수 있다.

- **EFT 두드림** | 혈자리를 두드리는 방법이지만, 반드시 전문가를 만날 필요는 없다. 직접 두드리는 법을 배워 스트레스를 경감할 수 있다.

스트레스 반응을 줄이고 신경계를 조절한다고 증명된 그 밖의 방법들은 아래와 같다.

- **EMDR 치료법** | 안구 운동 둔감화 및 재처리eye movement desensitization and reprocessing 치료법의 약자로, 트라우마를 유발한 과거의 경험에 대한 기억을 떠올리면서 동시에 훈련된 전문가의 지시에 따라 일련의 안구 운동을 실시하는 치료법이다. 부교감신경계를 활성화하고, 몸과 뇌가 트라우마로부터 치유되는 데 도움을 준다고 증명되었다.[30]

- **양측성 자극** | 뇌의 좌우반구를 리듬에 따라 자극하여 신경계를 진정시키는 치료법이다. EMDR도 전문가가 실시하는 양측성 자극의 일종이다. 유사한 효과를 발생시키기 위해 촉각과 청각을 이용하는 방법들도 있다. 더 자세한 내용은 내가

집필한 워크북인 《당신의 자기를 만나는 법: 자기 발견을 위한 워크북How to Meet Your Self: The Workbook for Self-Discovery》을 참조할 수 있으며, 온라인에서 자료를 찾아볼 수도 있다.

- **긴장, 스트레스, 트라우마 완화 기법**Tension, Stress and Trauma Release, TRE | 몸을 흔들거나 떠는 운동을 실시하여 뿌리 깊은 근육의 스트레스, 트라우마 및 기타 감정을 해소하는 신체 기반 기법이다. 온라인에서 해당 워크샵이나 TRE 전문가를 찾을 수 있다.

정서 반응을 조절하는 도구

• •

다음은 추가적인 자기 진정 및 자기 조절 방법들로, 부교감신경계를 활성화하고 인체의 정서 반응을 진정시키는 데 도움이 된다.

- 복식호흡을 해서 불편감이 느껴지는 부분으로 숨을 보냄으로써 이완되어 감정과 신체 감각에 편하게 빠져드는 법을 몸으로 훈련한다.
- 진정시키는 손길을 주거나 자기 몸을 껴안아 몸을 위로한다. 이렇게 하면 교감을 높이고 불안을 조절하는 데 도움이 되는 호르몬인 옥시토신이 분비된다.

- 몸의 에너지를 이완시키기 위해 묵직한 담요를 덮거나 몸을 부드럽게 흔든다.
- 기분을 좋게 하는 세로토닌과 도파민의 분비를 늘리기 위해 미소 짓는다.
- 자연의 소리(빗소리, 바람 소리, 새가 지저귀는 소리 등)나 바이노럴 비트binaural beats(좌우 귀에 미묘하게 주파수가 다른 소리를 들려줘 발생하는 특정 소리로 뇌파를 조절하는 것—옮긴이), 솔레지오 주파수 solfeggio frequencies(음악 치료나 명상에 사용되는 특정 음의 주파수. 가령 396헤르츠는 두려움을 해소하고, 528헤르츠는 사랑과 치유의 효과가 있다고 한다—옮긴이) 등 신경계를 진정시키기 위해 만든 음악을 들어 뇌와 몸을 진정시킨다.
- 현재 기분이나 에너지에 맞는 선율을 선택하여 기분을 바꾼다. 화가 나거나 슬프다면 뇌가 이러한 감정에 접근할 수 있게 해주는 음악을 듣는다. 그러면 그런 감정들이 몸 안에서 더 잘 흐르는 데 도움이 될 수 있다. 시간이 흘러 이러한 기분 나쁜 감정들이 해소되기 시작하면, 즐겁고 행복한 음악으로 서서히 바꿔 듣는다. 이렇게 하면 도파민 수치를 높이고 코르티솔 수치를 낮추는 데 도움이 된다.
- 반려동물과 공동 조절하여 신경계를 진정시킨다. 당신이 키우는 반려동물을 어루만지고 끌어안거나, 친구의 강아지 산책을 대신 해주거나, 동네 동물보호소에서 자원봉사를 할 수도 있다.

타인과의 경계선

••

경계는 우리가 몸의 신체적, 정서적 욕구를 충족하여 신경계를 위한 안전을 조성하는 데 도움이 되기 위해 다른 사람과의 사이에 설정하는 보호 한계선이다. 원하는 것을 원하는 때에 먹고, 자신이 택한 침대에서 잠들고, 자신이 운동하는 방법과 시간을 우선시함으로써 신체적인 경계를 세울 수 있다. 아울러 다른 사람들, 행사, 상황, 과업을 위해 사용할 에너지, 주의, 정서 자원이 없을 때, 설령 사랑하는 사람들이 지원을 요청한다고 해도 거절하여 정서적 경계를 설정할 수 있다. 신경이 곤두서거나, 다른 사람에 대해 짜증이 나거나, 몹시 버거운 느낌이 들거나, 명확한 이유 없이 울음이 터지려고 하거나, 명료하게 생각하거나 표현할 수 없다고 느끼기 시작할 때, 경계를 설정할 수 있다.

경계는 우리 자신을 위한 선택으로, 다른 사람들에게 선언하는 최후통첩이 아니다. 신체적으로 또는 정서적으로 달리 느끼려면 무엇을 바꿀 수 있는지 자문하면 역량이 강화되어 주변에서 무슨 일이 벌어지든(벌어지지 않든) 스스로의 안전과 안정을 확보할 수 있다. 또한 이러한 상황에서 한계를 설정하면 에너지를 재충전할 수 있어서 미래에 사랑하는 사람들이 필요로 할 때 곁에 있을 수 있다. 우리의 감정 상태, 상호작용하는 사람에게 느끼는 교감의 정도, 저장된 스트레스나 직면한 긴장의 정도 등 몸의 에너지 자원에 따라 경계는 바뀔 수 있다.

이 장에서 설명했듯이 신체 의식을 꾸준히 실시하면 관계 안에서 갈등, 단절, 불만의 주기에 우리를 가둬둘 수 있는 신경계의 반응 패턴을 알아차리는 데 도움이 된다. 영양이 풍부한 음식을 먹고, 몸을 움직이고 휴식하는 시간을 갖고, 깊고 차분하게 호흡하여 신체적 욕구를 꾸준히 충족하는 일은 신경계가 스스로를 조절할 수 있는 안전한 환경을 조성하기 위한 근간이다.

역량 강화를 위한 멈춤(202쪽 참조)을 계속 실시하면 의도하지 않은 상처 주는 말을 하거나, 끊임없이 '바쁘게' 살거나, 마음속으로는 거절하고 싶지만 수락하거나, 어려운 대화나 관계에서 아예 마음을 닫아버리게 만드는 내면의 감각들을 감지할 수 있다. 다양한 신경계 반응과 그와 관련된 감각들을 의식적으로 주시할 수 있으면, 몸을 다시 안전하게 돌려놓기 위한 의식적인 선택을 할 수 있다. 이렇게 안정된 상태에 있을 때에만 관계와 주변 세상에 대한 반응을 의도적으로 택할 수 있고, 궁극적으로 우리가 바라는 사랑이 될 수 있다.

2장에서 배웠듯이 우리의 몸은 이러한 반응 주기에서 유일한 참여자가 아니다. 잠재의식에 살며 우리와 다른 사람들을 이렇게 본능처럼 보이는 주기로 몰아가는 조건화에 대해 다음 장에서 더 자세히 살펴볼 것이다.

HOW TO BE THE LOVE YOU SEEK

6장

내 안의 상처에서 벗어나 현재를 산다

트레버는 마지막 연애가 또다시 실패로 끝나버린 이유를 이해할 수 없었다. 그는 똑똑하고 매력적이며 몸매도 좋은 성공남이었다. 그리고 그런 자신이 모든 여자가 원하는 남자 친구라고 생각했다. '당연히 여자들이 내 앞에 줄을 서야 되지 않겠어?'

물론 데이트를 하거나 잠자리를 하는 것은 어렵지 않았지만, 트레버에게 연인 관계를 지속적으로 유지하는 일은 완전히 다른 문제였다. 한때 생각했던 것처럼 그의 외모나 재력과는 상관이 없었다. 관계를 망치는 것은 그의 자아 스토리였다. 그것은 그의 정체성이 무엇인지, 사랑받을 만한 존재가 되기 위해 어떤 사람이 되어야 하는지에 관해 마음속에서 끊임없이 속삭였다.

누구에게나 자아가 있고 모든 자아에게는 나름의 스토리가 있다. 이러한 서사는 우리의 잠재의식이 주변 세상을 이해하기 위해 만들어낸 것이다. 내가 관심이 있는 누군가가 내게 문자를 보내지 않으면 자아는 '나는 그가 시간을 쏟을 만한 가치가 없나봐'라는 스토리를 만들 수 있다. 또는 회사의 프로젝트나 사업에 참가할 기회에서 배제되면 마침내 진짜 실력이 들통났다는 뜻이라고 해석할 수 있다. 잠재적인 연인의 선호나 상사의 결정에 포함되는 모든 요인을 알 수 없는데도 우리의 마음은 이런 스토리와 추정을 만들어내고 알지 못하는 데서 오는 불편함에 대처하기 위해 경험에 의미를 부여한다. 같은 의미를 유사한 경험들에 부여하는 일이 잦아질수록 이러한 해석은 평생 우리를 따라다니는 일관된 서사나 줄거리를 형성한다. 우리가 처한 상황을 둘러싼 객관적인 '사실'을 아는 게 불가능한데도, 우리는 이러한 해석이 현실을 실제로 나타낸다고 계속 추정한다.

대부분의 사람들에게는 여러 개의 각기 다른 자아 스토리가 있으며, 일부는 시간이 흐르며 바뀐다. 하지만 주된 자아 스토리(우리가 가장 오랫동안 들어왔고, 자기감에 가장 큰 영향을 미치는 스토리)는 부모상이 우리의 욕구를 간과하여 발생한 스트레스를 우리가 잘 관리하도록 돕기 위해 어린 시절 우리의 잠재의식이 만들어낸 이야기다. 당신의 자아 스토리가 무엇이든 대개 자신이 누군가가 욕구를 충족해 줄 만큼 충분히 사랑스럽거나 좋거나 가치 있지 않다는 뿌리 깊은 수치심으로 귀결된다.

어릴 적 우리는 부모상이 우리가 필요한 방식으로 안전하고 인정받고 사랑받는다고 느끼도록 늘 도와줄 수 없을 때 그것이 우리의 탓이 아님을 알 만큼 정서적으로 성숙하지도, 올바른 관점을 갖지도 못했다. 아동기의 자아중심적인 상태에서 우리는 상황을 성숙하게 또는 다른 사람의 관점에서 평가할 수 없었으며, 그 결과 모든 상호작용과 경험을 개인적으로 받아들였다. 발달 중인 뇌는 한 사람의 능력이나 선택에 영향을 미치는 많은 요인을 이해할 수 없기 때문에 우리는 우리나 다른 사람들이 행한 어떤 행동이 우리와 우리가 누구인지에 대해 어떤 의미를 나타낸다고 추정했다. 상처 입은 내면아이는 우리가 문제라고 믿었기 때문에 우리는 환경과 관계에 적응하기 위해 우리 자신을 바꾸기 시작했다. 외상성 애착의 습관적 패턴을 통해 안전하고 교감하는 상태를 유지하려고 애를 쓰고, 어떤 방식으로든 '사랑받는다'고 느끼려고 노력했다.

성인이 된 지금도 우리는 여전히 잠재의식에 의해 자신이 무가치하다고 믿을 수 있으며, 그로 인해 자신을 무가치하게 만든다고 믿는 부분을 본능적으로 계속 억압하거나 숨긴다. 때로 그러한 바람직하지 않은 부분들을 잠재의식 속에 억압해서 심지어 자신에게도 숨기고 그것이 자신의 일부라는 사실조차 인정하지 못한다. 이러한 억압된 부분들을 '그림자'라고 부르는 것을 들어봤을 것이다.

대부분의 자아 스토리에 어렵고 불편하거나 제한적인 측면들이 포함된다면, 왜 우리는 그것을 계속 반복할까? 인간의 마음은 확실한 것을 갈망하기 때문에 우리의 자아는 어린 시절 이후로 계속 반복해서 편해진 이야기들을 승인하고, 재승인하고, 강화하기 위해 부단히 애를 쓴다.

우리가 자신에 대해 생각할 때면, 가령 '나는 바람직하지 않아, 나는 지나치게 예민해, 나는 잘하는 게 없어'라고 생각하면,

자아가 작용하여 우리의 정체성을 만들고, 정의하고, 유지하는 일을 돕는다. 자아의 주된 기능은 상처 입은 내면아이를 보호하는 일이고, 그러기 위해 우리가 누구인지에 관한 이야기를 계속 반복한다. 우리가 과거에 안전하거나 안정적이라고 느끼지 못한 방식을 이해하고, 정당화하고, 그것들에 대해 보상하는 일을 도우려는 것이다.

흔한 자아 스토리의 예는 아래와 같다.

- 나는 지나치게 예민해서 다른 사람들의 사랑을 받을 수 없어.
- 나는 부족하거나 무력해.
- 나는 가치가 없어서 외톨이인 게 당연해.
- 나는 저주받았어. 좋은 일은 내게 결코 일어나지 않아.
- 나는 다른 사람을 위해 뭔가를 할 때만 사랑받아.
- 나는 진짜 실력을 숨기고 있는 사기꾼이니 완벽하게 보일 때만 사랑받을 가치가 있어.
- 나는 항상 혼자 남겨지고 버려지거나 사기를 당할 거야.
- 나는 다른 사람들보다 중요하니 나의 욕구나 의견만이 중요해.
- 나는 약하고 너무 취약하다고 느껴서 진짜 감정을 다른 사람과 공유할 수 없어.
- 누군가 항상 나의 권리를 침해하거나 나를 이용해.

대부분은 자신의 자아 스토리를 인식하지 못한다. 자아 스토리가 잠재의식의 아주 익숙한 경로가 되었기 때문에 우리는 그것이 진실이라고 생각한다. 아동기 이래로 우리의 뇌는 자아가 주도하는 같은 생각과 해석을 반복해서 활성화하여 그와 관련된 신경망을 만들고 강화했다. 이러한 신경망이 강력해질수록 우리의 자아는 이렇게 형성된 믿음이 옳다고 증명하기 위해 매일의 경험을 걸러낸다. 우리의 잠재의식은 우리의 자아와 모순되거나 상충되는 정보를 접할 때마다 그것을 우리의 정체성에 대한 위협으로 간주하고 신속하고 단호하게 거부한다. 우리는 자아의 생각, 습관, 반응 패턴을 계속 반복하며, 우리의 경험은 아동기에서 비롯된 정체성에 바탕을 둔 서사가 옳다고 계속 확인해 준다. 시간이 흐르며 우리의 생각과 인식은 점점 더 제한되고, 결국 우리는 더 많은 위협을 느끼고 쉽게 반응하며 그 결과 통제할 수 없다고 자주 느낀다.

하지만 다행히도 우리는 마음 의식을 키우거나 이러한 잠재의식의 강력한 신념에 대한 인식을 키우는 것을 선택할 수 있다. 우리의 자아 스토리와 더불어 그것이 어떻게 관계에서 우리에게 도움이 되지 않거나 우리가 되고 싶은 모습과 일치하지 않는 방식으로 우리가 생각하고 느끼고 반응하도록 좌지우지하는지 주시하는 법을 배우면 된다. 잠재의식의 조건화에 대한 인식이 커질수록 자아의 기저에 깔린 신념, 즉 스스로가 무가치하다는 믿음에 도전하고 내면아이가 입은 상처에 영향받지 않는 새로운 선택을 할 수 있다.

잠재의식이 꾸며낸 이야기들

••

마음 의식을 키우는 과정을 시작하기 전에 트레버의 이야기로 돌아가 보자. 그의 자아 스토리가 잠재의식이 만든 서사가 관계에 어떻게 영향을 미칠 수 있는지 잘 보여주기 때문이다. 어떤 독자들은 비슷한 일을 겪었거나 트레버와 같은 사람과 관계를 맺고 있기 때문에 그의 이야기에 공감할 수도 있다.

트레버는 많은 자아 스토리를 가지고 있지만, 연애가 오래가지 못하게 하는 주범은 가장 오랫동안 들어온 스토리다. 문제의 자아 스토리는 이렇다. '나는 남자야. 감정은 나를(그리고 모든 남자를) 약하게 만들어.' 그의 상처 입은 내면아이가 이런 믿음을 어떻게 갖게 되었는지 살펴보자.

트레버는 안전하고 경제적으로 부유한 동네의 상위 중산층 가정에서 성장했다. 한때 군 장성이었던 그의 아버지는 은행의 최고 경영자였으며, 덕분에 트레버의 어머니는 가정에 머물며 아들을 키우는 데 전념할 수 있는 경제력을 갖게 되었다. 트레버는 좋은 학교를 다녔고, 신체 활동을 많이 하라는 말을 들었으며, 대부분 저녁에 집에서 만든 건강한 음식을 먹었고, 관심이 가는 취미 활동을 할 수 있었다. 스키, 승마, 기타 연주와 같이 비용이 많이 드는 취미도 즐겼다.

충족되지 않은 신체적 욕구는 거의 없었지만, 그는 거의 항상 정서적 학대를 당하며 성장했다. 그의 아버지는 가정을 폭압적으로 지배했으며, 물리적으로도 언어적으로도 군림하려 드는 사람이었다. 트레버가 슬픔, 외로움 또는 두려움과 같은 정상적인 감정을 표현하면 아버지는 "그만 울어", "정신 차려, 아니면 나가" 또는 "강해져야지. 그렇지 않으면 아무것도 될 수 없어"와 같은 말로 반응했다. 자주 폭발 모드로 전환하던 아버지는 자주 분노를 터뜨렸는데, 때로 명백한 이유도 없이 화를 냈다. 이런 환경에 대한 대처 방법으로 트레버는 자신이나 타인의 불편한 감정을 다루기 위해 유머나 우회적인 표현을 자주 사용하며 냉정하고 거리를 두는 태도를 취하기 시작했다. 그는 아버지로부터 지위, 부, 외모에 집착하는 면을 배웠는데, 그것이 트레버의 아버지가 생각하기에 이 세상에서 그를 비롯한 모든 남자가 인정받는 방법이었다.

트레버의 어머니는 아들이 정서적으로 안전하거나 안정적이라고 느낄 수 있도록 가정에서 벌어지는 정서적, 언어적 학대로부터 아들을 보호하지 않았다. 아들을 깊이 사랑하긴 했지만 남편을 무서워해서 그의 비위를 맞췄고, 이런 태도가 남편의 성질과 아들에 대한 가혹한 태도를 부추겼다. 주 양육자 둘 다 정서적으로 함께해 주지 않았기 때문에 이런 역동 안에서 트레버는 정서적 지지를 거의 또는 전혀 받지 못했다. 아버지는 그에게 두려움을 주었고, 어머니는 너무 겁을 먹어 그걸 방치했다. 트레버는 아버지와 어머니 사이에서 발생하는 긴장되고 폭발할 것 같은 상황에 개입하여 중재해야 한다는 압박을 강하게 느끼기 시작했고, 어머니와 같은 방법을 사용하여 아버지의 비위를 맞추거나 진정시키려 애를 썼다.

트레버는 너무도 겁이 나서 그의 감정이나 욕구를 표현할 수 없었다. 그 바람에 그의 신경계는 심한 경계 상태로 남아 있어서 항상 미래의 공격으로부터 그를 보호하려는 태세였다. 아버지와 마찬가지로 그는 두 얼굴을 지닌 사람이 되었다. 대부분의 시간 동안 냉정하거나 조용히 분노를 품고 있다가, 반응할 때는 가장 가까운 사람들에게 화를 내고 학대하는 행동을 보였다. 비록 외부 세계에는 그의 어두운 감정을 대체로 숨겼지만, 그런 감정들은 훗날 성인이 되었을 때 그의 연인들에게 매우 복잡한 경험을 안겨주었다. 그들은 지킬 박사와 하이드 같은 트레버의 성격에 무시당했다고 느끼고 조용히 분노했다.

싸움꾼으로 길러진 트레버는 아버지로부터 분노가 환경을 통제하는 효과적인 방법이라고 배웠다. 성인이 된 트레버는 화를 사용해서 주변 사람들에게 겁을 주며 자신에게 힘이 더 있다고 느꼈다. 이런 방식은 자신을 약하게 만들까 봐 그가 두려워하는 감정 때문에 무력해졌을 때 그리고 어린 시절 무력감을 느낀 모든 순간에 대해 잠재의식이 보상하는 방법이었다. 인내심이 없는 그의 성질은 특히 운전을 할 때 두드러졌고, 옆자리에 앉은 연인이 겁을 먹을 정도였다. 식당, 파티장, 상점 또는 사무실에서도 어떤 식으로든 무시당한다고 느끼면 폭발했다. 트레버의 신경계는 끊임없이 환경을 살피며 그가 인정받지 못하고 있다는 증거를 찾았다. 실제로 그런 증거는 없었지만 그는 기어이 그런 증거를 찾아내고 화를 냈다. 어린 시절 모든 게 위협이었기 때문에 성인이 된 그의 눈에도 모든 게 위협으로 보였다. 독단적인 아버지와 수동적인 어머니에 더해 그를 약해 보이게 할 수 있는 감정은 전혀 표현할 수 없었던 환경이었다.

연인 관계에서 트레버는 화를 제외한 모든 감정을 억압했다. 진정한 남자는 감정을 보이지 않는다는 자아 스토리에 갇혀 있었기 때문이다. 그는 조건화된 자기 가운데 주로 분위기 메이커형이 되어 늘 모든 게 괜찮은 것처럼 행동했다. 바람과 욕구와 열망을 다른 사람들에게 진정으로 표현하는 법을 몰랐기 때문에 연인들과 진정으로 교감할 수 없었다. 그들은 대개 트레버를 화가 많고 무감각하고 거친 사람으로 보았지만, 진정한 그의 본모습일 때 그는 미묘하고 복잡하며 친절하고 연민이 많고 관대하며 사랑이 넘치는 남자가 될 수 있었다.

모든 감정은, 심지어 다른 사람이 표현한 감정마저 그를 겁먹게 했기 때문에 트레버의 자아 스토리는 그가 연인들에게 주파수를 맞추지 못하도록 막았다. 어린 시절 건강한 감정 표현의 본보기를 보여주거나 자신과 다른 사람의 감정에 적응하고 대처하는 법을 가르쳐준 사람이 없었다. 회피적이고 폭발적인 환경에서 성장한 터라 자신의 불쾌한 감정을 들여다보는 법도 배우지 못했다. 그 바람에 성인이 되어서도 다른 사람들이 주변에서 감정을 표현할 때마다 불편함을 느꼈다. 가령 연인이 걱정거리를 공유하면 논리를 사용해서 차단했고, 자기도 모르게 변명을 하거나 걱정거리가 아니라고 무시했다. 연인이 직장에서 힘든 하루를 보냈다고 호소하면 트레버는 그녀의 상사가 얼간이라고 또는 그녀가 승진을 해야 한다고 말하거나 수개월 전 그가 추천한 일자리에 지원해 보라고 조언했다. 또는 연인이 외롭다고 말하면 며칠 전 밤에 그녀가 친구들과 외출했다는 사실을 상기시키며 외로운 감정이 타당하냐고 문제를 제기했다. 그 결과 그의 연인들은 그에게 본모습을 솔직하게 보여줄 만큼 충분히 안전하다고 느끼지 못했고, 아예 감정 공유를 중단하는 경우도 많았다. 결국 그들은 트레버와의 관계에서 고립되었다고 느끼고 종종 겁을 먹었다.

진정한 모습과 되고 싶은 모습

• •

당신의 자아 스토리는 트레버의 것과 다를 수 있다. 관계에서 자기의 감정을 표현하는 데 아무 문제가 없는 사람들도 있지만 자아 스토리는 내면아이가 가진 상처에 의해 다른 사람과의 관계에서 감정을 떠넘기거나 버림받을까 봐 불안해하거나 그 밖의 역기능적인 행동에 빠지게 한다. 개개인의 자아 스토리가 무엇이든 우리는 자신의 일부를 계속 숨기고 충분히 좋다고 느끼기 위해 필사적으로 애를 쓰는 과정에서 수치심에 의해 반응적인 행동을 반복하는 주기를 만들 수 있다.

하지만 마음 의식을 키우면 자아 스토리를 주시할 수 있게 되어 아동기에 안전하게 연결되었다는 느낌을 갖기 위해 어쩔 수 없이 되어야 했던 모습이 아닌, 스스로의 진짜 있는 그대로의 모습을 인정할 수 있다. 이렇게 되면 자아 스토리가 관계에 미치는 힘과 영향을 없앨 수 있다. 이것이 바로 우리가 진정한 우리 모습과 되고 싶은 모습에 대해 새로운 서사를 쓰기 시작하는 방법이다. 이런 작업을 통해 비로소 우리가 온전하고 사랑스럽다고 느끼기 위해 다른 사람의 행동이나 인정을 필요로 하지 않고 있는 그대로의 모습으로도 충분히 가치가 있다고 믿을 수 있다.

마음 의식을 사용해서 자아를 주시하는 법을 알아보기 전에, 신경계 조절을 위해 기초적인 신체 훈련을 계속하는 게 중요하다고 강조하고 싶다. 일관되게 충족되지 않은 신체적 욕구 때문에 신경계가 조절 장애를 겪고 있다면 마음 의식을 키우기가 매우 어렵다. 영양 부족과 수면 부족으로 지쳐 있거나 너무 적게 또는 많이 움직여서 피곤하면 자아에 대한 작업을 아무리 많이 한다고 해도 몸은 계속 안전하지 않다고 느끼고 스트레스나 두려움이 주도하는 반응을 계속 경험할 가능성이 높다. 몸의 욕구를 꾸준히 충족하기 위한 조치들을 취해서 신경계 조절을 더 잘할 수 있게 되면 진정한 자기로 돌아가는 여정에서 다음 단계로 넘어갈 준비가 된 것이다.

잠재의식이 현실을 만든다

• •

많은 사람이 자신의 생각과 감정에 대해 집착하거나 분석하며 머릿속에서 대부분의 시간을 보낸다. 우리는 마음속에 흐르는 서사가 자신과 경험에 대한 정확한 설명이라고 믿는다. 심지어 우리의 뜻대로 의지력을 발휘하거나 생각하면 우리가 원하는 방식으로 믿거나 행동하게 될 수 있다고 믿기도 한다.

모두 진실이 아니다. 생각과 감정은 우리의 정체성 또는 본연의 우리를 구성하지 않는다. 우리 본연의 모습은 우리가 마음에 생긴 본능적인 느낌을 신뢰하는 법을 배우면서 직관에 따라 결정된다. 본연의 모습은 마음보다 몸에 더 많이 산다. 그리고 우리가 마음의 메시지나 욕구를 인식하기 시작할 때까지 매일의 습관과 반응 주기는 잠재의식과 조절 장애를 겪는 신경계가 좌지우지한다. 우리가 마음속의 습관적인 생각과 몸의 신체 감각을 모두 주시함으로써 이러한 내면의 강력한 힘들을 인식하게 되면, 삶과 삶에 대한 반응을 직접 만들 수 있는 기회가 생긴다.

대부분의 사람들은 주변 세상을 정확하게 인식한다고 생각하지만, 실제로는 과거 경험에 따라 잠재의식이 우리가 보길 원하는 것만 본다. 뇌는 예측이 옳다고 판명해서 안전감을 얻으려고 처리 속도를 높여 자주 성급한 판단을 내리고, 주어진 정보를 왜곡하거나 잘못 해석한다. 잠재의식이 관계 안에서 이런 일을 하고 과거를 토대로 예측을 하면, 우리는 비합리적인 행동이나 말을 하거나 우리를 사랑스럽지 않거나 무가치하게 만든다고 믿는 우리의 일부를 계속 숨길 수 있다. 이런 일은 특히 연인 관계에서 자주 발생하는데, 연인 관계에서 잠재의식은 미래를 예측하기 위해 생애 초기 관계 경험에 습관적으로 의존하기 때문이다. 어머니가 일관되게 정서적으로 곁에 있어주지 못하고 내 욕구에 맞춰주지 않았기 때문에, 나의 잠재의식은 확실성이 주는 안전을 갈망하며 나나 나의 욕구는 고려하지 않는 해묵은 각본에 따라 모든 관계 경험을 걸러내게 만든다.

과거에 벌어진 일을 근거로 연인이 나의 정서적 욕구를 지지할 마음이나 관심이 없다고 예측하면 미래에 과거와 다른 결과나 경험이 벌어질 가능성이 제한된다. 잠재의식이 내게 연인과 내 감정을 공유할 노력조차 하지 말아야 한다고 설득했기 때문에 나는 결국 지지를 원하거나 필요로 할 때 방에 혼자 틀어박혀 있거나 간접적으로 내 욕구나 열망을 표현하는 수동공격적이거나 빈정거리는 말을 내뱉는다. 내가 필요로 하거나 원하는 도움이나 지지를 구체적으로 직접 요청하는 대신 "누군가가 나를 도와주면 좋겠어"라고 쏘아붙이고 만다. 연인에게 내 감정을 공유하기로 결심할 때면 잠재의식은 내가 연인의 표정이나 목소리

톤과 같은 아주 작은 반응마저 예상대로 그에게 부담을 주고 있다는 신호로 받아들이게 만든다.

관계 갈등의 대부분은 실제로 현재 둘 사이에 벌어진 일에 관한 문제가 아니라 과거에 나와 다른 사람들 사이에 벌어진 일이 재현된 것이다. 잠재의식이 관계 안에서 예측할 때, 우리는 쉽게 과거의 트라우마를 현재의 상호작용에 적용하고 내면아이가 가진 해묵은 상처를 토대로 의사 결정을 내릴 수 있다. 다음의 예시는 생애 초기 트라우마에 따라 어떤 모습으로 재현되는지 보여준다.

- 부모상으로부터 반복적으로 비판받았다면, 이를테면 무엇을 생각할지, 어떻게 느껴야 할지, 언제 행동해야 할지 들었다면, 당신의 잠재의식은 사랑하는 사람이 당신에 대해 행동하거나 말하는 모든 것을 비판적이라고 해석할 수 있다. 그것이 실제로 비판이든 아니든 당신은 계속 방어적인 태도를 보이게 된다. 잠재의식이 다른 사람들의 소통을 그들이 당신에 대해 실제로 얼마나 부정적으로 생각하거나 느끼는지 보여주는 위협적인 신호라고 분류하기 때문이다.
- 부모상이 자주 소리를 지르거나 문을 쾅 닫거나 당신의 침실에 마구 쳐들어왔다면, 당신의 잠재의식은 방문이나 부엌 찬장 문을 쾅 닫는 소리, 당신이 알아차리지 못할 때 뒤로 누군가 다가오는 것과 같은 큰 소리나 갑작스러운 제스처를 모두

놀라거나 두려워해야 할 이유로 인식할 수 있다. 잠재의식이 누군가 당신에게 소리를 지르거나 야단치기 위해 다가온다고 믿기 때문에 시끄러운 소음이나 갑작스러운 제스처를 위협으로 인식하는 것이다.

- 넉넉하지 못한 가정에서 성장했다면, 가령 근근이 먹고살았거나, 부모상이 재정적 어려움 때문에 당신과 충분히 많은 시간을 함께하지 못했거나, 음식 등을 낭비한다고 야단맞았다면, 당신은 필요한 것을 충분히 갖지 못하거나 필요한 것이 동날까 봐 끊임없이 두려워하며 성장했을 수 있다. 당신의 잠재의식은 다른 사람들의 말이나 행동을 당신을 위해 베풀 시간, 지지, 주의, 사랑 등의 자원이 충분히 없다는 신호로 인식할 수 있다. 그래서 당신은 관계에서 자기를 보호하는 방식으로 행동하며, 늘 당신 몫을 확실하게 챙기거나 충분히 많이 있을 때조차 충분하지 않을까 봐 걱정할 수 있다. 더러 미래에 있을 부족함을 대비해서 '미리 축적'하기 위해 주어진 것은 무엇이든 빠르게 소비하기도 한다.

나를 보호하기 위한 방어기제

• •

신체적 또는 정서적 욕구가 아동기에 꾸준히 충족되지 못했다면, 잠재의식은 우리가 결함을 안고 태어났다고 믿을 수 있다. 이런 믿음은 버려짐에 대한 암묵적인 위협을 낳는다. 즉, 내가 무가치하거나 사랑스럽지 않기 때문에 다른 사람들이 나를 거부하거나 떠날 거라는 믿음을 갖게 된다. 이렇게 되면 신경계는 스트레스 반응을 반복적으로 활성화한다. 장시간에 걸쳐 내면의 정서적, 신체적 불편감에 지속적으로 압도되면 이러한 신경계의 조절 장애는 관계 안에서 반응성을 높인다.

그러면 잠재의식은 우리가 가치 있다는 증거를 지속적으로 간과하거나 걸러내어 우리를 익숙한 신경생물학적 한계 안에서 계속 살게 한다. 우리는 무가치함이 본질적으로 부인할 수 없는 우리 존재의 일부라고 믿으며, 계속해서 남의 말이나 행동을 이 믿음을 강화하는 근거로 해석한다. 상상할 수 있듯이 이런 태도는 모든 관계에 치명적인 영향을 줄 수 있다.

자다의 스토리는 생애 초기에 갖게 된 무가치하다는 믿음이 성인이 된 후 관계에 어떻게 영향을 미칠 수 있는지 잘 보여준다. 자다처럼 항상 자신과 다른 사람에게 벌어지는 일을 부당함이나 학대로 인식하는 사람을 당신도 알 것이다. 자다는 세 명의 언니, 오빠와 한 명의 남동생과 함께 경제적으로 어려운 가정에서 성장했다. 일곱 가족이 먹고살려니 부모님은 오랫동안 일해야 했다. 물론 부모님은 '선하고' '사랑이 많은' 분들이었지만, 대부분의 시간 동안 자녀들과 함께하지 못했다. 게다가 집에 있을 때는 너무 지쳐 있어서 자녀들에게 주파수를 맞춰줄 수 없었다.

부모의 신체적, 정서적 부재로 인해 자다와 그녀의 형제자매들은 자신이 누군가가 욕구를 충족해 줄 만큼의 가치가 없다고 느끼며 성장했다. 집세를 제때 못 내는 바람에 자주 이시를 다녀야 했으며, 이 학교에서 저 학교로 전학을 다녔다. 적응하는 데 힘들었던 자다의 형제자매들은 신체적, 정서적으로 자다를 괴롭혀서 그들이 느끼는 무가치감에 대처했다. 어떤 종류의 기본적인 안전도 없었기 때문에 자다는 세상이 안전하지 않은 사람들로 가득 차 있다고 느끼기 시작했다. 그도 그럴 것이 그녀의 가족조차 그녀에게 친절하지 않았기 때문이다. 곧 그녀의 자아 스토리는 '나는 좋은 대접을 받을 만한 가치가 없어'가 되었다.

그녀의 자아 스토리 때문에 자다는 나이가 들면서 대부분의 일상에서 부당함이 벌어질 수 있다고 믿게 되었다. 깊은 분노와 동시에 무력감과 외로움을 느꼈던 터라 잠재적인 위협에 대비해 늘 경계 태세였다. 특히 권력을 가진 사람들로부터 자신을 안전하게 지키려고 자주 전투적인 태도를 보였다. 이런 잘못되고 과도한 자기 보호 때문에 누군가 자신을 무시한다고 생각할 때마다 비정상적으로 과도한 반응이 활성화되었다. 이를테면 직장에서 프로젝트에 배정받지 못하거나, 소셜 미디어에서 자신을 비방하는 글을 발견하거나, 카페에서 누군가 실수로 새치기를 하면 분개하거나 심지어 격렬하게 화를 냈다. 그녀의 잠재의식은 어디서나 갈등이 일어날 수 있는 순간을 찾아내고 성급하게 이분법적 사고에 의지하여 인식한 힘의 역동을 토대로 사람들을 자동으로 '우리'나 '내 편' 아니면 '그들'이나 '적'으로 분류했다. 보통 그녀는 약자의 편을 들었고, 그들이 다른 사람들에게 해를 끼치더라도 그랬다.

자아 스토리 때문에 자다는 연인 관계나 직업적 관계에서 모두 그녀가 쉽게 보호할 수 있거나 그녀의 보호가 필요하다고 여겨지는 대상에게 끌렸다. 이것이 바로 그녀의 외상성 애착 패턴으로, 다른 사람과의 관계에서 구조자/보호자 역할을 하게 만드는 그녀의 아동기 상처였다. 자다의 잠재의식은 항상 촉각을 곤두세우고 그녀가 마음 쓰는 사람들이 이용당한다는 신호를 찾았으며, 불가피하게 그런 증거를 발견하면 반응적이고 방어적인 태도를 보이며 그러한 불의를 저지른 사람을 향해 소리를 질러댔다. 그녀는 계속 무력함에 대한 자신의 내적 경험을 다른 사람들에게 투사하여 사람들을 취약하고 구조가 필요한 존재로 봤다. 자신의 자아가 겪는 현실에서 부모님이 그녀를 위해 나서주길 바랐던 방식대로 다른 사람들을 위해 나서려고 애를 썼다. 하지만 다른 사람과의 상호작용에서 그녀는 관점의 차이를 받아들일 여지가 없어서 선의에도 불구하고 자주 독선적이고 갈등을 일으키는 존재로 여겨졌다.

'나의 자아 만나기' 훈련

자기 자신이나 다른 사람들, 그리고 세상 전반에 대해 자주 말하는 생각이나 이야기에 주목하면 자신의 자아를 주시할 수 있다. 하루 이틀이나 한두 주에 걸쳐 하루 종일 이러한 종류의 생각들이 떠오를 때 무비판적으로 적어둔다. 다음 밑줄이나 별도의 일기장 또는 노트에 적는다. 이러한 이야기들이 실제로 무엇인지 인식하면, 즉 당신의 잠재의식이 만들어낸 이야기임을 깨달으면 그것들을 진실로 받아들이고 반응하는 일을 멈추고 새로운 방식으로 반응할 수 있다. 이 훈련을 하는 동안 계속 자신에게 연민을 베풀고, 이러한 서사가 한때 당신과 당신의 내면아이를 깊은 고통으로부터 보호하는 데 도움이 되었음을 인정한다.

예시:

"나는 부족한 사람이야."

"다른 사람들은 믿을 수 없어."

"세상은 안전하지 않아."

"나는 _____."

"다른 사람들은 _____."

"세상은 _____."

나의 자아를 만나는 명상 훈련

• •

명상 훈련은 판단하거나 의미 또는 가치를 부여하지 않고서 떠오르는 생각을 그저 생각으로 바라보고 보다 객관적으로 탐색하는 능력을 향상하는 데 도움이 된다. 생각에서 힘과 의미를 제거하면 시간이 흐르면서 당신의 자아 스토리가 당신을 정의하지 않음을 이해할 수 있다. 아울러 당신의 내적 가치에 더 부합하는 새로운 믿음을 만들 수 있는 기회가 생긴다.

명상이 처음이라면 어디서부터 시작해야 할지 궁금할 수 있다. 생각만으로도 어렵게 느껴질 수 있지만 사실 명상을 하는 올바르거나 잘못된 방법은 없다. 명심하라. 목표는 그저 그 순간에 당신의 몸 안에 머물고, 마치 하늘에 떠가는 구름을 바라보듯 당신이 가진 생각을 무비판적으로 관찰하는 것이다.

조용한 공간에서 눈을 감고 명상을 하면 외부 세상에서 오는 방해 요소를 차단하여 내면을 더 잘 들여다볼 수 있지만, 다른 사람들이 주변에 있을 때도 의식적으로 현재에 머무는 법을 배울 수 있다. 명상을 계속하다 보면 실시간으로 자아에서 비롯된 생각들을 알아차리는 데 도움이 된다. 자아가 감정적으로 반응하는 상태에 있을 때 주시하는 상태로 전환하는 법을 배우면 멈춰서 다시 생각하고 마음을 따르는 진실된 선택을 하기 위해 필요한 여유를 가질 수 있다. 이 책의 명상 훈련은 467쪽 QR코드에서 추가 안내를 받을 수 있다.

어린 시절의 자아가 현재에 미치는 영향

· ·

자아 스토리가 내 정체성이자 진실처럼 느껴진다면, 어떻게 그렇지 않다고 설득할 수 있을까? 설득할 수 없다는 게 답이다. 목표는 우리의 자아를 '죽이거나' 압도하는 게 아니다. 자아는 실제로 인간으로서의 경험에서 아주 중요한 부분으로, 어린 시절부터 감당하기 힘든 환경과 상황에서 우리를 계속 안전하게 지켜주었다. 성인이 된 현재, 자아의 존재는 우리에게 정서적 과거에서 온 무언가가 현재의 경험에 영향을 미칠 때 그것을 알려준다. 우리는 자아의 존재를 이용해서 우리를 다시 안전하게 현재의 순간으로 보내라는 신호를 의식에게 보낼 수 있다.

물론 자아가 개개인에게 중요하고 우리를 보호하는 부분이지만, 누구에게나 그런 것은 아니다. 자아 스토리가 우리 자신에 대한 우리의 생각과 다른 사람과의 상호작용 방식에 영향을 미칠 때, 우리는 내가 '자아 의식ego consciousness'이라고 부르는 공간에서 작동한다. 다시 말해 충족되지 않은 정서적 욕구를 토대로 우리의 정체성, 다른 사람의 정체성, 다른 사람이 가진 우리에 대한 생각에 우리도 모르게 저절로 의미와 가치를 부여한다. 자아 스토리가 우리를 속여 우리의 일부가 무가치하다고 믿게 만들기 때문에 우리는 그런 부분들을 숨길 수밖에 없다.

자아 의식의 상태에 있을 때, 나는 나의 과잉성취자형 자기가 나를 나로 만든다고 믿는다. 다른 사람들에게 깊은 인상을 남기고 결점이나 취약점이 없어 보이거나 내가 추정컨대 다른 사람이 나에게 기대하는 것을 충족함으로써 관계에서 내가 성공하는데 나의 가치가 달려 있는 것처럼 행동할 수밖에 없다. 나의 잠재의식은 다른 사람들이 나를 좋아하거나 소중히 여긴다는 증거를 찾아 그들의 말과 행동을 항상 분석하고 있다. 나는 근본적으로 내가 가치 있다고 믿지 않기 때문에, 나 자신에 대해 좋은 감정을 갖기 위해 다른 사람들의 인정을 찾는다. 물론 아이러니하게도 아무리 많은 칭찬을 받는다 해도 스스로가 무가치하다는 뿌리 깊은 느낌은 사라지지 않는다. 이 믿음은 다른 사람이 아닌 나로부터 왔기 때문이다.

자아 의식은 다른 사람들이 나와 함께할 때 정말로 기뻐하는지, 나와 함께하길 원하는지 자주 고민하게 만든다. 사랑하는 사람을 위해 특별한 이벤트를 계획한다면, 나는 내가 준비한 것을 그가 정말 좋아할지 밤새 고민할 수 있다. 이벤트에 대한 그의 만족이 나에 대한 만족을 반영한다고 본능적으로 믿기 때문이다. 애초에 내 잠재의식은 내가 결코 충분히 훌륭하거나 충분히 잘하지 못한다는 단서를 찾을 준비가 되어 있기 때문에, 상대방의 반응을 그가 그 경험을 싫어하고 더 나아가 나를 중요시하지 않는다는 신호로 잘못 해석할 수 있다. 내가 머릿속으로 만들어낸 이러한 이유들로 상처를 받으면, 대개 샐쭉해져서 구석에 처박혀 있거나 상대방이 고마워할 줄 모른다며 비난할 것이다.

물론 모든 사람이 과잉성취자의 습관을 가진 것은 아니다. 만일 당신이 돌보미형에 더 가깝다면, 당신의 잠재의식은 당신이 다른 사람들을 보살필 때만 인정받는다고 믿는다. 위협을 느끼고 자아 의식의 상태에 있을 때, 잠재의식은 당신의 가치가 다른 사람을 돌보는 데 달려 있다고 믿으며, 주변 사람들을 충분히 보살피고 있는지 평가하기 위해 당신의 상호작용을 끊임없이 면밀히 살필 것이다. 당신이 그들을 위해 만들어 온 음식을 그들이 정말 좋아하는지 혹은 그들이 병원에 가거나 약을 챙겨 먹는 일이나 필요한 재원을 마련하는 일을 당신이 도와준 것에 대해 진심으로 고마워하는지 알아야 하기 때문에 그들에게 괜찮은지 끊임없이 물을 것이다. 또 그들을 위해 할 수 있는 게 있는지 찾거나 당신이 제공하는 봉사에 대한 그들의 반응을 과도하게 분석할 것이다. 당신의 자아 스토리는 당신이 다른 사람들을 돌보기 위해 끊임없이 나서고 그들의 욕구를 당신의 것보다 앞세우는 일을 멈추지 못하게 한다. 그렇게 하지 않으면 당신은 가치가 없다고 잠재의식이 말하기 때문이다. 남을 돌보기 위해 나서는 일은 정서적으로 지지적인 관계에 당연히 수반되는 행동이지만, 계속해서 나보다 남을 앞세우면 자신의 욕구를 돌보지 못할 수 있다.

데빈은 자칭 영웅 숭배자형으로, 내면의 목소리에 대한 확신이 없기 때문에 늘 다른 사람들에게 생각하고 느끼고 행동하는 법을 알려달라고 한다. 그녀는 엄격한 기독교 가정에서 자랐는

데, 어머니는 항상 '선하고' 도덕적인 열성 신자라는 데 자부심을 느꼈다. 아버지는 거의 매일 술을 마셨는데, 주중에는 퇴근 후 맥주 몇 잔을 마셨으며 주말이면 더 많이 마시곤 했다. 약간 취했을 때 그는 종종 공개적으로 잔인하거나 성적으로 부적절한 농담을 했다. 그럴 때가 아니면 기분 나쁜 감정을 보이지 않고 태평스럽게 가장의 역할을 했다. 술을 마실 때 화를 내거나 통제 불능이 된 적이 결코 없었기 때문에 데빈의 어머니는 남편의 술주정을 눈감아 주었고, 가족 내에서 대놓고 언급된 적도 없었다. 가족 모두가 잘못되고 상처 주는 일이 벌어지지 않는 것처럼 행동했고, 심지어 아버지의 부적절한 행동을 감추기 위해 거짓말까지 하며 부인에 동참했다.

데빈은 아버지나 어머니에게 불쾌한 감정을 표현하거나 불편한 것을 본 경험을 공유하려고 할 때마다 농담을 받아들이지 못한다고 야단맞거나 '착한' 아이처럼 조용히 하라는 말을 들었다. 그래서 다른 사람에게 말해서는 안 되거나 말할 수 없는 것들이 있음을 빨리 배웠다. '나쁘게' 인식될 수 있는 감정이나 생각에 대해 걱정이 들어 어떻게 행동하고 느껴야 하는지 부모님에게 계속 물어보기 시작했다. 성장하면서 갖게 된 엄격한 도덕관에 힘입어 가혹한 내면의 비판자를 키웠다. 이 비판자는 끊임없이 그녀의 생각과 바람을 판단하고, 때로 자기를 비하하는 농담이나 자기를 비판하고 무시하는 말의 형태로 외부에 모습을 드러냈다.

데빈이 성장하는 과정에서 그녀의 자아 스토리는 '나는 사랑받기 위해 좋은 사람이 되어야 해'가 되었다. 자신의 '선한' 이미지를 지키고자 그것에 도전하는 사람과의 상호작용을 피했다. 누군가나 무언가에 대해 부정적인 생각이나 감정이 들 때마다 자신을 혹독하게 비판했다. 자연스럽거나 본능적이라고 느껴지지만 그녀의 조건화된 가치에 비추어 적절하지 않은 방식으로 행동하고 싶어질 때마다 죄책감을 느끼거나 자신에게 벌을 주었다. 자신이 혼자서 결정을 내릴 만큼 충분히 착하지도, 똑똑하지도 않다고 믿었기 때문에, 자신의 말이나 행동이 다른 사람의 의견이나 바람과 충돌하는 상황이 드물게 발생하면 과도하게 해명을 하거나 자신을 변호했다.

현재 두 자녀를 둔 40대 주부인 데빈은 여전히 다른 사람들에게 공손하다. 그녀는 자신이 너무 가치가 없어서 삶이나 관계에서 벌어지는 복잡한 면들을 헤쳐나가는 것은 물론이고 자신의 욕구를 충족하는 데에서도 스스로를 신뢰할 수 없다고 믿는다. 영웅 숭배자 역할을 계속 행하면서 부모님에게 했듯이 주변 사람들을 이상화하며 사랑하는 사람들이 지닌 문제나 결함의 신호를 못 본 척한다. 그녀의 남편이 외도를 저지른 것을 많은 동네 사람들이 알지만, 데빈은 고통스러운 경험을 피하려고 자아가 시키는 대로 계속 소문과 증거를 무시한다. 현실을 부인하면 남편이 어린 자녀들에게 얼마나 좋은 아빠인지에만 집중할 수 있기 때문에 그녀와 달리 생각하거나 말하는 가족과 친구들을 피하기 시작했다. 남편의 외도를 알리는 사람들이 늘어나자 데빈은 완벽한 가족의 모습을 지키기 위해 더더욱 애를 썼다. 결혼 생활의 문제를 해결하라고 종용하는 직관을 믿지 않으며, 남편의 외도라는 현실을 알리는 사람은 누구라도 거부하고, 이상화한 삶 속에서 거짓된 안전감을 유지하기 위해 고군분투하고 있다.

현재의 경험에 새로운 의미를 부여한다

• •

조건화된 자기가 무엇을 믿든 자신의 자아 스토리에 대한 인식이 커질수록 우리 자신과 그러한 서사 사이에 거리를 더 많이 둘 수 있고, 우리 안에서 그리고 주변에서 일어나는 일들을 더 정확하게 볼 수 있다. 다른 사람들은 계속 똑같이 행동하지만 우리가 우리의 자아를 주시할 때, 두려움에서 비롯된 반응에 시달리는 시간이 줄어든다. 내가 '역량 강화 의식empowerment consciousness'이라고 부르는 것을 키우면 조건화된 방식으로 계속 행동하게 만드는 자동적 가정에 대해 문제를 제기할 수 있다.

역량 강화 의식을 갖게 되면 우리가 원하는 행동 방식에 대해서 새로운 선택을 할 수 있다. 그러면 자아의 본능적인 생각을 주시하고, 우리가 가치가 없다는 믿음에 도전하고, 우리에게 힘이 되는 새로운 믿음을 만드는 데 도움이 된다. 역량 강화 의식을 실시하면 자아 스토리가 작동하여 현재의 현실이 아닌 과거 경험에 바탕을 둔 반응을 할 때 알아차릴 수 있다. 자아가 주도하는 이러한 생각과 감정을 경험하고 있음을 깨달을 때, 그것들을 흘려보내고 현재의 경험에 새로운 의미를 부여할 수 있다. 많은 예가 있지만, 현재의 경험에 대해 생각하는 새로운 방법을 보여주는 두 가지 예를 살펴보자.

- 지금 모든 것을 제쳐두고 사랑하는 사람을 위기에서 구해내야 한다고 느끼는 유일한 이유는 나 자신이 가치 있다고 느끼기 위해 애를 쓰기 때문이다. 내 욕구를 희생할 필요가 없으며, 사랑하는 사람을 지금 당장 지지하지 못한다 해도 나는 가치 있는 사람이다.
- 나의 자아 스토리는 동료들이 나를 비판한다고 내가 믿길 바란다. 하지만 나는 그들이 사실 비판적이지 않고 배려심이 있고 사려 깊을 가능성을 받아들이고 싶다. 어린 시절 자주 비판받았기 때문에 내 잠재의식은 내가 반격하게 만들어서 상처 입은 내면아이를 보호하고 나의 안전을 지키려고 노력하고 있다. 이제 나는 달리 행동하기로 선택할 수 있다.

역량 강화 의식 훈련

사람마다 고유한 자아 스토리를 가지고 있고 여러 스토리를 가진 사람도 많지만, 다음의 단계들은 자아의 반응 주기에서 벗어나 자신을 주시하는 데 도움이 된다.

1. 자아 스토리를 주시한다 | 자아 스토리나 자신에 대한 서사를 인식하면 자아 스토리에 휘둘려 추정을 하고 그 결과 다른 사람에게 과잉 반응할 때 알아차릴 수 있다.

2. 생각에 문제를 제기한다 | 다른 사람과의 관계에서 당신이 자아 의식 상태에 있음을 알 때, 잠시 혼자만의 시간을 갖고 당신의 생각과 감정을 면밀히 살펴본다. 그것들이 정말 현실을 나타내는지, 아니면 자아 스토리가 당신의 생각과 감정을 왜곡하고 있는 것은 아닌지 판단한다. 예컨대 연인이 몇 시간 동안 문자에 답장하지 않아서 그가 당신에게 신경 쓰지 않는다는 생각에 빠지게 되면, 그러한 생각이 타당한지 문제를 제기하고 그가 당신의 가치와 무관한 이유로 답장을 보내지 않았을 가능성을 고려해 볼 수 있다.

3. 상처 입은 내면아이를 재양육한다 | 자아 스토리는 당신이 가치가 없다고 믿게 만든 충족되지 않은 욕구에 대처하는 일을 돕고자 잠재의식이 만든 것이다. 스스로에게 이제 안전하고 모든 면에서 가치가 있다고 말해줌으로써 상처 입은 내면아이를 재양육한다. 명심하라. 신경계가 적극적인 스트레스 반응 상태에 있다면, 신경계를 건강하게 만들고 조절 장애를 완화하기 위해 5장에서 소개한 자기 돌봄을 위한 행동들을 매일 꾸준히 실시하여 자신을 재양육하는 게 중요하다.

4. 자아 스토리를 긍정적인 확언으로 다시 쓴다 | 스스로가 가치 없다는 믿음이 몸과 마음에 물리적으로 프로그래밍되어 있기 때문에, 오랫동안 가치가 없다고 생각하다가 갑자기 가치가 있다고 믿기란 쉽지 않다. 자신과 경험에 대한 긍정적인 만트라인 확언을 반복하면, 처음에는 그 말을 믿지 않는다 해도 신경망을 재프로그래밍하는 데 도움이 된다. 당신이 안전하고 가치가 있다고 스스로에게 말하면 뇌에서 다양한 뉴런들이 활성화되고, 시간이 흐르면 이러한 뉴런들은 뇌가 쉽고 본능적으로 따르는 새로운 신경망이 된다. 사용할 수 있는 확언의 예는 다음과 같다.

- 내가 어떻게 느끼는지와 상관없이 나는 안전하고 사랑받고 있다.
- 때로는 지지가 필요하지만 그래도 나 자신을 잘 돌볼 수 있다.
- 나는 사랑과 교감을 누릴 가치가 있다.
- 나는 내 삶의 모든 경험을 내 의도대로 만든다.
- 나는 있는 그대로의 내 모습으로 사랑스럽다.
- 나는 있는 그대로의 나로서 가치가 있다.
- 나는 나와 다른 사람과의 관계에서 안전하고 안정적이다.
- 나는 주변의 다른 사람들과 함께 무언가를 창조할 때 가장 강력하다.
- 나는 내 정서 세계와 연결되어 있고 나를 안전하게 표현할 수 있다.

- 나는 내 삶의 경험을 만들고 그것에 반응하는 과정에 능동적으로 참여한다.

새로운 믿음을 만들 때 긍정적인 확언을 많이 사용할수록 다른 사람과의 관계에서 진정한 자기로 존재할 수 있는 역량이 커지며 관계 안에서 자신감과 안정감도 커진다. 장기간에 걸쳐 마음 의식을 꾸준히 연습해서 잠재의식을 인식하게 되면, 고통과 상처에서 비롯된 본능적인 반응을 하는 대신 다른 사람과 관계를 맺고 교감하는 법을 선택할 기회가 생긴다. 다음 장에서 살펴볼 훈련을 활용하면 내면의 사랑과 연민의 저장고인 심장에서 반응할 수 있는 기회를 얻게 될 것이다.

HOW TO BE
THE LOVE
YOU SEEK

7장

직관을 이끄는
심장의 힘

"머리가 아닌 심장을 따라라."

이 조언을 전에 들어본 적이 있을 것이다. 수백 번 들었을 수도 있다. 나는 이 책의 독자인 당신이 이 조언에 동의할 거라 추측한다. 하지만 당신이 실제로 심장을 따르는지 시간을 내어 생각해 본 적이 있는가? 많은 사람이 그렇다고 믿지만, 대부분의 사람들은 (내 삶의 많은 시간 동안 나 역시) 생각을 따르는 경향이 있다. 우리는 대부분의 시간 동안 생각하는 마음에만 주의를 기울이고, 물리적인 심장에 귀 기울이며 그 안에 사는 싶은 욕구, 꿈, 바람을 탐색하지 않는다. '논리적이고 이성적인' 뇌로 의사 결정을 내리며, 직감으로 느껴지는 끌림이나 뭔가 다른 말을 전하는 심장의 두근거림은 간과한다.

생각하는 마음이 '논리적'이며 '이성적'이라고 묘사되지만, 사실 우리는 전혀 합리적이지 않은 선택을 자주 한다. 조건화가 행동을 주도하게 방치하면 내면의 지혜로부터 단절된 상태로 남게된다. 직관에 접근할 수 없으면 결국 우리가 삶을 사는 방법에대해 과도하게 생각하고, 끝없이 우리의 선택을 저울질하며, 때로 심하게 마비되어 아무런 결정도 내리지 못한다. 심장이 가진 내면의 나침반에서 멀어지면 매체, 주변 친구들, 그 밖의 외부의 영향이 보내는 외부의 메시지들에 더 쉽게 영향을 받는다. 새로운 가능성을 보거나 오래된 역기능적 습관에서 벗어날 수 없어서 익숙한 문제들에 대해 같은 해법만 계속 반복한다. 우리가 정말 무엇을 원하고 필요로 하는지 판단할 수 없어서 그 결과 관계와 주변 상황을 헤쳐나가는 방법에 대해 불만족과 환멸을 느끼거나 혼란스러워한다.

우리가 갖고 태어난 내면의 나침반과 다시 연결되려면 심장 안에 사는 심오한 지혜에 귀 기울이는 법을 배워야 한다. 심장은 단순히 전신에 혈액을 공급하기 위해 뛰는 기관이 아니다. 당신의 물리적 심장(지금 가슴 안에서 뛰는 심장)은 직관이 사는 곳이기도 하다. 인체에서 가장 에너지가 많은 강력한 기관으로, 당신의 물리적 존재 너머로 전기장을 방출한다. 심장은 개개인을 고유하게 만드는 개별적인 에너지를 내보낸다. 나는 이것을 영혼 또는 본질이라고 부른다. 관계에서 당신의 영혼이나 진정한 자기와 일치하는 선택을 하길 원한다면 당신의 심장과 교감해야 한다.

많은 사람이 심장을 자신의 물리적인 중심으로 보고, 누군가 그들의 중심을 물으면 심장을 가리킨다. 또한 심장이 모든 감정의 중심부라고 믿는다. 전 세계적으로 그리고 인류 역사 속에서 내내 심장은 사랑과 동의어였고 정체성, 의도, 직관과도 같다고 여겨져 왔다. 영어만 해도 'the heart of the matter(문제의 핵심)', 'with all my heart(진심으로)', 'from the bottom of my heart(진심으로)', 'follow your heart(마음을 따라라)', 'heartfelt emotions(진심 어린 감정)'와 같은 많은 문구가 심장을 정서적, 직관적 자기의 중심으로 묘사한다.

심장에 대한 역사적, 문화적 강조는 어쩌다 생긴 것이 아니다. 심장은 우리의 생각보다 더 강력하다는 사실이 수십 년간의 연구를 통해 밝혀졌다. 이제 우리는 심장이 뇌와 소통하고, 신경계 기능에 영향을 미치는 신경 자극, 호르몬, 압력 파동, 전자기 에너지를 내보낸다는 사실을 알고 있다. 사실 심장이 보내는 신호는 매우 강력해서 다른 사람들과 동물들도 그 에너지를 느낄 수 있다. 당신에게서 30~60센티미터 떨어진 곳에 놓인 물이 담긴 컵에 전극을 넣는다면, 나는 물이 잔잔하게 움직이는 모습에서 당신의 심장박동을 관찰할 수 있을 것이다.

심장과 교감한다는 게 무슨 뜻인지 이해하지 못했다면, 공감한다. 나 역시 오랫동안 알지 못했다. 요가 강사나 그 밖의 치료사들이 의사 결정을 하고 평화나 명료함을 찾으려면 자기 마음의 공간으로 들어가라고 말했을 때, 나는 무슨 뜻인지 이해하지 못했다. 발리로 여행을 가고 나서야(좀 더 정확히 말하자면 발리의 정글 한복판에서 밤을 보내고 나서야) 내 심장과 교감하는 게 무슨 뜻인지, 그게 왜 중요한지 이해하기 시작했다.

박사 과정을 마치자 내 부모님은 돈을 선물로 주셨다(학업 성취에 대한 금전적인 보상은 우리 가족 안에서는 흔한 사랑의 표시였다). 롤리와 나는 예산이 빠듯하더라도 발리에서 휴가를 보내기로 했다. 모터 달린 자전거를 타고 섬을 일주하고, 비싸지 않은 게스트하우스에서 묵었다. 여행이 끝나가자 우리가 머물고 있던 우붓에서 멀지 않은 유명한 휴양지에 돈을 쏟아붓기로 했다. 그 휴양지는 논과 협곡과 사원으로 둘러싸인 내륙에 있었다. 고요하고 아름다운 곳으로, 창문을 열면 녹색이 너무 짙어 푸르른 들판이 보였다. 그곳에서 첫날 롤리와 나는 도서관을 방문해서 각자 책 한 권씩을 선택했다. 나는 책 표지와 제목에 끌려 그렉 브레이든Gregg Braden의 《디바인 매트릭스, 느낌이 현실이 된다》(김영사, 2021)를 골랐다.

현대 과학과 영성을 통합하는 비전을 제시하는 유명인인 브레이든은 이 책에서 과학을 이용하여 모든 인류를 연결하는 거미줄과 같은 에너지 장의 존재를 뒷받침한다. 몇 분 만에 나는 그가 제시한 개념에 사로잡혔다. 열린 문을 통해 바람이 히비스커스의 부드러운 향과 새들의 지저귐을 타고 들어오는 동안 침상에 누워 책을 탐독했다. 이틀 뒤 체크아웃할 때 나는 이미 그 책을 다 읽은 후였다.

집으로 돌아온 후, 나는 브레이든에게서 배운 사상과 관련된 책들을 몇 권 더 주문했다. 그렇게 탐독하다가 심장-뇌 일관성이라는 개념을 발견했다. 심장-뇌 일관성은 심장 일관성으로 더 많이 알려져 있는데, 과학적으로 계량화할 수 있는 심리생리학적 상태로 심장과 뇌가 효율적으로 함께 작동할 때 발생한다. 이

때 심장은 역동적으로 리드미컬하고 일관된 메시지를 뇌에 보내고, 뇌도 심장에게 그런 메시지를 보낸다. 전에 들어본 적이 없는 개념이었다. 곧바로 나는 최대한 많이 알고 싶어졌고, '심장 의식 heart consciousness'을 향한 여정을 시작했다.

심장 의식은 심장에 기반한 인식을 하는 상태를 묘사할 때 내가 사용하는 용어다. 이 상태에서 우리는 열린 마음으로 심장이 보내는 메시지를 수용하고 그 정보를 토대로 의사 결정을 내린다. 심장 의식 상태일 때 우리는 우리의 진정한 열정과 목적을 활용하고, 우리만의 고유한 에너지를 남에게 표현할 수 있고, 진정한 관심사와 욕구에 이끌려 보내는 시간이 많아진다. 심장에 귀를 기울일 때 더 진정으로 자신과 연결되며, 다른 사람과 진정으로 교감할 수 있도록 더 개방적으로 변하고, 남들 곁에 더 머물게 된다. 존재가 안정되면 다른 사람과의 관계에서 안전을 조성하는 데 도움이 된다. 신경계가 주변 사람들에게 진정시키는 신호를 보내어 그들도 신체적으로 차분함을 느끼게 되기 때문이다(이 공동 조절의 과정에 대해서는 다음 장에서 더 자세히 다루겠다). 궁극적으로, 심장 의식을 키우면 심장의 직관에 주파수를 맞출 수 있는 능력이 향상되어 미래를 알 수 없는 상황에서도 우리 자신을 위해 그리고 관계 안에서 더 적절한 선택을 할 수 있다.

심장이 뇌에 보내는 물리적 신호

..

많은 사람이 심장 일관성이라는 개념에 익숙하지 않지만 이 개념은 수십 년간 연구되었고, 의학에서 사람들이 신체적, 정서적 웰빙을 변화시키도록 지원하는 데 사용되었다. 과학 연구에 따르면 심장 일관성은 심장병, 당뇨, 만성 피로, 만성 통증, 고혈압, 자가 면역 질환, 섬유근육통을 비롯한 많은 질병들을 예방하거나 치료하는 데 도움이 될 수 있다.[31] 또한 사람들이 불안, 우울, PTSD, ADHD, 약물 및 알코올 중독, 분노 문제, 섭식 장애에 대처하거나 그로부터 회복하는 데 도움이 되며, 기억력과 인지 수행을 강화하는 데도 도움이 된다.[32]

심장 일관성은 우리의 뇌, 심장, 감정이 일치하고 심장과 뇌가 역동적인 조화를 이루며 함께 효율적으로 작동할 때 발생한다. 더 간단히 말하자면 심장 일관성은 심장과 신체적, 정서적으로 연결된 상태로, 우리는 심장이 보낸 메시지에 따라 행동할 수 있게 된다. 심혈관계, 신경계, 호르몬과 면역 체계를 비롯한 인체의 주요 생리 기능 통제 센터들 사이에 소통이 동시에 발생하고 균형을 이루는 상태다. 이 내부의 조율 덕분에 자율신경계가 교감신경계가 주도하는 상태와 부교감신경계가 주도하는 상태를 쉽게 오갈 수 있으며, 필요할 때 스트레스 반응을 활성화한 후 평온한 항상성 상태로 재빨리 돌아갈 수 있다. 심장 일관성 상태일 때 마음속 대화가 줄어들어 정신이 명료해지고 직관에 주파수를 맞추는 능력이 강화된다.

과학자들은 심장이 뇌에 보내는 물리적 신호를 평가하여 심장 일관성을 측정한다. 심장 일관성이 있으면 심장은 뇌에 부드러운 S자형 압력 파동과 신경 자극, 호르몬, 신경전달물질, 전자기적 에너지를 보내는데, 이 모든 것이 우리가 인식하는 스트레스를 줄여주고 스트레스에 대한 회복력 또는 견뎌낼 수 있는 긴장이나 불쾌한 감정의 양을 늘려준다. 이러한 조화로운 신호들은 주변 사람들의 스트레스까지 낮출 수 있으며, 개인으로서 우리가 주변 세상을 바꿀 수 있다는 생각에 의미와 가능성을 부여한다.

심장 – 리듬 – 패턴

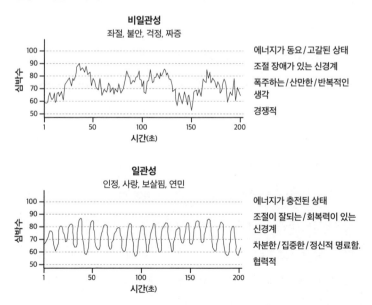

7장 · 직관을 이끄는 심장의 힘

과학자들의 말처럼 심장은 실제로 4만 개의 뉴런으로 구성된 '작은 뇌'를 가지고 있다.[33] 뇌와 마찬가지로 심장은 장단기 기억을 모두 저장할 수 있다. 이 점이 일부 심장 이식 환자들이 증여자의 삶에 대한 기억을 떠올리거나 증여자의 성격 특질을 갖게 되는 이유를 설명해 준다.[34]

심장은 인체에서 가장 에너지 수준이 높은 기관으로, 뇌가 방출하는 것보다 60배나 강력한 전기 에너지장과 100배나 강력한 전자기장을 방출한다.[35] 심장의 전자기적 에너지는 우리의 피부 표면 어디서든 감지될 수 있고, 우리로부터 약 1.5미터 떨어진 거리까지 감지되고, 주변 사람들에 의해서도 감지될 수 있으며, 그들의 뇌파 활동에 영향을 미친다.[36] 호르몬과 그 밖의 감각 신호에 더하여 심장은 전기 에너지장과 전자기장을 이용하여 끊임없이 우리와 주변 사람들에게 정보를 제공하고 동시에 환경으로부터 정보를 수신하고 암호화하고 학습한다.[37] 사실 다른 사람들과 주변 세상으로부터 오는 전자기적 신호를 해석하는 것은 뇌가 아니라 심장이며, 그래서 심장이 직관의 중심부다.

아마 당신은 사람들이 특정 에너지를 띠는 모습을 보았을 것이다. 명랑함, 따뜻함, 혹은 즐거움을 보이거나 항상 슬프고 무겁고 우울하거나 불안하고 동요되거나 초조할 수도 있다. 당신이 감지하는 것은 그들의 심장이 방출하는 전자기장으로, 우리는 다른 사람으로부터 몇 피트 떨어진 거리에서도 그 에너지를 느낄 수 있다. 마찬가지로, 두 사람이 서로 만지거나 나란히 앉거나 누워 있으면 그들의 심장박동이 서로의 뇌파에 영향을 주고 그 것을 변화시킨다. 우리가 다른 사람과 대화할 때 방 건너편에 있 더라도 우리의 심장 리듬은 서로에게 영향을 미친다.[38]

심장은 주변의 사물 및 사람들과 상호작용 시 에너지가 변화 함에 따라 시시각각 변화를 감지하는 감각 시스템의 영향을 받 는다. 심장이 일관된 상태일 때, 신경계는 주변 사람들의 에너 지 상태에 대해 열려 있거나 수용적이어서 우리가 '에너지 감수 성energetic sensitivity'으로 알려진 일종의 직관에 접근하도록 돕는 다.[39] 에너지 감수성이 있기 때문에 우리는 물리적으로 근접한 사람들 또는 정서적으로 가장 친숙한 사람들의 에너지를 감지할 수 있다. 사랑하는 사람이 직접 말하지 않았는데도 뭔가에 화가 났거나 신경을 쓰고 있다는 것을 감지할 수 있었다면, 바로 이 직관을 느낀 것이다. 아니면 방금 전에 뭔가 기분 좋은 일을 겪 은 누군가의 곁에 있을 때, 무슨 일이 일어났는지 알기 전에 명 랑함이나 활력을 감지할 수 있는 것도 이 직관 때문이다.

심장은 비국소적 직관 또는 원거리 직관으로 알려진 또 다른 종류의 직관도 감지한다. 이 유형의 직관은 우리가 근거리 밖에 있는 사람들과 멀리 떨어진 곳에서 지금 벌어지고 있는 사건의 상 태를 감지하는 데 도움이 된다. 이러한 경험이 미신으로 쉽게 치 부될 수 있긴 하지만, 비국소적 직관을 뒷받침하는 강력한 과학적 증거가 있다. 연구에 따르면 심장은 사건이 일어나기 전에 예측할 수 있으며, 한 연구는 눈으로 화가 나는 사진을 직접 보기도 전에 심장이 그것에 대해 반응하는 것을 발견했다.[40] 이러한 연구 결과는 다양한 자극을 사용하여 여러 문화에서 반복 검증되었다.[41]

누군가를 떠올렸는데 바로 그 사람으로부터 문자나 전화를 받았다거나 혹은 사랑하는 사람이 당신에게 말하기도 전에 그가 무엇을 생각했는지 알았다면, 비국소적 직관을 경험한 것일 수 있다. 아울러 눈앞에 없는 자식에게 무슨 일이 벌어졌는지 부모가 알아차리는 것과 사업가가 의사 결정을 내릴 때 성공적인 결과가 나오리라 예감하는 것도 예가 될 수 있다.[42]

비국소적 직관 외에도 심장에는 과학자들이 제대로 계량화할 수 없다고 인정한 직관력도 있다. 이런 사실에도 불구하고 혹은 바로 이 사실 때문에 심장은 '전통적인 시간과 공간의 제약에 의해 구속받지 않는 정보의 장과 연결'되어 있으며, 동시에 초자연적인 부분 또는 '자기의 더 깊은 부분'을 담고 있다는 게 연구자들의 눈에 더 확실해지고 있다.[43]

우리는 배 쪽 미주신경 부교감신경계의 활성화라는 안전하고 사회적으로 교감하는 상태에 있을 때만 이 정보의 장에 접근할 수 있다. 이에 대해서는 3장에서 자세히 다뤘다. 우리가 이 상태에 있을 때, 몸은 생각이 만드는 잡음을 없애어 우리가 심장이 보내는 직관의 소리를 실제로 들을 수 있게 한다. 당신이 이완되고 차분하며 평온할 때, 심장이나 가슴이 얼마나 열려 있고 가볍고 여유롭게 느끼는지 생각해 보라. 이것을 겁먹고 스트레스받거나 근심이 있을 때 감지할 수 있는 폐쇄적이고 무겁거나 억눌린 감각과 비교해 보라. 직관이 당신에게 말하고 있는 것이다.

심장과 뇌가 에너지적으로, 정서적으로 일치할 때, 우리는 심장의 감각을 더 잘 느낄 수 있게 되어 심장이 보내는 메시지를 이해할 수 있다. 관계 안에서 어떤 행동을 고려할 때 만일 심장이 중심이 잡혀 있고 차분하고 확장되는 느낌이 든다면, 그 순간 당신에게 안전하고 잘 맞는 선택일 가능성이 높다. 반대로 심장이 갑갑하고 차단되어 있거나 두렵다고 느끼면, 하려는 행동은 그 순간 가장 안전하거나 잘 맞는 선택이 아닐 수 있다.

시간이 흐르면 누구나 마음의 이면에서 잡아당기는 느낌, 깊은 깨달음의 순간, 혹은 육감, 예상치 못한 내면의 목소리, 이미지나 환상, 또는 심장의 떨림을 인식할 수 있다. 우리가 열린 자세로 심장을 느끼고 그것이 보내는 메시지를 받을 때, 다른 방식으로도 우리의 인식이 열려 있음을 감지할 수 있다. 우선 어떤 아이디어나 해법이 마음의 반복적인 생각을 방해하며 우리의 의식에 갑자기 뛰어들 때 발생하는 통찰이나 명료함의 순간들을 알아차릴 수 있다. 혹은 좋아하는 머그잔이 떨어지기 전에 치우라고 말하거나 예상치 못한 폭풍우에 대비해서 우산을 준비해 두라고 하는 친절한 마음의 소리를 감지할 수 있다. 왠지 평소와 다른 길로 퇴근하고 싶어져 그렇게 했더니 구조가 필요한 새끼 고양이를 우연히 발견할 수도 있다. 이 모든 예시가 직관이 우리에게 말하고 있다는 증거다.

심장과 교감하고 일관된 상태에 있으면 타고난 창의력에 접근하고 좀 더 쉽게 '몰입 상태'에 빠질 수 있어 프로젝트, 취미, 대화나 그 순간 일어나는 일에 완전히 몰두할 수 있다.[44] 이렇게 편안하게 집중하고 교감하는 확장된 순간들은 우리가 진정한 열정과 목적을 파악하고 추구하는 데 도움을 준다.

우리 대부분이 겪는 문제는 우리가 심장과 교감하고 심장이 일관성을 띠는 상태로 보내는 시간이 설령 있다고 해도 너무 적다는 것이다. 정신없거나 안전하지 않은 생활환경 때문에 외적인 환경에 의해, 혹은 걱정이나 화가 나는 생각 때문에 내적인 환경에 의해 지속적으로 압도당하면, 우리 몸은 과도하게 자극을 받고 스트레스를 받아 심장과 계속 단절되고 일관되지 못한 상태에 머문다. 그럴 때 뇌와 심장은 둘 사이를 오가는 메시지와 주변 세상에서 온 메시지들을 뒤죽박죽으로 만들기 때문에 우리는 직관에 접근할 수 없고, 명확하고 정확하게 상황을 평가할 수 없으며, 다른 사람에 대해 열려 있거나 호기심을 가질 수 없다. 심장이 우리에게 메시지를 보낼 수 있지만 뇌가 그 신호를 무시하기 때문에 들을 수가 없다. 뇌가 심장과 일치하지 않게 되면, 뇌는 오직 갈등만 보고 우리가 가장 사랑하는 사람들에게서 다른 점이나 차이만을 발견하고 부각할 수 있다. 하지만 다행히도 우리가 사랑의 영원한 존재를 체화하는 것을 막는 잡음을 제거할 수 있는 방법이 있다.

심장이 일관된 순간을 누리고 직관을 이용하면, 불가피하게 다가올 불확실한 미래에 맞닥뜨릴 때 신뢰와 안정을 키울 수 있다. 하지만 명심하라. 심장 일관성을 만들어도 모든 스트레스와 불안을 끝낼 수는 없다. 그건 인간이 할 수 있는 일이 아니기 때문이다. 스트레스와 화를 유발하는 상황들은 살다 보면 늘 있기 마련이다. 그렇지만 심장의 일관성을 키우면 긴장되고 불편한 경험이나 감정을 겪은 후 신경계를 다시 안전하게 돌려놓는 능력이 향상될 수 있다. 스트레스에 대한 회복력이 커지면 스트레스에 압도되어 신경계 반응에 갇히지 않고 다양한 상황들을 견뎌내는 데 도움이 된다. 스트레스를 받거나 화가 날 때 자신을 조절하거나 진정시킬 수 없다면, 뇌는 계속해서 두려움에서 비롯된 메시지를 보낼 것이다. 아울러 우리는 우리의 몸 안에서 심장과 교감하거나 심장에 귀 기울일 수 있을 만큼 충분히 안전하다고 느끼지 못할 것이다.

관계를 치유하는 심장 일관성

• •

심장과 뇌가 조화롭고 효율적으로 함께 작동할 때 우리는 환경을 좀 더 정확하게 감지할 수 있고, 다른 사람들과의 연결을 유지하는 데 도움이 되는 의사 결정을 할 수 있다. 아울러 살면서 겪는 정서적 스트레스에 대해 보다 명확하게 생각하고 더 잘 대처할 수 있다.

신경계는 원래 위협에 반응하게 되어 있지만 심장은 연민에 기반한 연결을 만들 수 있다. 조절 장애를 겪지 않고 압도되거나 차단되지 않으면서 스트레스와 정서적 고통을 감내하면, 다른 사람에게 좀 더 차분하고 사랑을 베푸는 방식으로 반응하는 데 도움이 된다. 물론 여전히 때때로 생활과 관계 속에서 스트레스를 받거나 화가 날 테지만, 그래도 다른 사람의 관점과 경험에 대해 열린 마음을 유지하고 호기심을 가질 수 있다. 동시에 명확한 경계를 설정하고 지키면서도 그런 다름 때문에 고갈되거나 분개하지 않게 되어 사랑과 연민을 베푸는 사람으로 관계에 임할 수 있는 능력이 향상된다.

이렇게 삶과 관계를 바꾸는 심장 일관성 상태를 조성하는 일은 매일 조금씩 시간을 내어 인정, 감사, 연민, 보살핌과 사랑 같은 긍정적인 감정 또는 연구자들이 '심장의 핵심 감정'이라고 부르는 것을 체화하는 데서 시작한다. 이러한 긍정적인 감정 경험은 심장의 리듬을 조화롭게 하여 들쑥날쑥하거나 불규칙한 패턴을 매끄러운 '사인곡선'과 같은 파동으로 전환시킬 수 있다. 아울러 부교감신경계의 활동을 강화하면서 동시에 교감신경계의 활동을 줄일 수 있다.[45]

특히 감사하는 연습을 하면 과거의 어려움을 반복하거나 미래에 대한 걱정에 갇히는 대신 현재 안에서 보다 안정감을 느낄 수 있다. 감사는 우리가 지금-여기에 존재하는 경험을 인식하여 지금의 현실을 받아들일 수 있는 기회를 주고, 많은 사람이 빠지는 에너지 저항의 상태로부터 벗어나는 데 도움을 준다. 감사의 효과를 빨리 경험하려면 다음에 당신이 뭔가를 '해야 한다'는 생각에 잠겨 있을 때, 가령 사랑하는 사람에게 전화를 해야 한다거나 자기 전에 양치를 해야 한다는 생각이 들 때, 잠시 시간을 내어 당신 몸의 에너지가 어떤 느낌인지 감지해 보라. 그러고 나서 다시 잠깐 시간을 내어 그 생각들을 당신이 해야 할 일이 무엇이든 그것을 완수할 수 있는 기회가 있음에 감사하는 생각으로 전환한다. 이를테면 "나는 X를 해야 해"에서 "나는 X를 하기로 택할 수 있어"로 정신적 언어를 전환하면서, 이런 전환에 반응하여 몸의 에너지가 어떻게 변하는지 감지한다. 당신의 행동이나 선택 이면에 있는 목적이나 의도를 고려하는 시간까지 더하면 이 훈련을 계속하는 데 도움이 된다. 위의 예시를 사용하여 설명하자면 잠시 짬을 내어 스스로에게 이렇게 말하는 모습일 수 있다. '사랑하는 사람에게 전화로 회신하면 서로가 연결되어 있다고 느끼는 데 도움이 되고 그게 나에게 중요하기 때문에 나는 회신하기로 선택할 수 있어.' '나는 건강이 내게 중요하기 때문에 양치질을 하기로 선택할 수 있어.'

이러한 소소한 방식으로 매일 당신의 심장과 다시 교감하고 심장을 활성화하는 일은 당신 자신을 진실되게 표현하기 위해 필요한 여지와 기회를 만드는 데 근본적으로 중요하다. 그리고 다른 사람들에게 그런 여지와 기회를 주는 데에도 중요하다. 이제 당신도 이 점을 이해하기 시작했길 바란다. 이 진실된 감정

표현이 바로 다른 사람들이 우리를 진정으로 알고 우리와 교감할 가능성을 만들며, 그들도 우리가 그들을 알고 그들과 교감할 수 있을 만큼 충분히 안전하다고 느낄 수 있게 해준다. 누군가를 진정으로 알거나 심장과 뇌로 그들과 주파수를 맞추면 그들의 정서적 관점으로 느끼는 데 도움이 된다. 이것이 바로 공감에 기초한 진정한 교감의 근간이다.

심장박동에 숨겨진 비밀

• •

심장박동은 생명의 리듬이며 전신을 통해 느껴질 수 있는 힘이다. 생사를 판단하기 위해 의사들이 가장 먼저 확인하는 바이털사인이기도 하다. 하지만 심장박동은 우리의 신체적 존재를 나타내는 신호일 뿐만 아니라 우리의 정서 경험을 뇌, 몸, 주변 세상에 알리는 데 사용되는 심장의 '지능 언어'이기도 하다. 심장은 뛸 때마다 뇌, 특히 정서와 관련된 부분의 전기적 활동을 변화시키는 신경 자극을 내보낸다. 또한 심장박동은 우리 주변에 있는 생명체의 뇌에서 일어나는 전기적 활동까지 바꿀 수 있는데, 여기에는 사람뿐만 아니라 동물도 포함된다.[46]

심장의 언어는 사람마다 고유하다. 일반적인 믿음과 달리, 심장은 메트로놈처럼 정확하게 동일한 리듬으로 뛰지 않는다. 대신 심장은 박동 사이의 간격이 짧아졌다 길어졌다 하며 초마다 다른 진폭과 간격으로 뛴다. 이것을 심박 변이도HRV라고 하는데, 너무 미세해서 우리가 느낄 수 없는 심장박동 사이의 시간 변화를 측정한 것이다. 심박 변이도는 자율신경계에 의해 통제된다. 자율신경계는 교감신경계와 부교감신경계로 구성되며, 투쟁, 도피, 경직 또는 차단, 비위 맞춤 반응을 담당한다.

심장박동 사이의 변화가 클수록 심박 변이도가 상승한다. 심장박동 사이의 변화가 적을수록 심박 변이도는 낮아진다. 심박 변이도가 높으면 심장이 스트레스 경험 후에 정상 리듬으로 재빨리 돌아갈 수 있기 때문에 스트레스를 더 잘 견뎌낼 수 있다. 반대로 심박 변이도가 낮으면 심장이 스트레스 경험이 끝나고 나서도 오랫동안 빠르게 뛰며 정상 리듬으로 돌아오는 데 어려움을 겪기 때문에 스트레스에 효과적으로 반응하지 못한다.

거리를 걷는데 갑자기 자동차가 당신 옆을 빠르게 지나갈 때, 심박 변이도의 영향을 경험했을 수 있다. 심박 변이도가 높으면 당신의 심장은 잠시 빠르게 뛰어 필요할 경우 재빨리 비켜설 수 있도록 에너지를 공급했을 것이다. 하지만 그러고 난 후 곧 속도를 늦춰 당신이 안정을 되찾고 다시 진정하고 안전하다고 느끼도록 도왔을 것이다. 반대로 심박 변이도가 낮으면 당신의 심장은 빠르게 뛰는 상태를 유지하여 진정하지 못하고, 필요 이상으로 오랫동안 초조한 상태를 유지했을 것이다.

일반적으로 심박 변이도가 높으면 신체 건강, 정서적 웰빙, 행동 회복력, 정서 조절의 수준이 높다. 아울러 신경계가 배 쪽 미주 신경 상태에서 더 많은 시간을 보낼 수 있어서 심장 일관성과 열린 마음으로 주변 사람들과 교감하고 협력하는 능력이 개선된다.

반면 심박 변이도가 낮으면 우리가 아무리 스트레스를 유발하는 상황과 불쾌한 감정에 차분하게 또는 효과적으로 대처하고 싶다고 해도 대처 능력이 줄어든다. 만성적으로 인내심이 없고, 동요되거나 초조하고, 깊은 통증을 계속 경험하고, 자신이나 다른 사람에게 상처를 주고, 혹은 자기 위안을 하려고 마약, 술, 음식, 섹스 또는 약물이나 역기능적인 행동 습관에 의지해서 비이성적으로 행동할 수 있다. 지속적으로 생존 모드에 머물러 우리 자신의 존재에만 몰두하므로 다른 사람과 주파수를 맞추거나 그들의 관점에서 보거나 느낄 수 없다.

관계에서 높은 심박 변이도와 낮은 심박 변이도의 차이는 사랑하는 사람이 동요되거나 싸울 태세로 귀가했을 때 차분하게 관심을 보이며 잘 대응하느냐 아니면 상대방의 화를 개인적으로 받아들이고 그의 감정 상태를 그대로 흡수하느냐를 뜻한다. 심박 변이도가 높으면, 스스로 조절하기 위해 필요한 공간이나 시간을 주거나 주파수를 맞추고 공동 조절을 할 수 있다. 만일 우리가 스트레스를 받은 상태로 귀가한다면, 잠시 혼자 있거나 공간이든 시간이든 공감에 바탕을 둔 경청이든 우리가 원하거나 필요로 하는 지지가 무엇인지 직접 말하여 보다 빠르고 효과적으로 스스로를 조절할 수 있다.

심박 변이도(HRV) 자기 평가

다음 질문들을 읽고 당신의 경험과 가장 일치하는 답을 고른다.

다른 사람에게 화가 났을 때, 통제가 안 되거나 감당이 안 되거나 화가 폭발하는 듯한 느낌이 드는가?

1. 전혀 그렇지 않다.

2. 때때로 그렇다.

3. 자주 그렇다.

다른 사람들과 마음 편하게 있을 수 없다고 느끼는가?

1. 전혀 그렇지 않다.

2. 때때로 그렇다.

3. 자주 그렇다.

다른 사람들과 신체적으로 가까이 있거나 접촉할 수 없을 정도로 두렵거나 불편하거나 안전하지 않다고 느끼는가?

1. 전혀 그렇지 않다.

2. 때때로 그렇다.

3. 자주 그렇다.

다른 사람들 앞에서 감정을 솔직하게 드러내거나 그들과 가까워질 수 없을 정도로 두렵거나 불편하거나 안전하지 않다고 느끼는가?

1. 전혀 그렇지 않다.

2. 때때로 그렇다.

3. 자주 그렇다.

사랑을 주거나 받을 수 없을 정도로 두렵거나 불편하거나 안전하지 않다고 느껴 다른 사람이 정서적으로 교감하려고 하거나 당신에게 사랑을 보이려고 할 때 자주 거부하는가?

1. 전혀 그렇지 않다.

2. 때때로 그렇다.

3. 자주 그렇다.

혼자 있을 때 이완되거나 편안함을 느끼지 못하거나, 명상을 하거나 혼자 있을 때와 같이 침묵이나 고독의 순간에 불편함을 느끼는가?

1. 전혀 그렇지 않다.

2. 때때로 그렇다.

3. 자주 그렇다.

답을 합산한다. 점수가 높을수록 심박 변이도가 낮고 심장의 일관성이 떨어진다는 뜻이다. 어떤 점수가 나왔든 자신에게 계속 연민을 베풀고 이 훈련을 당신의 몸, 마음, 심장에 변화를 일으킬 수 있는 기회로 삼아라. 변화는 매일 매 순간 가능하다. 치유 여정에서 어느 곳에 위치하든 신체 의식과 마음 의식을 키워 심박변이도와 심장 일관성을 높이면 조건화된 반응 패턴에서 벗어나 평온을 찾고 심장이 보내는 메시지에 귀 기울이게 될 것이다.

심장과의 연결을 회복하는 여정

••

많은 사람과 마찬가지로, 나는 정서적으로 내게 주파수를 맞춰주는 부모님 슬하에서 자라지 못했기 때문에 안타깝게도 내심장과 단절되었다. 부모님은 두 분 다 이민자 2세로 신체적, 정서적으로 자원이 부족한 환경에서 성장하셨다. 어머니는 부모의 관심과 보살핌을 거의 받지 못했기 때문에 성인이 되어서도 정서적으로 미발달 상태였고, 스트레스에 잘 대처하지 못해서 다른 사람과 진정으로 교감할 수 있는 기회가 없었다. 언니가 어린 시절 건강에 심각한 위기를 겪었을 때, 부모님은 압도되었지만 지지를 받지 못했다. 특히 부모님의 확대가족들이 지지해 줄 방법을 몰라서인지 아니면 그럴 마음이 없어서인지 거리를 두기 시작한 후로 더욱 그랬다. 어머니는 거의 끊임없는 스트레스에서 살아남고자 정서적으로 차단하기 시작했고, 만성 통증과 건강 문제를 겪게 되었다. 감정 조절 능력이 없었기 때문에, 커가기만 하는 통증을 완화할 수 있는 방법을 찾는 끝없는 여정을 시작하셨다.

내가 태어날 무렵 부모님은 두 분 다 40대 중반이었고, 수십 년간 신경계 조절 장애라는 두려움에서 비롯된 상태에 갇힌 몸으로 살아온 후였다. 뿌리 깊은 두려움에 휘둘리고 자신의 생존을 최우선에 두다 보니 딸인 나나 나의 정서 세계와 진정으로 공감할 수 없었다. 내 안과 주변에서 벌어지는 일들을 헤쳐나갈 수 있도록 도와주는 사람이 전혀 없었기 때문에 나 역시 항상 안전하지 않다고 느끼며 성장했다. 안정감을 느끼고 내 몸과 관계에 평온하게 연결되기 위해서는 부교감신경이 관장하는 배 쪽 미주신경 상태에 머물러야 했지만, 자주 압도되고 감정 조절이 되지 않아 거의 그러지 못했다.

나는 세대를 넘어 유전적으로 전해지는 우리 가족의 믿음, 즉 세상은 무섭고 외로운 곳이라는 믿음을 드러내는 살아 있는 구현체가 되었다. 이러한 믿음은 내 부모님의 경험과 내가 겪은 경험에서 직접적으로 비롯되었다. 20대 초반에 집을 떠난 직후, 어머니는 그녀의 아버지가 심장마비로 갑자기 돌아가셨다는 소식을 전해 들었다. 이 갑작스러운 상실로 어머니의 뿌리 깊은 방임의 상처가 활성화되었고, 다른 사람과 단절된 느낌이 확대되었다. 몇 년 후 부모님이 신혼여행에서 돌아오는 길에 심각한 사고로 차가 여러 번 뒤집히는 것을 목격하셨다. 이 장면을 보고 어머니는 공포에 사로잡혔고, 수년간 우리 가족의 자동차 사용에 영향을 미쳤다. 아버지는 어린 시절 자주 괴롭힘을 당해 고통받았고, 훗날 신분 위조 사기를 당한 후 모두가 자신에게 사기를 치거나 자신을 속이려 든다고 믿기 시작하셨다.

내 경험 때문에 부모님의 걱정 표현은 더 심해졌다. 늘 안전하지만은 않은 필라델피아에서 성장한 터라 나는 범죄나 다른 사건 때문에 출동하는 응급 차량들의 사이렌 소리에 자주 잠에서 깨곤 했다. 사실 아기였을 적 병원에서 집으로 온 날, 오빠가 오래된 차를 수리하다가 불꽃이 일어나는 바람에 우리 집 차고에 불이 났다. 자다가 깨어나 우리 집 차가 도난당했다는 사실을 알게 된 일도 한 번 이상 겪었다. 게다가 옆집 아주머니가 뒷마당에서 정원을 가꾸는 동안 그 집에 강도가 드는 일까지 벌어지자 내 부모님은 집 안에서조차 정말 안전하지 않다는 잔소리를 더 자주 하게 되었다.

시간이 흐르며 나는 내 몸과 주변 세상에서 안전하다는 느낌을 거의 느끼지 못했다. 내가 생존하기 위해 의지하는 사람들이 질병, 상실을 겪거나 사망할지 모른다는 위협을 끊임없이 느끼며 두려움과 가슴이 조이는 느낌을 안고 잠자리에 드는 일이 자주 있었다. 나는 취약한 심장을 보호하기 위해 낮 동안 구부정한 자세로 살기 시작했다. 어머니가 똑바로 서라고 자주 잔소리를 하셨지만 소용없었다. 그리 오래 지나지 않아 나는 걱정거리는 늘 있다는 르페라 집안의 만트라를 내 몸으로 체화했다. 마치 세상의 무게를 어깨에 지고 있는 듯한 모습이었다. 내 부모님이 그랬듯 곧 내 몸은 대체로 생존 모드로 작동하기 시작했다. 두려움에 사로잡힌 채 늘 최악을 대비하며 살다 보니 내 심장과 교감할 수 없었다. 설령 내가 그래야 한다는 사실을 알고 원했다 해도 그럴 수 없었을 것이다. 다른 사람들이 나를 볼 때나 그들과 어울릴 때 안전하다고 느낄 수 없었고, 그 결과 바깥세상에 심각할 정도로 수줍게 보였다. 가령 낯선 사람이 집을 방문하면 탁자 밑에 숨거나 공공장소에서는 어머니의 다리 뒤에 숨을 정도였다. 가족들이 늘 잔소리했지만, 뿌리 깊은 두려움을 완화하기 위해 나는 (자궁 속에서 그랬듯이) 자주 엄지손가락을 빨았고 아플 정도로 손톱을 물어뜯었다.

10대를 지나 20대에 들어서서도 내 몸은 다른 무엇보다 나의 생존을 계속 앞세웠다. 내 몸과 물리적인 심장과 단절된 터라 직관으로부터도 단절되었다. 수십 년간 다른 사람들에게 의존하다 보니 점심으로 무엇을 먹을지, 자유 시간에 홀로 무엇을 할지와 같은 생활 속 가장 작은 결정조차 스스로 하지 못했다. 오랫동안 나는 내게 기대되는 것을 파악하기 위해 다른 사람들에게서 단서를 찾았다. 무슨 일이 있어도 남을 실망시키지 않으려고 부단히 애를 써서 받은 인정에 의존하게 되었다. 내 가치가 다른 사람들이 나를 어떻게 생각하는지에 달려 있다고 본능적으로 믿었기 때문에 내가 상상으로 만든, 종종 비현실적인 기대치를 충족하기 위해 내 진정한 바람과 욕구를 계속 거슬렀다. 오래지 않아 신경생물학적으로 조건화된 과잉성취자의 역할이 너무도 쉽게 스며들어 나의 자기 신뢰와 자존감을 갉아먹는 방식으로 행동하는 것이 마치 내 성격의 일부인 양 자연스럽게 느껴졌다. 심지어 미술 프로젝트, 일기 쓰기 또는 옷 고르기와 같이 '즐거운' 일을 할 때조차 내가 잘하는지에 집착하며 내가 택한 페인트, 글씨체, 옷에 대해 비판했다.

동시에 나는 나를 신체적으로 불편하게 만드는 것들을 피하면서 직관을 따르고 있다고 진심으로 믿었다. 신체적 불편은 항상 뭔가 잘못되었다는 신호라고 믿는 어머니로부터 배운 것이었다. 오랫동안 신체적으로 불편할 때마다, 심지어 운동 중이나 스트레칭 중에 느끼는 불편함조차 나는 멈춰야 한다는 뜻으로 받아들였다. 거의 끊임없는 근육의 긴장과 내 몸의 만성 스트레스와 신경계 조절 장애와 관련된 다른 문제적 감각을 경험하며 내가 거의 항상 신체적 불편을 느낀다는 것을 한참 후에야 발견했다. 운동을 집중적으로 하는 동안 심박수와 혈류가 증가하면 힘이 솟는 게 아니라 두려웠다. 그때 느껴지는 감각들이 내가 공황장애를 겪을 때 느낀 것과 비슷했기 때문이다. 이런 이유에서 건강에 도움이 되는 격렬한 유산소 운동마저도 대부분 피하게 되었다. 아울러 나는 바로 잘할 수 없는 일들을 자주 포기했는데, 새로운 무언가를 배우는 동안 발생하는 불편감과 좌절감을 견딜수 없었기 때문이었다. 물론 어머니는 선의에서 그러신 것이지만, 내가 불편한 활동을 피할 수 있게 한 어머니의 양육 방침은 내게 꼭 필요한 회복력과 스트레스에 대한 내성을 키우는 데 도움이 되는 대신 변명만 늘어놓게 만들었다.

　나 자신을 좀 더 명확하게 볼 수 있게 되면서 나는 내가 직관적으로 믿는 나라는 사람의 모습, 즉 항상 다른 사람의 생각에 관심을 많이 쏟는 친절하고 배려심 많은 사람이 아닐 수도 있음을 깨닫기 시작했다. 인간의 심장이 가진 힘에 대해 알게 된 후, 내가 만일 내 심장과 계속 단절된 채 살고 나의 생존만을 고려한 선택을 한다면 진정으로 연민이 많은 사람이 결코 될 수 없음을 깨달았다. 하지만 내게 정서저 차원에서 다른 사람과 교감하는 일은 너무도 낯설고 안전하지 않게 느껴져서 나는 내 심장을 계속 조심스럽게 가둬두었다. 심장으로부터 단절된 채 살아가자 개인적인 취미, 흥미, 심지어 만족스러운 직업 경로와도 멀어지게 되었다. 물론 나는 늘 뭔가가 되고 싶은 사람이었지만(어릴 적부터 내가 심리학자가 되고 싶어 한다는 것을 알고 있었다) 열정과 목적이 없다고 느꼈다. 20대에 동료 심리치료사인 웨인 다이어Wayne Dyer 박사가 집필한 책을 읽게 되었는데, 글쓰기와 가르침에서 그의 열정과 목적을 찾은 과정을 묘사한 책이었다. 내 연인인 롤리가 특정 주제나 경험에 대해 호기심과 흥미라는 열정적인 불꽃을 자주 느낀다고 말했을 때, 만일 '열정 유전자'라는 게 존재한다면 나는 그것 없이 태어난 것 같다고 생각했다.

이제 나는 내 심장과 너무도 괴리되어 나를 진정으로 깨어나게 하는 것을 차단하고 있었음을 알 수 있다. 어린 시절을 되돌아보면 댄스 수업을 정말 즐겼던 꼬마가 지녔던 열정의 불꽃을 느낄 수 있다. 아쉽게도 내가 다른 활동들을 통해 더 많은 인정을 받음을 깨닫고 몸에 불편을 느끼기도 해서 그만두긴 했지만 말이다. 이제 나는 다른 모든 사람과 마찬가지로 내가 무한한 창의력과 고유한 목적으로 가득 찬 존재이며 내 생각과 아이디어를 주변 사람들과 공유하길 무척 좋아하는 사람이라는 것을 안다. 나 역시 우리 각자를 내면적으로 불타오르게 만드는 열정적인 창의력의 불꽃으로 꽉 차 있다.

롤리와 발리 여행을 다녀온 후, 내 심장과 다시 교감해야 한다고 생각했다. 그러려면 신경계 조절을 시작해야 했다. 그렇지 않으면 나는 너무도 심하게 차단되어 있어서 내 안이나 주변의 그 무엇과도 연결될 수 없었다. 내가 이미 이 책에서 공유한 많은 훈련을 이용해서 신경계를 진정시키기 시작했고, 그 덕분에 신체적인 안전감을 더 많이 느끼게 되었다. 나의 자아 스토리를 주시하는 일도 시작하여 그것이 언제 어떻게 내 정서적 경험에 영향을 미치고 내 뇌가 심장이 보내는 메시지를 무시하게 만들었는지 알게 되었다. 아울러 언제 내가 다른 사람들이 내게 원하거나 필요로 한다고 생각하는 것을 바탕으로 의사 결정을 내려야 한다고 느끼는지 의식적으로 살피기 시작했다. 다른 사람들의 연락이나 호출에 즉시 달려가거나 전반적인 외적 의무에 쏟는 시간을 줄이고, 더 많은 시간을 나를 위해 보내기 위해 심지어 휴대전화의 알림을 꺼두기도 했다. 만일 누군가가 메시지를 남겨서 전화를 바로 해주어야 한다는 압박감이 느껴지면, 잠시 멈춰 내 심장과 교감했다. 그렇게 하자 나는 사람들의 비위를 맞추는 모드에서 벗어나 그 순간 내가 정말로 원하거나 필요로 하는 것이 무엇인지 헤아릴 수 있는 여유가 생겼다. 내가 스트레스를 받거나 몹시 버거운 상태라면, 그들의 전화에 바로 회신할 필요가 없다고 스스로에게 말했다. 즉 나에게 거절해도 된다고, 시간과 여유를 갖고 나를 들여다보고 조절하고 나서 언제 어떻게 반응할지 결정할 수 있다고 허락했다. 다른 사람들을 위해 내가 언제 어떻게 응할지 의식적이고 의도적으로 선택하자 관계를 유지하기 위해 특정한 방식으로 행동하려는 충동이 더 이상 느껴지지 않았다. 관계에서 새로운 경계나 역동을 만들 때 나타나는 자연스러운 반응으로서 그런 선택에 대해 죄책감이 들 때, 반드시 내 욕구를 먼저 충족하는 일이 다른 사람을 위해 내가 할 수 있는 가장 사랑이 넘치는 일이라고 스스로에게 말했다.

내가 신체적 스트레스와 정서적 불편감에 대한 내성이 아주 약하다는 사실을 깨닫고선 저온요법과 같이 조금 불편한 환경에 의도적으로 나를 노출시키기 시작했다. 찬물로 간단하게 샤워를 하거나 한 번에 몇 분씩 얼음물에 손을 담갔다. 몸이 근육을 수축하며 불편감에 저항할 때 느리고 깊은 호흡을 실시하여 긴장된 부분으로 숨을 보내고, 스트레스를 겪어도 안전하게 느낄 수 있다고 내 몸에게 가르쳤다. 오랫동안 꾸준한 연습으로 신체적, 정서적 불편감에 대한 내성을 키워 신경계가 스트레스로부터 더 빨리 회복되도록 훈련시켰다.

그 무렵 내가 혼자 있는 것을 얼마나 피하는지 알게 되었다. 20대에 나는 복잡한 도시에서 사교 활동이 많은 삶을 살아 혼자 보내는 시간이 거의 없었다. 자유 시간을 어떻게 보낼지 강박적으로 계획을 세웠고, 늘 다른 누군가와 계획을 짜느라 바빴다. 처음으로 혼자서 점심을 먹으러 간 날 여러 가지 불편한 감정을 느꼈던 일을 쉽게 떠올릴 수 있다. 계속 매일의 선택을 통해 불편감에 대한 내성을 키우면서 혼자 조용히 앉아 있는 시간을 일부러 떼어두는 일을 우선으로 삼았다.

당신도 그렇겠지만 처음에는 그 정적을 견뎌내기가 어려웠다. 왜냐하면 생존 모드에 있을 때, 인체의 투쟁-도피 반응이 활성화되면 계속 움직이려는 충동이 생기기 때문이다. 그런데 움직일 수 없다면, 우리는 경직되거나 차단되어서 신체로부터 단절되어 아무것도 느끼지 못한다.

하지만 시간을 내어 스트레스가 없을 때 의식적으로 가만히 앉아 있는 법을 배울 수 있다면, 감정에 대해 투쟁 또는 도피하거나 경직 또는 차단하는 대신 감정을 더 잘 느낄 수 있게 된다. 가만히 앉아 몸의 감각과 연결되면, 처음에는 불편할지언정 뇌가 심장에 동조하도록 훈련할 수 있다. 심장과 뇌를 다시 연결하기 위해 나는 수개월간 매일 시간을 내어 전화기에 5분간 타이머를 설정하고 때로 327쪽에서 소개할 심장 의식 명상법을 실시하며 홀로 가만히 앉아서 내 심장이 하는 말에 귀 기울였다.

시간이 흐르자 나는 심장이 보내는 메시지에서 패턴을 발견하기 시작했다. 내 심장이 열려 있고 확장된다고 느끼게 만드는 특정한 선택지와 관계들이 있는가 하면, 심장이 닫혀 있거나 위축된다고 느끼게 만드는 선택지와 관계들도 있었다. 어떤 친구들과 시간을 보낼 때 내 심장이 가볍거나 열려 있다고 느끼지 않는 것을 깨달아 그러한 관계를 유지하는 데 들이는 시간을 제한하기 시작했다. 동시에 심장이 내게 보내는 당시 나의 아내에 대한 어려운 메시지를 듣기 시작했는데, 결과적으로 그게 결혼 생활을 끝내는 힘든 결정을 내리는 데 도움이 되었다.

또한 내가 다른 사람과 함께 있을 때 침묵을 견디지 못한다는 것을 알아차리기 시작했다. 사회적 상황에서 나는 어색한 침묵을 채우려고 뛰어들어 표면적인 생각이나 이야기를 공유했다. 오랫동안 이 습관은 내가 느끼는 불편감을 피하는 나만의 방법이었고, 동시에 다른 사람들이 나와 보내는 시간을 즐겁게 느끼도록 만드는 방법이었다. 하지만 나만의 정적과 침묵이 점점 편해지자 다른 사람과의 정적과 침묵도 편해지기 시작했다. 대화에서 침묵을 채우기 위해 뛰어드는 대신, 정말 내가 공유하고 싶은 게 있는지 생각하는 연습을 하자 남을 즐겁게 해주려고 쓸데없는 말을 하지 않고 진심에서 우러나는 말을 하고 더 깊은 정서적 경험을 공유할 수 있는 기회를 갖게 되었다. 현재 나는 매주 팟캐스트 녹음을 할 때 '가르치는 모드'로 전환하여 침묵의 순간을 채우려는 충동에 저항하며 이 훈련을 계속한다. 물론 나의 취약한 개인적 여정을 공유하는 두려움과 창피함 때문에 심장이 빨리 뛰고 근육이 긴장될 때가 아직도 있긴 하다.

심장과 한층 더 교감하자 사적인 삶만큼이나 직업적인 삶도 달라졌다. 내담자들을 계속 환자로 바라보는 대신, 내 진짜 열정은 다른 사람들에게 그들의 치유 여정에서 변화를 만들고 힘을 키우는 법을 가르치는 것임을 깨달았다. 인스타그램 계정을 만들어 처음에는 다른 사람들에게 나의 개인적인 여정을 진실되게 공유하는 공간으로 삼았다. 소셜 미디어에서 모든 것을 내보이는 일이 처음에는 쉽지 않았다. 특히 카메라 앞에서 말하는 일처럼 새로운 기술을 배울 때 남들에게 보이는 일에 대한 오래되고 강렬한 불편감을 이겨내야 했던 많은 순간이 기억난다. 서서히 나는 새로운 것을 배우는 과정을 더 잘 받아들이고 있다. 저항을 이겨내고 다른 사람들을 인도하는 데 도움을 주는 새로운 진로를 택함으로써 이제 나는 그 어느 때보다 더 많이 직업적으로 열정과 충만함을 느낀다. 글을 쓰거나 가르치거나 말하기 시작할 때 주변 환경이 멀어지는 것을 느끼며 대신 내면의 앎이라는 가장 깊은 감각에서 영감을 받아 몰입 상태에 더 쉽게 빠진다.

현재 나는 매일 아침 미래의 자기 일기에 다음과 같은 말을 쓰거나 말로 읊어 내 심장과 계속 교감한다는 매일의 목표를 떠올린다.

'나는 평화와 사랑의 인식 속에 안정을 찾았다. 내 영혼은 내 의도와 매일의 선택과 일치한다. 오늘 나는 사랑을 구현하기로 선택한다.'

그리고 나서 영성이나 명상에 관한 서적을 읽으면서 몇 분간 조용히 성찰한다. 감사와 연민, 사랑을 구현하기 위해 하루 종일 의도적으로 심장을 자주 들여다보며 심장 일관성 상태에 다다른다. 물론 살다 보면 감당하기 힘들다고 느끼거나 스트레스를 받거나 신경계가 조절 장애를 겪는 일이 생기지만 인간으로서 그건 당연하다. 그럴 때 나는 심장과 다시 교감할 수 있도록 내 몸을 진정시키는 훈련을 실시한다. 그렇게 할 때 더 큰 평온함을 느끼고 직업과 관계에서 나를 더 잘 표현할 수 있다. 우리가 여전히 연결되어 있고 내가 여전히 사랑받는다는 것을 알기 때문에 연인과 떨어져 있어도 안전하고 안정적으로 느낀다. 아울러 내 심장과 내 마음에 있는 것을 공유하며 연인에게 있는 그대로의 나를 여과 없이 보여줄 수 있게 되었다. 마침내 오랫동안 붐비는 방에서 느끼던 깊은 외로움을 덜어낼 수 있게 된 것이다.

하산의 사례

하산이 내담자로 나를 만나기 시작했을 때, 그는 생물학 학사 과정을 마치는 데 어려움을 겪으면서도 의과대학원에 지원하기 위해 의예과 학점 인정 과정을 완수하려고 부단히 노력 중이었다. 인도계 미국인 1세대의 장남인 그는 장래의 직업을 비롯해 모든 것을 일거수일투족 지시하는 부모님 밑에서 성장했다. 그의 부모님은 가족에게 자긍심과 재정적 안정을 안겨주기 위해 그가 의사가 되어야만 한다고 말했다.

직업적 경로에 대해 매일 불안을 느끼는 데 더하여 하산은 동성애자인 그의 정체성 때문에도 힘들어했다. 공개적으로 동성애자임을 밝히는 것에 깊은 불안감을 느껴서 그가 경험한 몇 안 되는 짧은 동성연애를 가장 친한 사람들에게도 숨겼다. 단조롭게 일상을 보내면서도 자주 우울감과 무망감, 무감각을 느꼈다. 연인(그리고 직업)을 절실하게 원했지만, 그는 그의 몸뿐만 아니라 심장과도 심하게 단절되어 있어서 다른 사람은 말할 것도 없고 자기 자신과 연결되는 방법조차 알지 못했다.

내 경험과 마찬가지로, 하산이 심장과 단절되기 시작한 것은 어린 시절부터였다. 그가 어릴 적에 그의 부모님은 그들의 허용 기준에서 벗어난 흥미나 욕구는 무엇이든 비판했다. 예를 들어 그는 친구들과 나가 놀거나 생물학에 관한 책을 읽기보다 미술을 좋아해서 방에서 그림을 그리거나 숲을 혼자 걷는 것을 좋아했다. 그가 공부 대신 그림을 그리며 많은 시간을 보내자 부모님은 의욕이 없고 꾸물거린다고 그를 비난했고, 때로는 쓸데없는 취미로 시간을 낭비한다고 벌을 주기까지 했다. 이에 대한 대응으로 하산은 스케치북을 숨기고 숲에서 산책한 일도 부모님께 말하지 않기 시작했고, 결국 부모님이 수치스러워할 거라 여겨지는 다른 부분들까지 비밀로 하게 되었다. 커갈수록 부모님이 가하는 압박은 커졌고, 그럴수록 그는 '결함'이 눈에 띄는 것을 피하고 싶어서 작아 보이려고, 부모님의 눈에 거슬리지 않으려고 애를 썼다.

시간이 지나자 하산은 저성취자형 조건화된 자기를 체화하기 시작했고, 비판을 피하기 위해 남에 눈에 띄지 않는 존재가 되었다. 비판받을지 모른다는 끊임없는 위협에 직면하여 그의 신경계는 점차 차단하기 시작했고, 그는 정서적 무감각, 공허함, 단절, 우울을 자주 경험했다.

열 번째 생일 직후 하산은 자신이 동성애자라는 것을 깨달았다. 가족들이 받아들이지 않을까 봐 두려워서 가족에게 감히 말하지 못했다. 이 때문에 그는 더욱 비밀스러워졌고 가족 행사에서 항상 뒤로 물러나거나 조용히 배경에 남아 있으려 했다. 자기 정체성의 면면에 대해 수치심을 느낀 그는 예술을 좋아하고, 소심하고, 숲을 좋아하고, 내성적인 동성애자라는 핵심적인 정체성이 충분히 좋지 않다고 믿었기 때문에 자신을 더 적게 드러내기 시작했다. 자신의 정체성에 대한 뿌리 깊은 수치심으로부터 자신을 보호하기 위해 그는 자신과 감정으로부터 점점 더 단절되었다.

똑똑하고 학습 능력이 뛰어났지만, 하산은 학교에서 최선을 다해 열심히 공부한 적이 없었다. 무가치감과 낮은 자존감, 부모님으로부터 그를 가장 안전하게 지켜준 자기를 억제하는 습관들에 발이 묶였기 때문이었다. 그는 고등학교를 C 학점으로 졸업했고 그 바람에 부모님이 원하는 학교에 입학할 수 없었다. 주립대학에 입학한 그는 부모님이 정해준 전공인 생물학을 공부하는 데 어려움을 겪었고 비참한 시간을 보냈다. 친구도 별로 없고 연애도 거의 못 했다. 남들이 자신의 결함과 불완전한 면을 보게 될까 봐 두려워서 다른 사람에게 자기를 개방하기를 무의식적으로 거부했기 때문에 그나마 맺은 관계도 피상적이었다. 자신을 조롱의 대상으로 삼는 자기 비하적인 유머로 친구와 연인들을 떠나가게 했다. 그런 농담은 생애 초기 부모님과의 경험에서 형성된 비판적인 내면의 목소리를 달래기 위한 것이었다.

처음 치유 여정을 시작했을 때 하산은 스스로 이해할 수 없는 이유로 해야만 한다고 느낀 강도 높은 학위 프로그램에서 어려움을 겪어 우울하고 성취감도 희망도 없는 상태였다. 에너지가 너무 없어서 냉담하고 무신경하게 보였다. 하지만 그의 자기 가치를 갉아먹은 조건화가 수년간 진행되기 전, 그는 섬세하고 열정적인 청년이었다.

다중미주신경 이론과 다양한 신경계 상태에 대해 알게 된 후, 하산은 자신이 얼마나 차단되어 있었는지 깨닫기 시작했다. 그는 자신의 우울 증세(무관심, 무기력, 저조한 기분)가 낮은 심박수, 얕은 호흡, 약한 소화력, 낮은 에너지 생산에 의한 부교감신경계의 지배를 보여주는 생리적인 신호가 아닐까 궁금해했다. 신경계를 자극하기 위해 윔 호프 호흡법, 찬물 샤워, 격렬한 운동, 근처 트랙에서 달리기로 실험을 시작했다. 이러한 활동들은 그의 신경계가 부교감신경계의 등 쪽 지배로부터 벗어나는 데 도움이 되었고, 에너지를 끌어올리고 그가 좀 더 깨어 있고 의욕적이며 살아 있다고 느끼게 해주었다.

좀 더 살아 있다는 느낌을 갖게 되자 그의 신경계는 스트레스를 주는 상황에 처했을 때 보다 유연하게 반응하기 시작했다. 적절할 경우 투쟁-도피 반응을 시작하고, 그러고 나서 평온하고 차분한 상태로 돌아갔다. 자기 몸 안에서 더 안전하게 느끼기 시작했고 그 덕분에 자신의 자아 스토리를 제대로 바라볼 수 있는 능력이 생겼다. 그의 자아 스토리는 그의 '결함'이 노출되면 교감과 사랑을 받을 가치가 없어질까 봐 두려우니 그에게 고립되고 눈에 띄지 말라고 말했다. 자신과 자신의 선택에 대해 자신감이 생기자 그는 있는 그대로의 모습으로도 가치가 있고 사랑스럽다고 스스로에게 말해주었다.

새로 키운 신체 의식과 마음 의식으로 하산은 하루 종일, 특히 중요한 결정을 앞에 두었을 때 시간을 내어 잠시 멈추고 자신의 심장을 들여다보기 시작했다. 또한 매일 5분씩 꾸준히 움직이지 않고 앉아 다양한 신체 감각들과 다시 연결되려고 노력하고, 심장 주변에 주의를 쏟았다. 그 시간 동안 자신과 사랑하는 사람들을 위해 보살핌, 연민, 감사의 감정을 몸으로 체화하는 훈련을 했다(방법에 대해서는 잠시 뒤에 설명하겠다).

머지않아 하산은 그의 심장이 그에게 항상 메시지를 보내고 있음을 감지했다. 심장 의식을 계속 실시하자 그가 의대 공부나 의사가 되는 일에 관심이 없다는 사실을 인정하고 받아들일 수 있었다. 당연히 생물학과 의예과 과정은 너무도 어려웠다! 대신 그를 신나게 만든 것은 미술과 디자인이었고, 그래픽 디자인 분야의 일자리를 찾기 시작하면서 어린 시절 이후로 처음으로 뭔가에 대해 신이 났다. 그는 자유 시간을 어떻게 보낼지 다시 생각하기 시작했다. 스포츠 경기 관람과 게이 클럽에 가는 것처럼 그가 추구해야 한다고 생각한 취미들에서 벗어나 미술관 관람과 숲속 걷기와 같이 그가 정말로 즐기는 일에 집중하게 되었다.

심장과 직관에 다시 연결되자 하산은 그가 연인, 부모님, 친구들과 더 깊은 유대를 갈망한다는 것을 깨달았다. 자기 몸 안에서 신체적으로 더 편해지고 자아 스토리에 대한 의존이 줄어들자 점차 그들 앞에서 있는 그대로를 다 보여줄 수 있을 만큼 충분히 안전하다고 느꼈고, 진정한 자기를 더 많이 공유했다. 그렇게 해도 아무도 자신을 버리지 않는다는 사실에 놀랐다. 자신감이 계속 상승하자 연인, 친구, 가족에게 지지를 요청할 수 있게 되었고, 그들이 주는 사랑과 보살핌을 받아들이기 시작했다. 서서히 마음을 열자 자신에 대해 연민과 인내심을 갖게 되었다. 시간이 흐르며 자신의 진짜 본성과 더 잘 맞는 사람들을 찾아 그들과 관계를 맺고 교감하기 위해 자신을 개방하는 일이 더 편해지기 시작했다.

심장 의식을 키우는 훈련

• •

심장 의식을 키우려면 시간이 걸린다. 간단한 체크리스트를 따른다고 해서 달성될 수 있는 게 아니다. 사람마다 심장 의식을 키우는 여정은 다르지만, 우선 신경계를 조절해야 한다. 그러지 않으면 신경계가 스트레스 상태에 머물게 되고 어떻게 해도 뇌와 심장을 일치시킬 수 없다. 5장에서 살펴본 모든 훈련법은 신경계를 조절하여 심박 변이도와 심장 일관성을 높이는 데 도움이 된다. 일기 쓰기, 요가, 촛불 아래서 따뜻한 물로 목욕하기 등 당신이 좋아하는 그 밖의 자기 돌봄 방법들도 스트레스를 더 잘 관리하고, 심박 변이도를 높이고, 심장과 다시 교감하는 데 도움이 될 수 있다.

심장 의식을 키우려면 심장의 소리를 듣기 위해 움직이지 않은 채 자기 자신과 마주하고 앉는 법을 배워야 한다. 나는 개인적인 경험을 통해 몸을 이완하여 움직이지 않는 상태로 빠져들고 심장과 교감하기 위해 자기 자신과 마주 앉아 고마움 같은 감정을 느끼는 일이 얼마나 어려운지 안다. 특히 슬프거나 화가 나거나 외로울 때는 더욱 그렇다. 오랫동안 내 몸은 심장의 핵심 감정을 체화하는 일은 물론이고 대부분의 시간 동안 휴식을 취하거나 이완되기가 힘들었다. 나는 자주 신체적, 정서적으로 그렇게 할 수 없다고 느꼈다. 만일 당신도 나처럼 느낀다면, 당신의 잘못이 아니며 당신이 나약한 것도 아니다. 신경계를 위한 안전감을 키우면 심장의 핵심 감정에 접근하는 데 도움이 되며, 훈련 시간을 늘릴수록 그런 감정들을 더 자주 경험하게 된다.

심장 깨우기 훈련

이 훈련은 심장의 에너지와 다시 연결되어 심장과 뇌의 소통 경로를 강화하고 심장이 보내는 직관의 신호에 주파수를 맞추는 데 도움이 된다. 심지어 (그리고 특히) 스트레스를 받는다고 느낄 때, 심장을 활성화하는 이 훈련을 매일 또는 최대한 꾸준히 연습하면 좋다. 많은 사람이 대하기 어려운 상대에게 심장의 핵심 감정을 전달하기가 힘들다고 느끼며 그건 당연하기 때문에 훈련을 하는 과정에서 인내심을 가지면 좋다. 훈련을 꾸준히 할수록 현재 처한 상황과 상관없이 심장과 더 많이 교감한다고 느끼게 될 것이다. 이 훈련Awaken Your Heart은 467쪽에 수록된 QR 코드를 통해 추가 안내를 받을 수 있다.

1. 몇 분간 편히 눕거나 앉을 수 있는 장소를 찾는다. 눕거나 앉을 때 안전하다고 느끼면 눈을 감는다.

2. 느리고 깊은 호흡을 한두 차례 실시한다. 몸이 안정되기 시작한다고 느껴지면 잠시 동안 어깨뼈를 바깥쪽으로 돌려 어깨를 이완시킨다. 팔은 자연스럽게 몸통 옆으로 내리고, 손바닥이 앞을 향하도록 한다. 가슴과 심장을 편다.

3. 심장 주변에 주의를 집중하고, 숨을 깊이 양껏 들이마셔 가슴 공간으로 보낸다. 가슴에서 황금색 또는 노란색 빛이 나온다고 상상하면 도움이 된다. 심장에 손을 얹는 게 편안하거나 그렇게 하고 싶다고 느끼면 그렇게 하고 강력한 심장 박동을 느낀다.

4. 연민과 사랑의 감정을 심장에 초대하면서 몇 분 동안 당신 인생에서 무조건적인 사랑의 감정을 느끼게 한 누군가 또는 무언가를 떠올린다(사람, 반려동물, 경험 또는 그 밖의 어떤 것도 괜찮다).

5. 당신이 연민과 사랑을 체화하기 시작한다고 느끼면, 연민이 주는 치유의 에너지가 당신 안에서 어떻게 느껴지는지 탐색

하고 주목한다. 하루 중 최대한 자주 이 장소로 돌아와 이 감정을 사랑하는 사람들과 주변 세상에 전달하고, 사랑이 당신의 진짜 본성임을 상기한다.

직관이 보내는 메시지를 듣는다

• •

심장과 교감하는 훈련을 꾸준히 할수록 당신의 진정한 자기가 보내는 직관의 메시지를 듣게 될 가능성이 커진다. 다음 훈련은 심장과 교감하기 위해 잠시 멈추는 습관을 키우고, 심장이 보내는 신호에 주파수를 맞출 수 있는 여력을 제공한다. 심장과 꾸준히 교감하면 내면의 지혜를 이용하는 데 도움이 되어 하루 종일 당신이 내리는 선택들을 더 잘 이해하게 되고 선택의 길잡이를 얻게 된다.

- 잠시 멈춰 느리고 깊게 호흡해서 심장 공간으로 숨을 보낸다. 이때 손을 가슴에 대는 게 안전하고 도움이 될 거라고 느낀다면 그렇게 한다.
- 심장 부위에 집중하고 심장이 하는 말을 열심히 들으며 스스로에게 묻는다. "내 심장은 내게 무엇을 말하고 있는가?" 무엇을 감지했든 그것에 대해 열린 마음과 호기심을 유지하는

연습을 한다. 이때 당신이 느끼는 것을 말로 설명하거나 논리를 적용하려 들지 말고 계속 몸에 주의를 집중한다.

- 구체적인 질문이 있거나 어떤 결정을 내리는 데 지침을 바란다면, 몇 분간 여러 가능성과 결과들을 하나씩 상상하며 스스로에게 묻는다. "내 심장은 이 가능성 또는 이 결과에 대해 어떻게 느끼는가? 심장이 확장되고 가볍게 느껴져 이 가능성이나 결과에 대해 '예'라고 말하고 있는가? 아니면 심장이 갑갑하고 조이고 두려움을 느껴 '아니요'라고 말하고 있는가?"
- 무엇을 알아차리든 그것에 주목하고, 이 훈련이 끝난 후 잠시 시간을 내어 당신의 답에 대해 판단하지 말고 떠오른 생각과 감정을 기록하면 유용하다.

심장을 의식하는 듣기 훈련

심장에 주파수를 맞출수록 다른 사람들과 상호작용할 때 또는 관계 안에서 내면의 길 안내에 더 많이 연결될 수 있다. 심장의 목소리를 듣는 일은 어떻게 반응할지 생각하거나 다른 무언가에 전혀 주의를 빼앗기지 않은 채 누군가의 말을 듣고 그것과 연결되기 위해 진정으로 현재에 머문다는 뜻이다. 다른 사람들과 소통할 때 당신이 얼마나 자주 적극적으로 경청하는지 주목한다. 이때 다음의 단계들을 실시한다.

- 하루 종일 당신의 경청 습관을 꾸준히 점검하고 확인한다.

- 누군가 당신에게 말하는 동안 당신이 얼마나 자주 자기만의 생각에 빠지는지 파악한다. 무비판적으로 볼 때 당신이 마음 속 생각들 때문에 집중하지 못한다는 것을 알아차렸다면 심 장으로 주의를 돌리는 연습을 한다. 손을 가슴에 올리면 다시 몸으로 주의를 돌리는 데 도움이 될 수 있다.
- 심장 공간으로부터 서서히 양껏 호흡하며 다른 사람의 말과 경험에 온전히 귀 기울이는 연습을 한다. 이때 심장에서 느껴 지는 감각에 어떤 변화가 있는지 감지한다.

· · ·

여정을 시작할 때, 심장 의식을 키우는 훈련을 꾸준한 습관으 로 만드는 데는 시간이 걸린다는 점을 명심하라. 현재 당신이 얼 마나 단절되어 있는지 그리고 이 도구들을 얼마나 꾸준히 연습 하는지에 따라 수 주, 수개월, 심지어 수년이 걸릴 수도 있다. 또 한 평생 동안 심장 의식이나 심장 일관성을 변함없이 유지할 수 없을 수도 있다. 심장과 교감하고 심장을 따르는 것은 주변과 당 신 안에서 무슨 일이 벌어지는지에 따라 변화하는 순간순간의 여정이기 때문이다. 심장과 다시 교감하기 위해 필요한 안전을 꾸준히 키울수록 심장의 메시지를 더 자주 듣고 삶과 관계에서 직관, 연민, 사랑에 기반한 선택을 더 자주 할 수 있게 된다. 자신 의 심장과 교감할 때 비로소 다른 사람과 진정으로 교감할 수 있다. 그리고 심장과 교감할 때에만 진정으로 우리가 바라는 사랑이 될 수 있다. 이를 위해 다음 장에서 배울 공동 조절이라는 훈련을 실시해야 한다.

HOW TO BE
THE LOVE
YOU SEEK

8장

온전한 관계로
나아가기 위하여

'계속 반복되는구나.' 알레한드라는 생각했다. 지난해, 동거하자는 말을 꺼낼 때마다 연인인 루카는 주제를 바꾸거나 전화기를 찾으며 업무 이메일이라고, 급하게 보내야 하는데 깜빡한 문자가 있다고 변명을 해댔다. 루카의 피하는 태도 때문에 그녀는 계속 상처를 받았다. 하지만 4년이나 사귄 터라 놀랍지 않았다. 상황이 너무 심각해지면 주의를 돌리거나 딴청을 부리며 어려운 대화를 피하는 것은 루카의 일상적인 방식이었다. 알레한드라가 감정을 토로해도 그는 같은 태도를 보였다. 그녀는 그가 자신의 감정을 전하는 것조차 얼마나 어려워하는지 알 수 있었다. 특히 두 사람이 화가 났을 때는 더욱 그랬다. 짜증이 나거나 슬플 때 문제가 무엇인지 표현하는 대신, 그는 대개 수동공격적이거나 비아냥거리는 말을 던졌다.

알레한드라는 루카를 사랑했지만, 루카는 감정을 공유하거나 그들의 관계에 대해 대화하거나 어려운 주제를 다루길 꺼렸고, 그런 태도 때문에 둘 사이에 밀고 당기는 역동이 생겼다. 이를테면 알레한드라는 항상 루카와 무언가를 공유하려고 다가갔지만 그럴 때마다 그는 더 멀리 물러섰다. 그녀가 처음으로 결혼 이야기를 꺼냈을 때, 직접적으로 그를 언급하지 않고 그저 자신이 결혼을 원한다는 사실만 말했는데도, 그는 즉시 화제를 돌려 이혼하고 훨씬 더 어린 여성과 사귀는 직장 동료에 대해 이야기하기 시작했다. 알레한드라는 화가 나서 식당을 나와버렸다. 만약 그녀가 사귄 지 6개월 만에 결혼 이야기를 꺼냈다면 그의 태도를 아마도, 아마도 이해할 수 있었을 것이다. 하지만 2년 이상 사귄 후에 나온 대화였다. '2년이나 지났다고!' 그녀는 생각했다. 둘은 그날 밤 내내 싸웠고, 그 사건으로 둘 사이에 긴장감이 높아졌으며 결혼이라는 주제 자체가 민감한 문제가 되어버렸다.

둘은 수년간 이 주기에 갇혀 있었다. 하지만 알레한드라가 신경계를 조절하고 신경계 조절 장애에서 비롯된 역기능적인 습관들을 깨기 시작한 이후로 달라졌다. 그녀가 그들 관계에 대한 어떤 화제를 꺼내거나 둘 사이에 벌어진 일에 대한 감정을 공유할 때 루카가 주제를 바꾸거나 딴생각을 하면 자신이 얼마나 위협적으로 느끼는지 알아차리기 시작했다. 시간이 지나며 그녀는 느리고 깊은 호흡을 실시하고 바닥에 발을 안정적으로 붙이거나 몸이 발밑에서 지구의 지지를 받는다고 느끼는 법을 배웠다. 루카 앞에서 진정하기가 어려울 때는 다시 함께 있을 만큼 충분히 안정감을 느낄 때까지 욕실로 자리를 피해서 화를 내며 뛰쳐나가거나 상처 주는 말을 퍼붓는 횟수를 줄였다.

그러한 어려운 순간에 자신에 대한 연민을 키울수록 루카를 비롯한 다른 사람들에 대한 이해와 연민이 커졌다. 아동기 트라우마가 정서적으로 미성숙한 대처 기제를 활성화하는 원리를 알게 되자 루카의 성장 과정이 어떻게 불편한 감정과 대화를 어려울 뿐만 아니라 두렵게까지 만들었는지 이해하게 되었다.

루카는 학업적인 재능이 뛰어난 형과 바이올린 신동인 여동생과 함께 성장했다. 딱히 두드러진 재능이 없는 둘째 아이였던 그는 부모님의 관심을 제대로 받지 못했다. 부모님은 자주 "너는 왜 형처럼 공부를 잘하지 못하는 거니? 동생처럼 뭔가 잘하고 싶은 게 없니?"라고 물으며 그를 비판했다. 루카는 자주 무시당하고 평가절하되자 결국 자신이 본질적으로 무가치하다고 느꼈다.

부모님은 그가 그런 감정들을 헤쳐나가도록 도와주지 않았고, 그런 감정을 감당하기 어려웠던 루카는 어떤 식으로든 다른 곳으로 주의를 돌리기 시작했다. 어린 나이에 자신보다 나이가 많은 아이들과 어울리다가 성적 학대를 경험한 후 술이 그가 느끼는 깊은 고통을 완화해 주는 것을 발견했다. 지지를 받고 싶은 욕구가 늘어났지만 집에서 보내는 시간을 피하기 시작했다. 집은 부모님과 '완벽한' 형제자매 곁에서 그가 스스로를 최악이라고 느끼게 되는 공간이기 때문이었다. 그는 친구들과 늦게까지 어울리며 파티를 하고 문제를 일으키기 시작했다. 부모님이 그의 나쁜 성적이나 동기 부족에 대해 말하려고 하면 그는 방에서 음악을 틀어 귀를 막았고, 아니면 뭘 먹어야 한다거나 두통이 있다고 둘러댔다. 마음속에서 그는 회피자나 거짓말쟁이가 아니었다. 하지만 그의 내면아이가 입은 상처가 너무도 커서 그는 대립, 비판, 궁극적으로 더 큰 굴욕을 피하기 위해 무슨 짓이든 하고 싶었다. 대부분의 신체적, 정서적 근접성에 대해 안전하지 않다고 느꼈기 때문에, 지나치게 노출되었다는 느낌과 친밀감이 생기기 시작하면 어쩔 수 없이 느끼게 될 뿌리 깊은 수치심이 활성화되는 것을 피하고자 가벼운 관계를 유지했다.

루카의 과거 트라우마가 어떻게 그의 현재 행동을 주도하는지 깨달은 알레한드라는 어려운 순간에 그가 딴짓을 하거나 회피할 때 화를 내거나 상처받는 대신 공감하기 시작했다. 그녀가 과거에 믿었던 것처럼 그가 그녀나 둘의 미래에 대해 신경 쓰지 않아서가 아니라 그의 신경계가 활성화되어 신체적으로 위협받고 안전하지 않다고 느끼는 것을 알 수 있었다. 루카는 어려운 감정이나 대화를 헤쳐나가거나 견뎌내는 법을 배운 적이 없었다. 3장에서 살펴본 네 가지 스트레스 반응 가운데 하나인 주의 분산 모드에서 자주 있는 일이다. 주의 분산이 그가 아동기 이래로 몸이 위협을 받는 상태일 때 대처하는 방법이었고, 그런 순간 알레한드라에 대한 그의 반응은 그녀보다 신경계의 본능과 더 관련이 있었다.

루카에 대한 연민이 커지자 알레한드라는 그의 신경계를 활성화하는 상호작용에 대해 달리 접근했다. 어려운 대화를 하지 않는 게 해법은 아니었다. 그녀는 감정과 바람을 표현하는 게 중요했다. 하지만 이제 그녀는 위협적인 주제를 꺼낼 때 타이밍이 가장 중요하다는 것을 안다. 만일 루카가 힘든 하루를 보냈거나, 전날 밤 잠을 제대로 자지 못했거나, 최근에 가족과 대화하거나 만났기 때문에 신경계가 이미 활성화된 상태라면, 스트레스가 될 만한 대화를 시도해 봤자 완전히 차단할 터였다.

동시에 아무리 전략적으로 타이밍을 노려도 대화가 힘들어질 때 루카가 불편함을 느끼고 대화가 유발하는 신체적, 정서적 불편을 피하기 위해 딴생각을 하려고 애쓰는 것을 막을 수 없었다. 이제 알레한드라는 그의 반응을 개인적으로 받아들이지 않았다. 대신 루카의 반응으로 그녀가 활성화되면 신경계를 안전한 상태로 되돌려 그와 어려운 대화를 나누는 동안 차분함을 유지하도록 노력했다.

알레한드라가 실시간으로 신경계 조절을 실시하자 두 사람이 어려운 대화와 더 깊은 대화를 나누는 데 도움이 되었다. 즉 말을 할 필요가 없이 그녀의 신경계 안전을 이용해서 공동 조절을 실시하여 루카의 신경계가 이완되어 안전감을 되찾도록 지원했다. 그건 공동 조절이 우리 몸이 주변 사람들에게 보내는 보이지 않는 신호를 통해 발생하기 때문에 가능했다. 공동 조절은 심리학자들과 발달 전문가들이 수십 년간 연구한 현상이다.

극심하게 스트레스를 받는 순간에 루카의 신경계가 활성화된 것을 발견하면 알레한드라는 루카에게 주파수를 맞추기 시작했다. 자신의 몸 안에서 그리고 몸이 가진 차분한 에너지 속에서 안전하게 안정감을 느낀 그녀는 루카의 에너지가 바뀌는 것을 느낄 수 있었다. 아울러 그가 신체적으로 긴장하거나 눈에 띄게 불안해하거나 그녀에게 등을 돌릴 때, 이 모든 것이 스트레스 반응이 시작되는 신호라는 것을 알아차릴 수 있었다. 그런 순간이면 잠시 멈춰 루카가 자신의 에너지 변화를 알아차렸는지 확인했다. 만약 그가 개방적이고 공유할 마음이 있어 보이면, 그들의 대화가 그에게 어떤 느낌을 주는지 묻기도 했다.

처음에 루카는 그러한 질문에 답하기 힘들어했지만 시간이 흐르자 그가 안전하게 느끼도록 돕는 알레한드라의 능력 덕분에 그녀에게 마음을 열기 시작했다. 그녀가 항상 그에 대해 화가 나 있거나 짜증이 났다고 믿는 대신, 루카는 그녀가 부드러워졌고 심지어 그의 불편감을 이해하고 같이 겪는 것처럼 느꼈다. 이런 식의 공동 조절은 그들이 감정을 함께 탐색할 때 각자에게 필요한 안전감을 발생시켰고, 루카가 대화 중 자주 느끼는 위협을 없애는 데 도움이 되었다.

시간이 지나며 알레한드라는 루카의 몸을 안전하게 되돌리기 위해 둘이 함께 할 수 있는 방법을 제안했다. 그가 유독 개방적이고 수용적이었던 대화에서 함께 다섯 번의 느리고 깊은 복식호흡을 실시하는 호흡 훈련을 하자고 제안했다. 그런가 하면 둘다 이완되었다고 느낄 때까지 서로 끌어안거나 서로의 심장에 손을 얹고 있기도 했다. 만약 루카가 이런 훈련 도중 버거워하거나 불안감을 느끼면 그녀는 둘 다 다시 안전하다고 느낄 때까지 휴식을 취하자고 했다.

공동 조절을 통해 대화가 깊어지고 관계가 더욱 안정되기 시작하자 알레한드라와 루카는 함께 살려고 이사하기 위해 서로에게 안전하고 할 수 있다고 느껴지는 계획을 짤 수 있었다. 함께 살기 전에 경계를 설정했고 그 덕분에 둘 다 앞으로의 생활에 대해 보다 편안하게 느낄 수 있었다. 사교 활동이 여전히 루카의 삶에서 큰 부분이었기 때문에 알레한드라는 그가 금요일마다 친구들과 외출하는 것에 찬성했다. 한편 루카는 그녀와 저녁 데이트를 하기 위해 토요일을 빼두기로 했다. 그들은 새 집에서 방 하나를 루카만의 공간으로 정했다. 그는 그 방을 알레한드라의 눈길이나 비판을 받지 않고 원하는 만큼 얼마든지 엉망으로 만들 수 있었다. 5년이 지난 지금도 알레한드라와 루카는 여전히 함께 살고 있으며, 필요할 때마다 함께 안전감을 조성하기 때문에 더 깊은 대화와 진정한 교감을 누리고 있다.

이 장에서 살펴보겠지만, 공동 조절이 관계에 관한 모든 문제를 해결해 주지는 않는다. 아울러 정서적으로 차단된 사람을 끌어내는 데 도움이 되지 않는다. 진정하고 지속적인 변화를 만들려면 당사자가 책임을 지고 관계에 예전과 달리 임하기로 의식적인 선택을 해야만 한다. 하지만 두 사람이 작은 일을 위해 기꺼이 힘을 합칠 때, 이 훈련은 수년간 갇혀 있거나 역기능적인 모습을 보인 사람들에게서조차 관계의 역동을 현저히 바꿀 수 있다.

스스로 안전함을 느끼는 능력

..

인간은 관계를 추구하는 존재다. 다른 사람과 관계를 맺고 교 감하는 것은 인간의 진화론적 본성의 일부다. 우리는 복잡한 공 동 생태계의 일부로, 그 속에서 신체적, 정서적, 신경생물학적으 로 서로에게 의지하며 산다. 우리의 사회적 뇌는 대부분의 사람 들이 생각하는 것보다 더 많은 방식으로 타인에게 의지하며 그 들에 의해 프로그래밍된다. 평생 동안 주변 사람들, 특히 대부분 의 시간을 함께 보내는 사람들이 우리의 신경계 건강에 영향을 미치며, 반대도 마찬가지다.

두 사람이 가까이 있을 때, 몸이 피부와 공기에 의해 물리적으 로 분리되어 있어도 그들의 몸은 서로 직접적, 지속적으로 소통 한다. '사회적 시냅스social synapse'로 알려진 이 소통은 뇌세포가 서로에게 '말하는' 방식인 '뉴런 시냅스neural synapse'와 유사하다. 뉴런 시냅스의 경우, 뉴런은 뉴런과 뉴런 사이의 공간을 통해 전 기적, 화학적 메시지를 보낸다.

사회적 상호작용에는 말, 표정, 소리와 같이 '보이는' 신호도 포함되지만, 우리가 다른 사람과 소통하는 방식의 대부분은 전 기적, 신경화학적, 호르몬적, 에너지적, 정서적인 보이지 않는 신 호를 통해 이루어지며 우리의 의식적 인식 밖에서 일어난다. 우 리가 누군가와 말하거나 보거나 직접 상호작용하지 않고 있어도 몸은 끊임없이 서로의 신경계 조절 상태에 영향을 미치는 호르몬, 페로몬, 전지기적 에너지, 신경 지극을 방출한다.

방에 걸어 들어갔을 때 아무도 뭔가 이상하거나 누군가에게 문제가 있다고 드러내놓고 말하거나 암시하는 행동을 하지 않았는데도 이러한 보이지 않는 신호를 감지한 적이 있을 것이다. 그때 당신은 그들의 신경계 에너지와 그 밖의 생화학적 신호와 호르몬 신호를 수신한 것이다. 아니면 누군가의 주의 깊은 시선이나 존재감을 느낀 후 돌아섰을 때, 그가 당신을 바라보고 있는 모습을 포착했을 수도 있다. 이것은 연구에 의해 입증된 현상이다.[47] 이러한 보이지 않는 신호는 본능적인 느낌이나 우리가 합리적인 이유 없이 감지하는 느낌을 만드는 역할을 한다.

많은 사람이 보이는 신호를 토대로, 이를테면 누군가의 말이나 행동을 보고 다른 사람에게 반응한다. 하지만 다른 사람이 보내는 보이지 않는 신호까지 주목하기 시작하면 관계에서 갈등은 더 많이 사라질 것이다.

보이지 않는 신호는 인간으로서 우리가 수억 년 동안 안전하게 사는 데 도움을 주었다. 보이지 않는 신호 덕분에 우리 조상들은 야수나 적의 눈길을 끌 수도 있는 말과 소리 혹은 다른 시각적, 청각적 제스처를 사용할 필요 없이 같은 가족이나 집단에 속한 사람들에게 위험을 알릴 수 있었다. 현대에 들어온 지금도 보이지 않는 신호는 같은 목적으로 사용되어 우리가 위험에 관한 정보를 직접 전달할 만큼 안전하지 않다고 느낄 때, 주변 사람들에게 위험이 임박했거나 가까이에 있음을 알려준다. 명심하라. 심장은 안전에 관한 메시지를 전하는, 보이지 않는 강력한 전자기적 신호를 방출한다. 그래서 부모의 녹음된 심장박동 소리를 아기에게 들려주면 아기의 울음이 40~50퍼센트 감소한다.[48]

물론 보이지 않는 신호가 진화론적으로 우리에게 이롭지만, 관계에 늘 도움이 되는 것은 아니다. 신경계가 스트레스 반응에 갇혀 있고 심장이 스트레스를 유발하거나 일관성이 없는 에너지를 방출하고 있다면, 설령 유일한 위협이 스트레스를 받은 우리의 몸일지라도 우리의 몸은 스트레스, 긴장, 위험을 주변 사람들에게 알릴 것이다. 원인이 무엇이든 간에 주변 사람들은 우리가 보낸 스트레스 신호를 받아 흡수하여 신체적으로 안전하지 않다고 느끼고, 그들도 스트레스 반응을 일으킬 수 있다. 그러고 나면 탁구처럼 우리는 서로 위험 신호를 계속 주고받게 되며 그 결과 집단의 스트레스 수준이 올라갈 것이다.

핵심은 이렇다. 우리가 사랑을 받기 위해 마음의 문을 열려면 사랑이 안전하게 느껴져야 한다. 하지만 많은 사람에게 현실은 어린 시절 경험한 '사랑'의 유일한 버전이 일관되게 안전하다고 느껴지지 않았다는 것이다. 외상성 애착이 신경생물학적으로 조건화되었고 익숙하기 때문에, 우리는 습관적 패턴이 우리와 주변 사람들을 굉장히 불안하게 해도 그 속에서 계속 안전을 찾는다. 평온하고 안전하다고 느끼는 극소수를 제외하고, 우리는 스트레스 반응 주기 안에 갇혀 서로에 대해 궁지에 몰린 동물처럼 행동하고, 함께 진정한 사랑과 협력적인 관계를 누리는 게 아니라 갈등을 만들거나 악화시킨다.

하지만 우리는 공동 조절의 힘을 이용할 수 있다. 공동 조절이란 사람 사이에 벌어지는 생리적인 과정으로, 우리의 신경계 상태를 이용해서 다른 사람 신경계의 생리적 상태와 연결되어 그것을 변경하는 방법이다. 간단히 말해 우리 몸의 차분하고 이완시키는 에너지를 이용해서 주변 사람들이 우리와 함께 있을 때 보다 차분하고 이완되도록 지원할 수 있다.

당신의 승진을 축하하기 위해 형제와 저녁 식사를 하던 중에 당신이 식사가 식었거나 맛이 없다고 말했다고 치자. 식당을 고르고 당신과의 외식을 고대해 온 당신의 형제는 갑자기 당신이 그의 선택을 비판한다고 느끼며, 당신이 식사 내내 기분이 상해 결국 그날 밤을 모두 망쳐버릴까 봐 두렵다. 형제는 경직되어 말이 없어지고, 주의가 분산되고, 음식에 관심이 가지 않게 된다(경직 또는 차단 반응의 흔한 신호는 식욕의 상실과 소화 기능의 둔화다).

설령 당신은 형제의 반응이 정당하거나 중요하다고 느끼지 않을지 모르지만, 그런 생각은 당신의 몸에게 중요하지 않다. 왜냐하면 당신의 신경계가 형제의 스트레스 신호를 감지하고 스트레스 반응을 활성화했을 수 있기 때문이다. 당신은 투쟁 모드에 돌입하여 형제가 '과잉 반응'을 한다고 화를 내며 너무 예민하게 반응하지 말라고 쏘아붙일 수 있다. 아니면 비위 맞춤 모드에 돌입하여 모든 게 괜찮은지 몇 분 간격으로 묻기 시작하고 당신의 식사를 나눠주겠다고 하거나 평소 형제를 신나게 만드는 주제를 꺼낼 수도 있다. 당신의 신경계가 어떻게 반응하든 당신과 형제의 몸은 계속해서 서로 스트레스 신호를 주고받아 둘 다 압박감이 커지고, 결국 형제는 더욱 심하게 차단, 철회하고 당신은 소리를 지르거나 달래기 시작할 수 있다. 머지않아 저녁 식사는 감당하기 어려워지고, 함께한 그날 저녁 외식은 사실상 엉망이 될 것이다.

신체 의식과 공동 조절을 실시했다면, 당신은 실시간으로 무슨 일이 벌어지는지 인식하고 그날 저녁의 결말을 바꿀 수 있었을 것이다. 처음에 식당에서 당신이 활성화된 것을 감지했을 때, 이를테면 턱에 힘이 들어가고 호흡이 짧아지거나 심장이 빠르게 뛰기 시작하며 투쟁-도피 반응임을 나타냈을 때, 당신은 느리고 깊은 복식호흡을 몇 차례 실시하고 발이 바닥에 안정적으로 닿아 있는 느낌에 주목하고 스스로에게 안전하다고 말할 수 있었다. 형제의 학습된 완벽주의는 당신과 무관하며, 저장된 트라우마 반응과 과도하게 비판적인 가정환경에서 안전을 유지하기 위해 그가 최선의 노력으로 키워낸 대처 기제일 뿐이라고 상기할 수 있었다.

이렇게 스스로의 힘으로 신체적, 정서적으로 안전하다고 느낌으로써 당신은 더 이상 형제의 스트레스에 버거워할 필요가 없으며, 형제에게 잔소리를 하거나 무엇이 문제인지 추궁하는 습관적인 경향성을 피할 수 있다. 식탁에 울려 퍼지는 보이지 않는 스트레스 신호들의 분위기를 바꾸어 당신과 형제 모두에게 신체적, 정서적으로 안전하다는 느낌을 조성할 수 있다. 이런 상황에서 공동 조절을 하는 다른 언어적, 물리적 방법이 있긴 하지만(이 장 후반부에 다루겠다), 여기서 설명한 방법은 모두 비언어적 방법이다.

돈의 경험은 공동 조절이 어떻게 효과가 있을 수 있는지 보여주는 또 다른 사례다. 코로나 팬데믹 동안 재택근무를 시작한 후에 돈은 새로이 명상 루틴을 갖게 되었다. 매일 점심시간에 그는 침실에서 혼자 10분간 명상을 한다. 그러던 어느 날 오후, 그는 아기인 자녀가 놀고 있는 거실에서 명상을 하기로 결심했다. 그 날 나머지 시간 동안 그는 아들이 차분해지고 생떼를 덜 부리는 것을 감지했다. 그때 돈은 매일 오후 아들 옆에서 명상을 하는 실험을 하기로 결심했다. 아들의 몸이 아버지의 평온하고 차분한 신경계 에너지를 흡수했기 때문에 거의 일관되게 같은 결과를 보였다. 돈이 아들이 잠들기 전에 두 번째로 짧은 명상을 추가하자, 아이는 평소보다 더 쉽게 잠이 들었다. 명상을 루틴에 포함하기 어렵다면 부드러운 스트레칭, 리듬을 타며 몸 흔들기 또는 다른 사람들과 즐겁게 춤추기와 같은 다른 형태의 조절 행동을 통해서도 공동 조절을 할 수 있다.

관계에서 갈등이나 긴장이 있을 때마다 의도적으로 공동 조절을 실시하면 특히 유용하다. 둘 다 이완될 때까지 호흡 연습을 함께 하거나 서로 끌어안는 방식으로 안전감을 조성하기 위해 대화에서 잠시 벗어나자고 제안할 수 있다. 끌어안기가 지나치게 친밀하거나 불편하다고 느낀다면 손을 잡거나 침묵한 채 서로 나란히 앉거나 서로의 눈을 응시할 수도 있다.

많은 사람들에게 터치와 직접적인 눈 맞춤은 안전하지 않게 느껴질 수 있다. 그러니 당신과 당신의 연인에게 가장 편안한 방법을 찾기 위한 실험을 하면 좋다. 이 장 끝부분에서 다른 사람들과 공동 조절하는 방법들을 더 많이 소개할 것이다.

아동기의 공동 조절 경험

• •

유아기와 초기 아동기에 부모상이 자주 웃어주고, 사랑의 눈길을 주고, 차분한 목소리를 사용하고, 끌어안거나 보듬어주고, 우리와 상호작용할 때 일관되게 부교감신경계가 주도하는 상태였다면, 우리는 진정 효과를 낳는 공동 조절을 경험한 것이다. 우리가 스트레스를 받거나 괴로워하고 우리의 신경계가 투쟁, 도피, 또는 경직이나 차단 모드로 활성화되었을 때, 부모상은 (부지불식간에) 그들 신경계의 안전을 이용하여 우리를 다시 차분하고 보다 수용적인 상태로 돌려놓았다.

만일 진정 효과를 낳는 공동 조절을 꾸준히 경험했다면, 시간이 흐르면서 우리는 부모상을 신뢰할 수 있다는 것을 알게 되어 위안과 지지를 줄 수 있는 능력이 그들에게 있다고 예측하고 의지했을 것이다. 연구에 따르면, 엄마가 주파수를 맞춰주고 정서적 안정을 제공한 유아들은 최대 5년 후까지 미주신경 긴장도가 상승했고(자녀와 공동 조절을 하는 엄마들도 미주신경 긴장도가 그렇지 않은 엄마들보다 더 좋다),[49] 어린 자녀들도 그렇지 않은 자녀들보다 더 낮은 코르티솔 수치를 보였다.[50]

물론 24시간 아이 곁에 머물며 주파수를 맞출 수 있는 부모는 없다. 연구에 따르면, 부모상이 우리가 그들을 필요로 할 때 30퍼센트만 공동 조절을 해도 우리는 조절이 잘되거나 안정 애착을 형성하며 성장한다.[51] 불쾌한 경험이 발생했을 때 부모상이 우리를 달랠 수 없었다 해도, 그들 자신부터 조절된 후에 회복 과정을 시작하면(이에 대해서는 다음 장에서 자세히 다룬다) 우리가 안정 애착을 형성할 가능성이 높아진다. 하지만 극소수만이 이렇게 우리를 진정시키는 일관된 공동 조절이나 꼭 필요한 회복의 순간을 누린다.

우리 대부분은 정서적으로 주파수를 맞춰주지 않는 부모 밑에서 자랐다. 그 결과 우리 몸 안에서나 관계에서 진정으로 안전하거나 안정적이라고 느끼는 법을 배우지 못했다. 엄마나 아빠가 우리에게 사랑스러운 눈길을 주고 이따금씩 끌어안아 주긴 했지만, 만일 가정에 갈등이나 다른 감당하기 힘든 감정들이 발생해 그러한 눈길과 포옹이 사라졌다면 우리는 가장 필요할 때 위로나 지지를 받지 못했을 것이다. 그래서 어린 시절 두려움, 혼란, 정서적 일관성의 결여나 불안정이 우리에게 발생했고, 그 결과 우리는 감정을 조절하는 법을 전혀 배우지 못했다. 어른이 된 지금도 여전히 우리는 정서적으로 덜 발달했고, 스스로 조절하지 못하며, 현재의 갈등, 스트레스 또는 다른 감정적 불안정에 대해 어린 시절에 했던 방식으로 자주 반응한다. 어떤 사람들은 갈등과 불편감을 아예 피하려고 애를 쓰며, 직접 소통하는 대신 잠재적 불화로부터 도망가기 위해 때로 '잠수'를 탄다. 그런가 하면 원하는 대로 되지 않을 때 시무룩해져서 대화에서 성급히 빠져나오거나 주변 사람들을 완전히 무시하며 침묵에 빠지는 사람들도 있다.

우리를 돕길 절실히 원하는 가장 선한 의도를 가진 부모상이라 해도 그들의 몸이 먼저 안전하게 느끼지 못하면 우리가 안전하게 느끼도록 도울 수 없다. 내가 어릴 적 내 어머니는 늘 통증에 시달리는 몸에서 안전감을 전혀 느낄 수 없었기 때문에 나를 좀처럼 진정시키지 못했다. 그 결과 나는 어머니의 조절 장애를 그대로 흡수했고 신경계의 스트레스 반응들을 반복하며 살았다. 조금의 불편감이라도 생기면 나는 바로 투쟁-도피 모드에 돌입했다. 정서적 회복력이나 이런 끊임없는 신체적 동요에 대처할 수 있는 도구가 없었기 때문에 나는 자라면서 집 안을 뛰어다녔는데, 어머니의 표현에 따르면 '벽에 몸을 부딪치며 뛰어다녔다.' 감당하기 힘든 불편한 에너지를 방출하려는 몸부림이었다. 돌이켜보면 내가 느낀 에너지의 동요와 가족 내에 건강한 대처 도구가 없었던 것이 내가 수없이 많은 방과 후 프로그램과 활동에 참여한 큰 이유였다는 생각이 든다. 그런 프로그램과 활동들은 나의 억눌린 에너지를 방출할 수 있는 배출구로, 사회적으로 승인되고 심지어 축하받는 배출 방식이었다.

어머니가 특징을 잘 묘사하듯 나는 바쁘지 않게 일주일을 보내면 얼마나 지루한지 불평하며 나와 놀아달라고 다른 사람들에게 매달렸다. 하도 많이 말해서 가족들 사이에서 농담이 되어버렸다. 슬프게도, 조절 장애를 겪는 내 몸이 느끼는 '지루해'는 '나는 지금 혼자 있는 게 불편하고 교감이나 지지를 느끼고 싶어'라는 뜻임을 가족 그 누구도 알지 못했다.

어릴 적 나는 예상과 다르게 어떤 일이 생겨 실망하면 어머니에게 쉽게 화를 터뜨리고 거칠게 소리를 질러댔다. 이를테면 등교 준비를 하는 동안 어머니가 묶어준 포니테일이 완벽하지 않아서 어머니에게 "엄마 미워!" 하고 소리를 질렀다. 나를 진정시켜 줄 존재가 없었기 때문에 내 감정은 종종 통제 불능이었다. 그 정도가 하도 심해서 어느 아침에는 거울을 본 후 복도를 마구 달려 내려가다가 새끼발가락이 부러진 적도 있었다.

더러 나는 명백한 지지가 있는데도 돌발 행동을 했다. 한번은 소프트볼 경기에서 유독 어려운 이닝에 투구를 하고 있었는데, 어머니가 늘 앉아 계시던 사이드라인에서 내게 도움이 되는 조언을 외치셨다. 경기가 잘 안 풀리는데 지켜보는 대상이 되었다는 불편감을 참지 못한 나는 경기를 관람하는 거의 모두가 나를 지켜보는데도 개의치 않고 마운드 한복판에 서서 어머니를 무섭게 째려보았다. 그 순간, 나는 눈에 보이는 나의 불완전함 때문에 위협감과 수치심을 너무도 심하게 느껴서 다른 사람들에게 내가 어떻게 보일지 개의치 않았다. 나는 조절이 되지 않는 상태였고, 내가 느끼는 감당하기 힘든 수치심을 감당해 보려고 정서적으로 어머니를 내게서 밀어내고 있었다.

시간이 흐르며 나의 스트레스와 그와 관련된 정서적 조절 장애는 너무도 꾸준히 발생해서 내 신경계는 결국 차단 모드로 전환되었다. 그 누구와도 교감하거나 공동 조절을 하는 게 거의 불가능해졌다. 어른이 될 즈음, 일상적으로 내 몸의 내적 자원을 초과하여 사용해서 만성 스트레스가 누적되어 나타나는 증상인 알로스태틱 부하allostatic load(스트레스 등으로 인한 신체의 마모 또는 손상—옮긴이)가 증가했다. 스스로 이완되거나 다른 사람과 공동 조절하는 게 불가능한 터라 거의 잠을 못 자고 만성 소화 불량에 시달렸고, 그 바람에 안 그래도 부족한 신체적, 정서적 자원이 더 고갈되었다. 스트레스 주기가 계속되고 빈도수도 잦아지자 어린 시절 학습한 대체 전략에 의존해서 끊임없이 분주하게 지내며 주의를 분산시켰다. 결국 감정을 관리하고 뿌리 깊은 고통을 무감각하게 만들기 위해 약물을 사용하게 되었다.

내 몸의 조건화된 습관들에 대해 알게 된 후, 나는 신경계를 조절하기 시작했다. 내 몸 안에서 안전하게 느끼는 법과 더불어 다른 사람과의 공동 조절을 위해 나를 개방할 수 있을 만큼 안전하게 느끼는 법을 스스로 터득해야 했다. 특히 심박수, 호흡 혹은 근육 긴장도의 변화를 감지하면서 하루 종일 내 몸의 스트레스 수준을 평가하여 의식 점검(102쪽 참조)을 실시했다. 그러자 내 몸이 언제 외부 혹은 내면세계에서 스트레스를 인식하는지 알아차리기 시작해서 새로운 스트레스 대처 방법을 선택할 수 있는 여지와 기회가 생겼다.

나는 내적으로 동요되면 보통 감정이 폭발하고 잔인한 말을 하거나 주의를 분산시켰는데, 이를 알아차리면 자동 조종 중인 나의 뇌가 다음 행동을 결정하도록 방치하는 대신 잠시 멈춰 내 몸을 점검했다. 내가 사람들을 밀어내거나 정서적으로 냉담해지거나 거리를 두는 것을 알아차리면, 내게 에너지 자원이 있을 경우 나를 고립시키는 대신 사람들과 연결될 수 있는 여지를 만들었다. 에너지 자원이 없다면, 그렇다고 직접 알리고 다시 연결되려면 시간과 여력이 필요하다는 것을 인정했다. '내겐 그들이 필요 없어' 또는 '나는 혼자 알아서 할 수 있고 그렇게 할 거야'와 같은 생각이 드는 초독립hyper-independence(모든 일을 혼자 해결하려 하며 다른 사람에게 의존하거나 도움을 받는 것에 대해 강한 수치심을 느끼는 상태—옮긴이)이 마음에 반영되는 것을 알아챌 때마다 잠시 멈춰 내가 다른 사람들로부터 지지와 교감을 받기 위해 나를 개방하길 원한다는 사실을 떠올렸다.

멈춘다고 해서 항상 내가 어쩔 수 없이 원하거나 습관적으로 하던 일을 하지 못하게 막을 수 있는 것은 아니다. 하지만 멈추기를 하면 다른 결정을 내릴 수 있는 기회가 생긴다. 오래된 습관으로 돌아가는 순간, 나는 나에게 자비와 사랑에 바탕을 둔 연민이라는 선물을 주며, 모든 새로운 순간이 내가 바라는 사랑이 되는 연습을 할 수 있는 새로운 기회를 준다는 것을 떠올린다.

타인의 스트레스 반응을 알아차린다

• •

투쟁, 도피, 경직 또는 차단, 비위 맞춤 모드는 모두 비슷한 외적 행동을 유발한다. 만일 당신이 이러한 스트레스 반응들 가운데 하나일 때 알아차릴 수 있다면, 다른 누군가가 그런 상태일 때도 알 수 있다. 3장에서 네 가지 스트레스 반응과 관련된 스트레스 모드에 대해 설명했다. 바로 투쟁을 위한 폭발 모드, 도피를 위한 주의 분산 모드, 경직이나 차단을 위한 분리 모드, 그리고 비위 맞춤을 위한 맞춤 모드다. 누구와 함께 있고 주변에서 또는 내면에서 무슨 일이 벌어지는지에 따라 누구나 간혹, 대체로 또는 항상 폭발, 주의 분산, 분리, 맞춤 모드로 전환될 수 있다.

다른 사람이 어떤 신경계 상태에 있는지 파악하려면 시간을 내어 다음 질문들에 대답해 본다. 만일 특정 답이 당신이 사랑하는 사람을 가장 잘 묘사한다면, 그가 얼마나 자주 (그리고 언제) 이렇게 반응하는지 생각해 보라. 그것이 미래에 언제 그가 위협을 느끼는 상태로 전환될지 알아차리는 데 도움이 되는 단서를 제공할 수 있다. 도움이 된다고 생각하면, 이 질문들에 대한 답을 별도의 노트나 일기장에 적어둔다.

폭발 모드(투쟁 반응) | 폭발하는 사람은 대체로 외부로 주의를 돌린다. 소리를 지르고, 박차고 뛰어나가고, 물건을 던지거나 문을 쾅 닫기도 한다. 또한 말할 때 큰 목소리와 내용으로 다른 사람들이나 공간을 압도하여 대화를 주도하거나 통제하려 든다. 겉보기에는 차분해 보일 수 있으나 내면에서 화가 끓어오르고 있어서 폭발하기 일보직전이다. 이런 사람이 주변에 있으면 살얼음판을 걷고 있는 것처럼 겁이 나고 언제 또 폭발할지 몰라 조마조마하다.

얼마나 자주 (그리고 언제) 내가 뭔가 잘못 말하거나 행동해서 사랑하는 사람의 기분이 거의 즉각 변한 것처럼 느끼는가?

_____

_____

_____

얼마나 자주 (그리고 언제) 사랑하는 사람의 분노나 화가 방 안의 모든 정서적 에너지를 잡아먹는 것처럼 느끼는가?

_____

_____

_____

얼마나 자주 (그리고 언제) 사랑하는 사람이 어떻게 반응할지 두려워 나의 감정, 믿음 혹은 의견을 공유하지 못하는가?

주의 분산 모드(도피 반응) | 주의를 분산하는 사람은 대체로 주변에서 일어나는 어렵거나 화가 나는 경험이 아닌 다른 것으로 주의를 돌린다. 워커홀릭이거나, 할 일이 끝도 없이 있거나, 기술이나 텔레비전 중독이거나, 약물이나 술로 무감각해지거나, 끊임없이 분주하게 지낸다. 때로 이 유형은 슈퍼맘, 슈퍼 상사, 슈퍼 연인일 수 있다. 모든 것이 끊임없이 돌아가게 하지만 그렇지 않을 때는 정서적으로 비어 있다. (가령 일, 술, 가사 노동 등 당신이 같은 대상에 주의를 분산시키고 있지 않는 한) 주의 분산형이 주변에 있으면 단절되었거나 무시당한다고 느낄 수 있다.

얼마나 자주 (그리고 언제) 사랑하는 사람이 이 일 저 일로 옮겨가며 바쁜 경향이 있는가?

얼마나 자주 (그리고 언제) 나는 사랑하는 사람과 교감하길 원하지만 결국 함께 있어도 관심을 받지 못하거나 상대의 마음이 다른 곳에 가 있다고 느끼는가?

_____

_____

_____

얼마나 자주 (그리고 언제) 사랑하는 사람이 자유 시간에 비디오 게임을 하고, 소셜 미디어를 들여다보거나 주의를 외부의 원천에 두는 다른 활동에 집중하고 우리의 상호작용에는 관심을 두지 않는가?

_____

_____

_____

분리 모드(경직 또는 차단 반응) | 분리형은 대체로 주의를 내면으로 돌린다. 감정을 폭발시키거나 딴짓을 하지 않는다. 대신, 대부분의 일에 대해 감정을 느끼거나 교감하는 것처럼 보이지 않는다. 분리형은 신체적으로 함께하고 심지어 적극적으로 참여하는 것처럼 보일 수 있기 때문에 파악하기 어려울 수 있다. 하지만 이들은 정서적으로 공허하고, 거리를 두거나 초연하다. 주변에 이 유형이 있으면 당신이 무슨 말이나 행동을 하든 거리감이나 벽을 느낄 수 있다. 아울러 당신이 정서적으로 교감하려고 시

도할 때마다 일관되게 거절당했다는 느낌이 들 수 있다.

얼마나 자주 (그리고 언제) 나는 사랑하는 사람에게 무슨 생각을 하거나 무엇을 느끼는지 말해달라고 애원하는가?

_____

_____

_____

얼마나 자주 (그리고 언제) 나는 사랑하는 사람과 정서적으로 단절되거나 차단되었다고 느끼는가?

_____

_____

_____

얼마나 자주 (그리고 언제) 나는 사랑하는 사람에게 새로운 관심사나 경험을 공유할 때 거절당하거나 비판받는다고 느끼는가?

_____

_____

_____

맞춤 모드(비위 맞춤 반응) | 맞춤형은 대체로 다른 사람을 기쁘게 하는 데 주의를 쏟는다. 항상 누군가가 무엇을 원할지 예측하고,

다른 사람의 욕구를 충족하려고 애쓰고, 다른 사람을 돕는 데 나서거나 갈등을 적극적으로 피한다. 이 유형은 대개 자신이 무엇을 원하는지 알지 못하거나 말하지 않고 다른 사람의 의견을 따른다. 맞춤형이 주변에 있으면 버겁거나, 정서적으로 숨이 막히거나, 분개심을 느낄 수 있다.

얼마나 자주 (그리고 언제) 나는 사랑하는 사람이 그의 가족이나 친구가 말한 대로 무언가를 하는 것을 목격하는가?

얼마나 자주 (그리고 언제) 사랑하는 사람이 무언가(인정, 정서적 지지, 진정시켜 주는 접촉)를 바라고 내게 오는가, 그리고 얼마나 자주 나는 사랑하는 사람에게서 같은 것을 바랄 때 편안함이나 안전감을 느끼는가?

얼마나 자주 (그리고 언제) 나는 사랑하는 사람이 평화를 지키거나 다른 사람들을 기쁘게 하기 위해 무언가를 말하거나 행동하지만 결국 장기적으로 더 큰 갈등을 초래하는 것을 목격하는가?

사랑하는 사람이 조절 장애임을 알아차릴 수 있으면 아래 제시된 공동 조절 도구를 사용하여 그들을 다시 안전하게 되돌릴 수 있다. 이 훈련은 그들의 반응이 우리에 대한 반응이 아니라 안전감의 결여를 반영하는 것임을 깨닫고 그들의 행동을 개인적으로 받아들이지 않는 데 도움이 된다.

관계 회복력을 높이는 법

• •

어린 시절 꾸준히 우리를 달래주는 공동 조절을 경험하지 못했다고 해서 성인인 지금 공동 조절을 실시하는 법을 배울 수 없는 게 아니다. 우선 언제 우리의 신경계가 조절이 안 되는지 아는 게 중요하다. 우리가 안전하다고 느끼지 못하면 무엇을 해도 다른 사람이 안전하게 느끼도록 도울 수 없다. 오히려 반대 효과만 초래하여 성난 표정이나 상처 주거나 수동공격적인 말 등 눈에 보이는 신호와 보이지 않는 신호를 통해 그들에게 스트레스와 위험의 메시지를 보내게 된다.

우리의 신경계가 활성화되었음을 인식할 때, 사랑하는 사람 앞에서 물러나면 그가 안전하다고 느낄 수 있다. 만일 그래도 주변에 머물러야 하거나 머물고 싶다면 의도적인 호흡, 땅에 발 딛기, 그리고 우리의 행동이 현재의 현실이 아닌 과거의 트라우마에서 비롯되었음을 상기하는 등 앞에서 배운 스스로 진정하는 법을 실시하여 신경계를 안전하게 되돌리도록 의식적인 노력을 할 수 있다. 물론 상대가 그의 몸 안에서 안정적이고 안전하다면, 공동 조절을 할 수 있게 도와달라고 언제든지 요청할 수 있다.

신경계를 계속 조절하면 스트레스 반응에 갇힐 가능성이 줄어든다. 앞서 이미 살펴본 대로 영양이 풍부한 음식을 먹고 염증을 유발하는 음식을 자제하고, 영양이 공급되도록 규칙적으로 몸을 움직이고, 충분히 숙면을 취하고, 신체적, 정서적 불편감을 견뎌내는 역량을 키우고, 우리가 무가치하다는 자아 스토리를 제대로 파악하고, 가능할 때마다 심장과 교감하는 훈련을 함으로써 시작할 수 있다. 이러한 선택을 하면 스트레스 회복력이 향상되어 과도하게 활성화되어 즉각 반응하거나 주의를 딴 데로 돌리거나 아예 피하지 않고 화가 나거나 불편한 경험을 더 많이 견딜 수 있는 능력이 생긴다. 스트레스를 견뎌내는 법을 배울수록, 분노나 비난을 다른 사람에게 투사하고 자기 반응에 대해 수치스러워하거나 자기표현을 억압할 가능성이 줄어든다.

나도 살면서 사랑하는 사람에게서 특히 연인 관계에서 신체적으로나 정서적으로 거리감을 느낄 때 느껴지는 두려움과 불편감을 견뎌내는 법을 배워야 했다. 연인과의 교감이 끊어졌다고 느끼거나 상대가 나에게 화가 났음을 알게 되면, 나는 비난받을 거라고 추정했다. 이렇게 추정하면 몸의 긴장도가 올라가고 내가 별 볼 일 없다는 자아 스토리가 머릿속을 꽉 채웠다. 그럴 때면 몸도 마음도 어머니가 정서적으로 방치한 어린 소녀로 돌아갔다. 그 기억을 말로 묘사할 수 없는 내 몸은 깊은 고통을 불편한 몸의 감각과 행동 반응으로 드러냈다.

이러한 감각과 반응을 의식적으로 바라보게 되면서 나는 관계에서 모든 거리가 나쁜 게 아니라고 스스로를 가르치기 시작했다. 사실 관계에서 균형을 잡으려면 어느 정도의 거리는 필요하다. 모든 인간은 에너지 저장고를 재충전하기 위해 한 번에 단 몇 분이라도 다른 사람과 떨어져 혼자 있을 시간과 공간이 필요하다.

정서적 교감에 목마른 나는 다른 사람들이 교감을 원할 때마다 받아들이고 어떤 이유에서든 내가 열린 마음으로 받아주지 못하거나 그렇게 할 수 없을 때 나를 비난하는 패턴을 발견했다. 이제 나는 헤드폰으로 차분한 음악을 듣고, 한두 시간 동안 홀로 운전을 해서 호수에 가거나 근처 호텔에 홀로 묵는 등 나 혼자 존재하는 것을 즐길 수 있는 공간에 머무는 법을 배우고 있다. 아울러 내적으로 동요되는 것을 느낄 때(오래전부터 '나는 지루해'라고 말하는 순간) 비난할 대상을 찾거나 남이 내 기분을 좋아지게 해주길 기대하는 대신, 산책을 하거나 목욕을 하며 스스로 정서적으로 지지할 수 있는 방법을 배우고 있다. 이제 나는 이러한 순간들을 제대로 볼 수 있다. 그런 순간들은 주변 사람들과 다시 제대로 연결될 수 있으려면 그 전에 나를 달래고 나 자신과 다시 연결될 수 있는 혼자만의 시간이 필요하다는 신호다.

혼자서든 아니면 다른 사람과의 공동 조절을 통해서든 자신을 달래거나 안전하게 돌려놓는 일은 진정한 연민을 체화하기 위한 기초다. 우리가 안전하지 않거나 위협적이라고 느낄 때마다 당장 우리는 생존과 관련이 있기 때문에 자신에게 지나치게 집중하며 경험을 우리의 관점으로만 본다. 그 결과 주변 사람들에게 상처 주는 방식으로 행동할 수 있다. 우리가 사랑하는 사람들도 마찬가지다. 우리가 스스로에게 자비와 연민을 갖는 법을 배울 수 있다면, 우리에게 상처 준 사람들에게도 자비와 연민을 베풀 수 있다. 그들이 겁을 먹고, 스트레스를 받고, 감당하기 힘들거나 화가 날 때 반응적으로 보이는 해로운 말과 행동은 그들의 진정한 본모습을 반영하지 않는다.

연민은 신경계의 조절과 안전에 의존하는 체화된 반응이다. 다른 사람에게 진정한 연민을 느끼고 그들이 고통받을 때 지원하길 원한다면, 우선 그들의 고통을 느끼거나 주파수를 맞출 수 있어야 한다. 다른 사람들에게 정서적으로 주파수를 맞추려면, 우리 몸의 생존 상태에서 벗어나 그들의 관점에서 그들의 경험을 볼 수 있어야 한다. 이렇게 되려면 마음이 주의를 우리 자신의 경험에서 다른 곳으로 옮길 수 있을 정도로 몸이 안전하게 느껴야 한다. 스스로에게 연민과 인내심을 베풀면서 동시에 안전을 체화하는 이 새로운 방법을 익히는 게 안전 자체가 익숙하지 않은 경험인 사람들에게는 특히 중요하다. 모든 낯선 것에 대해 그렇듯 우리의 몸과 마음은 이러한 새로운 경험에 저항하려 하고, 우리가 위협적인 미지의 세계로 나아갈 때 스트레스를 유발하는 익숙한 습관으로 돌아가려고 할 것이다.

안전과 연민을 체화하면 격렬한 스트레스나 갈등의 순간에 특히 도움이 된다. 우리가 우리 몸 안에서 차분하고 안정적으로 머물 수 있으면 다른 사람의 스트레스 반응을 위협에 대한 적응으로 이해하고 그것을 개인적으로 받아들이지 않을 수 있다. 그 결과, 우리는 윽박지르거나 강제로 연결하려고 하거나 상대를 흔들어 스트레스 반응에서 벗어나게 하려는 행동이 그들의 내적 스트레스 수준을 더 높일 뿐임을 알기 때문에 그런 반응을 할 가능성이 줄어들며 연민을 갖고 반응할 가능성이 커진다.

어떻게 하면 다른 사람의 마음이 상했을 때 안전을 조성해 줄 수 있을까? 누군가의 신경계가 스트레스 반응으로 활성화되었음을 알 때 우리에겐 세 가지 선택지가 있다.

1. 그들을 위해 공간을 확보하면서 동시에 상황에 대한 우리의 경험을 의식적으로 재구성할 수 있다. 이렇게 하면 그들의 기분, 말, 또는 반응을 개인적으로 받아들이지 않게 된다. 상대가 스트레스 반응에 있음을 이해하면 대체로 그의 고통에 연

민을 가지고 잘 대처할 수 있다. 아울러 우리도 과잉 반응할 가능성이 줄어들고 대신 상대방의 정서 경험에 동참할 가능성이 커진다.

2. 그들이 조절될 때까지 그들 앞에서 물러날 수 있다. 이 방법은 대개 폭발 모드에 있는 사람을 대하는 최선의 방법이다. 상대를 경멸하거나 무시하지 않고 자리에서 물러나기 위해 "지금 이 상호작용이나 경험에서 벗어나 잠시 휴식을 취해야겠어"라고 말할 수 있다. 물론 이렇게 하는 게 특히 이미 활성화된 폭발 모드에 있는 사람을 더 화나게 할 수도 있지만, 당신의 안전을 유지하는 게 최우선 과제임을 그들에게 알리는 게 매우 중요하다. 명심하라. 만일 당신이 신체적, 정서적, 또는 성적으로 위험에 처했다고 느끼기 시작하면, 반드시 응급 구조 서비스에 도움을 요청해야 한다.

3. 앞서 살펴본 기법들과 이제부터 추가로 배우게 될 방법들을 사용하여 공동 조절을 할 수 있다.

관계 안에서 정서적 안전과 안정을 느낀다

• •

지속적으로 다른 사람과 공동 조절하는 능력은 관계 안에서 정서적 안전과 안정을 갖기 위한 근간이다. 만일 어린 시절 정서적으로 과민하게 반응하거나 단절된 모습을 보고 자랐다면, 불화를 겪거나 갈등을 인식할 때 다른 사람들과 계속 연결되기가 어려울 수 있다. 하지만 우리는 갈등이 발생한 후 관계를 복구하거나 정서적 안전과 연결로 돌아감으로써 장시간에 걸쳐 꾸준히 정서적 신뢰의 '느낌'을 키울 수 있다. 이렇게 안전하고 안정적인 연결로 돌아가는 일은 특히 아동에게 근본적으로 중요하다. 부모가 화가 날 때 소리를 지르거나 침묵으로 냉대하는 것과 같은 반응적이거나 폭발적인 감정에 의해 아이가 혼란스럽거나 외롭거나 압도되는 일이 자주 있기 때문이다.

공동 조절의 대부분은 몸이 방출하는 보이지 않는 신호와 우리의 신경계 안전을 통해 발생하긴 하지만 끌어안기, 손잡기, 사랑스러운 눈길 주고받기, 침묵한 채 가까이 앉기 혹은 심장 중심 훈련(367쪽 참고)을 실시하여 적극적으로 공동 조절하는 의도적인 선택을 할 수 있다.

만일 당신이 다른 사람과 공동 조절을 하기로 했다면, 일부 저항하는 사람들이 있을 거라 예상하는 게 중요하다. 특히 공동 조절이라는 개념이 낯설다면 더더욱 그러하다. 훈련을 시작하기 전, 사랑하는 사람이 화가 나지 않았을 때 대화를 하며 미래에 갈등이나 스트레스를 겪는 때가 오면 공동 조절을 실시할 의향이 있는지 묻는 게 좋다. 다음은 이 훈련에 관한 기초적인 사실들이다. 이것을 사랑하는 사람과 공유하면 그들이 공동 조절의 힘과 잠재력을 이해하는 데 도움이 될 것이다.

공동 조절에 관한 다섯 가지 사실

- 우리의 몸은 본래 다른 사람과 연결되도록 프로그래밍되어 있다.
- 공동 조절은 우리가 연결되기 위해 열려 있다고 느끼는 데 필요한 안전을 제공하는 과정이다.
- 우리 몸의 신경계는 우리가 볼 수 없는 전기, 호르몬, 에너지 신호를 통해 다른 사람의 신경계와 소통한다.
- 우리가 감정을 진정시키기(또는 우리의 신경계를 조절하기) 어려울 때, 다른 사람의 몸이 느끼는 평온함과 차분함을 이용하여 우리도 진정할 수 있다.
- 지금 당장 서로에 대해 더 안전하고 연결되었다고 느끼기 위해 다양한 도구와 연습을 사용할 수 있다.

심장 중심 공동 조절 훈련

다음에 제시한 간단한 훈련은 사랑하는 사람과 공동 조절을 실시하는 데 도움이 된다. 연습을 시작할 때 한쪽이 차분한 상태 혹은 부교감신경계가 주도하는 상태라면 도움이 된다.

1. 서로 마주 보고 앉아 한 손을 서로의 심장이 있는 부위나 가슴에 올려놓는다. 서로의 가슴이 오르내리는 것을 느끼면 호

흡을 일치시킬 수 있다.

2. 느리고 깊게 숨을 쉰다.

3. 당신의 신경계가 평온하고 차분한 신호를 사랑하는 사람에게 보내는 모습을 상상한다. 그리고 난 후 당신의 신경계가 사랑하는 사람의 평온함과 차분함을 받아들이는 모습을 상상한다.

이 훈련은 교감을 높이고 관계에서 전체적인 에너지 균형을 다시 잡는 데 도움이 되기 때문에 어려울 수 있는 대화나 스트레스를 유발하는 경험 전에 실시하면 특히 좋다.

공동 조절 메뉴

다음은 스트레스나 갈등이 있을 때 사랑하는 사람과 공동 조절을 하기 위해 사용할 수 있는 추가적인 선택지들이다.

- 서로 미소를 짓거나 차분한 눈길을 주면 안전하다는 신호가 증가하고 주변 모든 사람의 배 쪽 미주신경 상태를 활성화하는 데 도움이 된다.
- 마주 보고 앉거나 등을 붙이고 앉아서 서로에게 맞춰 느리고 깊게 숨 쉬는 연습을 한다.
- 신뢰와 연결감을 높이면서 '사랑'의 호르몬인 옥시토신을 활성화하기 위해 서로 사랑스럽게 만지거나 끌어안는다.
- 서로의 눈을 편안하게 응시한다.

- 달래고 교감하기 위해 사랑하는 사람에게 당신의 머리카락으로 장난을 치라고 요청하거나 그의 머리카락을 차분하게 쓸어 만진다.
- 옥시토신 분비를 늘리고 근육의 긴장을 이완시키기 위해 서로 끌어안는다.
- 옥시토신 분비를 늘리고 코르티솔 수치를 낮추기 위해 서로 키스한다.
- 활발하게 대화를 나누기보다 보폭과 움직임을 일치시키는 데 집중하며 함께 산책을 한다. 이렇게 하면 스트레스가 줄어들고 관계의 교감과 소통이 증진된다.

만일 혼자이거나 다른 사람과 공동 조절을 할 수 없다면, 다른 사람과 교감하는 순간을 상상할 수 있다. 그렇게 해도 옥시토신과 안전감이 상승한다. 잘 조절된 동물의 신경계와 연결되어도 당신의 몸 안에서 안전감을 찾는 데 도움이 된다. 이완된 상태인 반려동물을 쓰다듬고, 털을 빗질해 주거나 옆에 누우면 같은 진정 효과를 얻을 수 있다.

. . .

지금까지 살펴본 대로 우리의 신경계가 주변 사람들에게 미치는 영향을 이해할 때 비로소 관계 안에서 진정한 안전과 안정을 조성하는 단계를 밟을 수 있다. 안전감을 체화하면 대개 말 한 마디 없이도 관계에서 갈등을 헤쳐나가는 능력이 향상되고, 보다 협력적인 연인이 될 수 있다. 공동 조절의 과정을 통해 다른 사람들에게 안전을 전하면 스트레스, 역경 혹은 불화의 순간에도 다른 사람과 우리의 상호작용과 역동을 바꿀 수 있다. 우리의 심장에 살고 있는 연민과 다시 연결되면, 어떤 관계에서라도 역기능적인 패턴을 깨뜨릴 수 있는 역량이 생긴다.

HOW TO BE
THE LOVE
YOU SEEK

9장

관계의 힘을
키우는 법

들어가는 글에서 게리 채프먼 박사가 1990년대 초반에 제시한 다섯 가지 사랑의 언어에 대해 소개했다. 그는 누구나 애정을 받을 때 선호하는 방식이 있다고 가정한다. 이 방식을 사랑하는 사람에게 알리면 우리가 바라는 사랑을 만들거나 유지할 수 있다. 채프먼 박사에 따르면 다섯 가지 사랑의 언어는 다음과 같다.

- **인정하는 말** | 우리는 사랑하는 사람에게서 말로 인정이나 칭찬을 받길 원한다.
- **함께하는 시간** | 사랑하는 사람과 자주, 미리 계획되거나 마음을 집중하는 시간을 보내길 원한다.
- **선물** | 사랑하는 사람이 우리에게 눈에 보이거나 계량화할 수 있는 사랑의 상징을 주길 바란다.
- **봉사** | 사랑하는 사람이 집안일을 해주거나 그 밖의 호의를 베풀길 바란다.
- **신체 접촉** | 사랑하는 사람이 신체적 접촉이나 그 밖의 친밀한 행동을 통해 우리에게 애정을 보여주길 바란다.

삶을 바꿀 만한 이 개념은 누구나 개별적인, 종종 뚜렷하게 구별되는 선호를 갖고 있음을 깨닫게 한다. 많은 사람이 관계 안에서 그들의 정서적 선호를 직접적으로 알리고 대인관계 경험을 바꾸기 위해 이 분류를 사용한다.

경험, 선호, 관점의 고유성을 인정하면 자기표현과 정서적 교감에서 무한한 가능성을 누릴 수 있다. 하지만 다른 사람에게 우리의 정서적 선호를 알리는 것과 그들이 특정 방식으로 우리의 욕구를 채워주길 기대하는 것은 전혀 다르다.

사랑하는 사람에게 그가 자신을 표현하는 자연스러운 방식을 바꾸라고 요청할 때, 우리는 다른 종류의 정서 표현과 교감의 기회를 차단할 수 있다. 사랑하는 사람들에게 자연스러운 것이 무엇인지를 간과하면, 다른 사람이 온전히 본연의 모습으로 존재할 수 있도록 우리가 제공하는 여지를 무심코 제한하게 된다.

설상가상으로, 우리가 다른 사람에게 인정받거나 사랑받는다고 느끼기 위해 학습한 방법들은 과거의 조건화와 경험에 바탕을 둔다. 우리에게 익숙한 애정 표현만을 고집하면, 사랑하는 사람에게 우리의 생애 초기 관계 또는 우리가 느끼는 방식의 사랑을 재현해 달라고 요청하는 것과 다름없다. 다른 사람이 우리에게 익숙한 방식으로 대해주길 기대하면, 아동기의 역기능적 역동을 재현할 위험이 있다.

오랫동안 나는 연인이 나를 위해 봉사할 때만, 이를테면 설거지나 빨래, 청소를 해주면 내가 사랑받고 있다고 믿었다. 이런 특정 방식으로 나를 위해주지 않으면 방임에 기반한 나의 자아 서사가 내 경험에 영향을 미쳐 나는 내가 무가치하고, 보살핌과 사랑을 받지 못하는 존재라고 느꼈다. 그러한 감정들은 현재 내가 처한 관계의 현실이 아니라 내 아동기 상처에 바탕을 둔 것이었다. 성장 과정에서 어머니가 내게 애정을 보인 주된 방식은 요리를 하거나, 내가 좋아하는 식사를 만들어주거나, 내 빨래를 해주거나, 청소를 해주는 것이었다. 이를 제외하면 내가 공부나 운동에서 특출나게 성공하지 않는 한, 어머니는 대개 몸에 축적된 통증과 감당하기 힘든 감정에 주의를 빼앗기거나 마음속 걱정에 사로잡혀 계셨다.

성인이 된 후 나는 다른 사람들에게서 어머니가 보인 것과 같은 종류의 관심을 받지 못하면 내 몸과 마음에 여전히 살아 있는 초기 기억으로 돌아갔다. 롤리와 만나기 시작했을 때, 그녀가 내게 저녁밥을 해주거나 설거지를 하거나 빨래를 도와주지 않으면 상처받고 무시당한다고 느꼈다. 그녀는 나를 얼마나 좋아하는지 말하고 다른 방식으로 애정을 보여줬지만, 내가 집에 돌아왔을 때 저녁 식사가 준비되어 있지 않거나 집이 엉망이거나 집 안 여기저기 빨랫거리가 쌓여 있으면 나는 싸우거나 수동공격적으로 행동하기 시작했다. 이것이 우리 관계에 갈등을 유발했을 뿐만 아니라 롤리의 신경계를 활성화했다. 어릴 적 롤리가 거실에 접시를 놔두거나 어지럽힌 것을 정리하지 않을 때마다 그녀의 어머니가 폭발했기 때문이었다.

나의 관계에서처럼 편하게 느끼는 방식을 바꾸라고 누군가에게 요구하면 갈등이 커지고 분개심이 쌓일 수 있다. 심지어 뿌리 깊은 무가치감을 촉발해 더 깊은 교감을 만들거나 유지하는 것을 방해할 수 있다. 특정 방식으로 사랑받기 위한 요청 이면의 의도는 선할 수 있지만, 두 사람의 사이를 멀어지게 할 수 있다.

우리나 다른 사람이 사랑을 어떻게 표현하든 상관없이 어떤 종류의 사랑이든 받기 위해 열려 있으려면 우선 우리 몸 안에서 안전하다고 느끼고 우리의 심장에 열려 있어야 한다. 조절 장애를 겪는 우리의 신경계와 그와 관련된 자아 스토리가 우리를 심장으로부터 계속 단절되게 하면, 사랑하는 사람이 무슨 말이나 행동을 하든 소용없게 된다. 사랑이나 교감을 보여주려는 상대방의 시도를 모두 거부할 수 있다. 심장이 잠재적인 위협으로부터 우리를 보호하기 위해 닫혀 있다면 관계는 계속 무너질 것이다. 다른 사람의 자연스러운 표현 방식을 우리의 욕구에 맞게 변경해 달라고 하는 것은 관계 안에서 분개심의 싹을 틔우고 역기능적 갈등 주기를 촉발할 수 있으며, 그렇게 되면 결국 유대 관계가 계속 약화된다.

이 관계의 안전을 조성하는 역할을 수행하기 위해, 우리는 관계에서 책임지고 자신의 욕구를 충족함으로써 역량 강화 의식을 실시할 수 있다. 매일 자기 관리를 실천하여 신경계의 건강을 꾸준히 확보하면, 우리는 이완되어 우리 존재의 자연스러운 상태 또는 진정한 자기가 될 수 있으며 동시에 다른 사람에게도 그렇게 할 수 있는 여지를 줄 수 있다. 역량 강화 의식을 실시하면 사랑하는 사람이 특정한 방식으로 관계에 응하거나 애정을 표현할 '필요'가 없다. 확실하게 우리의 욕구를 충족하고 원하거나 필요할 때 추가적인 지지를 요청함으로써 우리의 안전을 조성하는 책임을 스스로 질 수 있기 때문이다.

다른 사람에게 지지를 요청하는 것은 친구에게 당신이 감정을 공유하는 동안 들어줄 시간과 에너지가 있는지 묻기 위해 문자를 보내거나, 조용히 당신과 시간을 보내달라고 요청하거나, 필요할 때 서로를 안심시켜 주는 모습일 수 있다. 또 당신이 긴 시간 동안 목욕을 하거나, 부족한 잠을 자거나, 개인적인 업무를 볼 수 있게 시간이 되는 가족에게 당신의 자녀를 봐달라고 요청하는 것일 수도 있다. 아니면 당신이 보고서를 상사에게 제출하기 전에 신뢰하는 동료에게 읽어보고 피드백을 달라고 요청하는 모습일 수도 있다. 혹은 어려움을 겪을 때 외로움을 경감하려고 비슷한 문제를 겪는 사람들과 교감하고자 소셜 미디어나 온라인 커뮤니티에 글을 올리는 모습일 수도 있다. 하지만 어린 시절 지지를 받지 못했다면 이러한 방식으로 지지를 청하는 게 늘 쉬운 것은 아니다. 뒤에 추가적인 지지가 필요할 때 다른 사람들에게 보다 안전하고 효과적으로 알리는 데 도움이 될 수 있는 조언을 제시해 두었다.

이 장에서 우리는 관계의 힘을 키우기 위한 5단계를 사용하여 역량 강화 의식을 키우는 방법을 배울 것이다. 이것은 내가 갈등과 분개심을 촉발하거나 다른 사람을 변화시키려 들지 않고도 연인 관계와 플라토닉한 관계 안에서 갈등을 치유하는 방법이다.

상호 의존적인 관계

• •

역량 강화 의식을 심도 있게 알아보기 전에 '상호 의존'이라는 개념을 먼저 살펴보자. 상호 의존은 사람, 식물, 동물, 기업, 또는 국가 등이 독립된 개체로서 개별적인 정체성을 유지하면서 동시에 서로 연결될 때 발생한다. 인간관계에서 상호 의존은 우리가 안전과 지지를 위해 다른 사람에게 의존하면서도 동시에 별개의 뚜렷이 구분되는 개인으로서 온전함과 가치를 지속할 때 존재한다.

상호 의존적인 관계를 형성하려면, 우선 개개인이 고유한 능력과 열정을 표현할 수 있는 여지를 주는 안전과 안정의 기초를 구축해야 한다. 우리가 관계에서 창의성을 표현하고 고유한 능력을 발휘할 수 있을 만큼 진정으로 안전하다고 느낄 때, 혼자서도 훌륭하지만 함께해서 훌륭함이 배가된다. 개별 선수에게 맡은 포지션을 위한 훈련을 할 수 있도록 시간, 존중, 자유가 주어지면서도 동시에 그들이 최선의 노력으로 집단 훈련과 경기에 임하는 스포츠 팀과 같다.

온전하고 건강한 개인으로서 서로 연결되거나 협력할 때, 관계 안에서 상호 의존적으로 기능하는 것이다. 지금까지 배웠듯이 다음과 같은 일을 꾸준히 할 때 진정한 자기에 가장 잘 연결될 수 있다.

- 특히 스트레스나 갈등을 겪을 때 신체적, 정서적으로 안전하고 안정적이라고 느낄 수 있도록 신경계를 조절한다.
- 반응성이 높아지고 신경계 조절 장애를 겪는 순간들을 자주 만드는 다양한 자아 스토리의 영향을 제대로 파악한다.
- 자신의 심장과 교감하여 진정한 자기와 좀 더 일치하는 선택을 하면 그러한 선택에 대해 더 큰 안정을 느낄 수 있다.

내가 '따로 또 같이'라고 부르는 진정한 상호 의존을 달성하면 집단 구성원들 사이에 조화와 협력이 가능하다. 둘이든 스무 명이든 집단을 구성하면, 우리는 집단 전체의 욕구와 최선의 이익뿐만 아니라 개별 구성원의 다양한 욕구와 최선의 이익도 고려한다.[52] 우리가 '우리'로 연결된 게 안정적이라고 믿으면, 주파수를 다른 사람들에게 맞추고 그들을 지지할 수 있도록 복수의 관점에서 상황을 바라보는 데 필요한 여유가 생긴다. 집단이 누릴 최선의 이익을 고려하면 도파민 분비가 늘어나 우리의 행복이 증진될 뿐만 아니라 동기 부여가 되고 보상받는다는 느낌도 상승한다.[53]

상호 의존이 늘 자연스럽게 발생하는 것은 아니다. 많은 사람이 정서적으로 미발달된 부모에 의해 양육되었기 때문에 개별적이면서도 온전한 개인으로서 자신을 탐색하고 알기 위해 필요한 여력을 가질 만큼 충분히 안전하고 안정적이라고 느끼지 못한 채 성장했다. 우리는 진정한 자기로 살아가는 대신 자주 조건화된 역할을 행하며 자기 배신이라는 익숙한 패턴을 반복한다. 생존 모드에 갇혀 있어서 무의식적으로 자신의 생각, 감정, 관점을 최우선에 둔다. 하지만 연민에 바탕으로 둔 관계 속에 존재하길 원한다면 다른 사람의 관점에 맞출 수 있어야 한다. 그렇게 되려면 우리 몸의 생존 모드에서 벗어나 다른 사람의 관점을 볼 수 있어야 한다.

우리의 자기 가치감이 조건화의 영향을 받았다 해도, 현재 관계 안에 있든 있지 않든 이 책에서 소개한 훈련법들을 사용하여 자기 자신과 교감하고 자신을 사랑하는 마음을 키우는 법을 배울 수 있다. 자기 가치를 다시 세우고 자기애를 키우려면 다른 사람과의 관계에서 경계를 세우는 법을 배워야 한다. 그래야 자신의 생각, 감정, 관심사를 탐색하는 데 필요한 시간, 공간, 자원을 확보할 수 있다. 우리의 내면세계에 주파수를 맞출 수 있는 여력이 생길수록 관계에 임하는 방식을 바꿔야 할 때 알아차리는 능력이 향상된다. 특정 관계나 경험이 일관되게 스트레스나 불편한 감정을 유발할 때 잠시 멈춰 그것을 알아차림으로써 우리의 한계를 파악할 수 있다. 자신의 한계를 제대로 파악하고 인정할 때 비로소 개별적인 에너지 공간, 간단히 말해 우리의 개별적인 자기에 대해 스스로 책임질 수 있다.

상상할 수 있듯이 관계 안에서 이러한 상호 의존을 만들길 원한다면 심장 일관성이 필요하다. 심장 일관성이 있으면 다른 사람과 사랑에 바탕을 둔 지속적인 관계를 만드는 데 열려 있게 된다. 또 정서적 회복력이 강하고 성숙하므로 다른 사람이 고유한 자기표현을 할 수 있는 여지를 줄 수 있고, 따라서 그와 주파수를 맞추고, 공동 조절을 하며, 협력과 함께 무언가를 만드는 일을 더 잘할 수 있다. 아울러 다른 사람들과 인생을 헤쳐나갈 때 자연스럽게 발생하는 오해를 더 잘 견뎌낼 수 있으며, 타고난 차이점과 개성을 유지할 수 있다.

존재의 고유한 아름다움을 존중한다

• •

역량 강화 의식을 실시하면 진정한 상호 의존을 달성할 수 있다. 역량 강화 의식이란 사랑하는 사람을 특별하고 고유한 존재로 만드는 내재된 아름다운 면들을 존중할 수 있는 상태다. 우리는 열린 자세로 서로의 다름을 궁금해하며 상대방의 고유한 관점을 이해하려고 할 수 있다. 사랑받거나 선택받았다고 느끼기위해 특정 방식으로 애정을 받아야 한다는 생각을 버리고, 대신사랑하는 사람이 그에게 자연스러운 방식으로 우리를 인정하고 사랑하는 법을 파악하고 축하할 수 있다.

역량이 강화되면 다른 사람들이 우리의 정서적 욕구를 충족해 주기 위해 우리의 마음을 읽어주거나 직관적으로 우리가 어떻게 느끼는지 알아주길 더 이상 기대하지 않는다. 우리의 기분을 좋아지게 하거나 우리의 슬픔, 외로움, 짜증, 절박함이나 그 밖의 고통스러운 감정을 사라지게 하는 게 다른 누군가의 책임이 아님을 인식한다. 그래서 관련된 모두가 안전하고 편안하게 느끼는 방식으로 소통하고 위로나 지지를 직접 요청할 수 있다. 정서적 회복력이 강해지며 자기 조절을 하고, 필요할 때 다른 사람들과 공동 조절을 할 수 있다.

많은 사람이 그렇듯이 나도 조절 장애를 겪고 정서적으로 미발달되고 함께해 주지 못한 부모님에게 양육되었기 때문에 다른 사람들에게 위로나 지지를 요청하는 게 항상 어려웠고, 지금도 때때로 힘들다. 지지를 원할 때면 마치 내가 관계에서 제대로 못하고 있는 것처럼 지나치게 취약하다는 느낌이 들고, 뿌리 깊은 무가치감을 활성화된다. 그렇기 때문에 사랑하는 사람이 필요한 지지나 위로를 직접적으로 요청하는 것을 보면 거슬리기도 한다. 사랑하는 사람이 잠시 발마사지를 해달라고 하면 나는 움츠러든다. 그가 혼자만의 시간을 즐기고 싶어서 뒷방에서 하루를 보내겠다고 하면 화가 난다. 이런 거슬리는 감정이 내가 아직도 내 욕구를 표현할 때 느끼는 불편감을 나타낸다는 것을 이제는 안다. 나는 종종 너무 불편해서 내게 필요한 시간이나 공간을 갖지 못하거나 너무 취약하게 느껴져서 내가 원하는 지지나 교감을 직접 요청하지 못한다. 내가 연인에게 화가 났다고 생각할 수 있지만, 사실 자기 배반적인 내 행동과 그와 관련해서 무시된 내 욕구 때문에 나 자신에게 화가 난 것이다. 이제 내 반응은 내 자원이 바닥났음을 그리고 나 역시 어떤 자기 돌봄이나 지지적인 교감을 통해 도움을 받을 수 있다는 것을 알려준다.

독자들 가운데 이 부분을 읽으며 사랑하는 사람이 당신이 요청한 지지를 진심으로 주려 하지 않거나 그렇게 할 수 없을까 봐 두려워하거나 걱정하는 사람도 있을 것이다. 우리가 역량이 강화되고 심장과 교감하면, 무망감이나 무력감을 느끼는 순간에도 직관을 이용할 수 있다. 아울러 우리가 관계를 그만둬야겠다고 결심하거나 관계를 상호 지지적인 공간으로 만들기 위해 우리 몫의 역할을 하기로 결심했을 때 우리의 선택을 신뢰할 수 있다. 친구를 만나는 횟수를 줄이거나, 연인과 따로 살거나 자기로 결심하거나, 관계 안에서 좀 더 개방적이고 지지적이 될 수 있도록 나만의 시간과 공간을 좀 더 자주 갖는 등 관계의 역동을 바꾸기 위해 의도적으로 노력함으로써 우리의 역할을 행할 수 있다.

지지를 요청하는 일은 많은 사람에게 어려운 일일 수 있으며, 특히 부모상이 자신에게 필요한 것을 요청할 수 없었거나 다른 사람의 역기능적인 습관을 용인했던 경우에는 더욱 그렇다. 생애 초기 관계에서 보고 경험한 것에 좌우되기 때문에 우리는 지금도 그때와 같은 역기능적인 습관들을 계속 체화할 수 있다. 스스로 초래한 위기에 빠진 친구를 구해줘야 한다는 충동을 일상적으로 느끼거나, 연인의 거짓말을 덮으려고 변명을 하거나, 폭발적인 반응을 피하기 위해 부모님을 달래는 사람들은 다른 사람들이 해롭거나 자기 파괴적인 행동 패턴을 계속하게 만드는 것이다. 연민을 베풀거나 지지를 주는 것이라고 생각할 수 있지만, 실제로는 우리의 신체적 혹은 정서적 에너지를 희생해 가며 우리 자신과 상대가 역기능적 주기에 계속 갇혀 있게 방치하는 것이다.

역량이 강화되면 다른 사람들이 그들이 택한 방식으로 우리를 대하도록 방치하지 않는다. 충분히 안전하고 안정적으로 느껴서 관계를 망가뜨릴까 봐 걱정하지 않고 방을 나가거나 필요한 공간을 확보할 수 있다. 유대가 안정적이라고 믿고, 관계가 자연스러운 갈등을 견디고 잘 살아남을 수 있고 그럴 것임을 안다. 갈등이나 관계 자체가 위협적이어서 사회복지사나 경찰이 관여하는 상황이 된다 해도 잠시 벗어나 안전해지는 방법을 찾을 수 있는 우리의 능력을 신뢰한다. 물론 학대나 폭력적인 행동이 우리 책임은 결코 아니지만, 경계가 침해될 때 알아차리고 그에 따라 안전을 확보하는 일은 우리의 책임이다.

우리의 목표는 역량 강화 의식을 통해 다른 사람의 고유성과 다양한 존재 방식을 지지하면서도, 우리의 경계가 침범당하지 않도록 하고 우리가 다른 사람의 해로운 행동을 조장하지 않도록 하는 것이다. 다음에 사랑하는 사람이 정서적 지지가 필요해서 당신에게 문자를 보내거나 전화를 했는데 당신도 뭔가 스트레스를 받거나 어려운 일을 겪고 있다면, 즉각 지지를 보내주기 전에 반드시 잠시 멈춘다. 때로 당신이 할 수 있는 가장 다정한 일은 남은 자원을 당신 자신의 정서적 욕구를 지원하는 데 사용하는 것이다. 그렇게 하면 미래에 관계 안에서 분개하는 마음이 발생하는 것을 막는 데 큰 도움이 된다.

우리가 우리 자신의 욕구를 제대로 들여다볼 때에만 관계에 무엇이 필요한지도 알아차릴 수 있다는 점을 독자들이 이해하길 바란다. "내가 지금 너를 도와줄 수 있으면 좋겠지만, 나 역시 어떤 일을 겪고 있어서 감정적으로 힘에 부치네. 한두 시간/하루 이틀 후에 내가 괜찮아져서 너를 도울 수 있을 때 다시 연락할게" 하고 말하는 단순한 행동으로 자기 돌봄에 대한 자연스러운 욕구를 다른 사람들에게 알릴 수 있다.

다음에 친구가 문자를 보내서 당신의 관계가 그에게 어떤 영향을 주고 있는지 이야기하거나 혹은 연인이 과거 관계에서 바람피운 일을 고백하여 당신이 조절 장애를 겪게 된다면 이것을 명심하라. 상대방의 행동에 대해 화가 나든 당신의 감정에 압도되든 반응하기 전에 잠시 멈출 수 있다. 멈추면 그 정보를 공유할 때 사랑하는 사람이 얼마나 취약해졌을지 인식할 수 있으며 동시에 그것이 당신에게 미치는 정서적 영향도 인식할 수 있다. 앞으로 화가 나는 것을 피하기 위해 당신이 당신과 사랑하는 이를 위해 할 수 있는 가장 다정한 행동은 반응하기 전에 당신의 감정을 처리하고 파악할 시간을 갖는 것이다. "쉽지 않았을 텐데 너의 [개인사]를 공유해 줘서 고마워. 얘기하기 쉽지 않았을 거라고 생각해. 하지만 내게 처리할 시간이 필요한 일이 생겼어. 너만 괜찮다면 나중에 네게 공유하고 싶어" 하고 간단히 말함으로써 시간과 공간에 대한 욕구를 알릴 수 있다.

당신의 조건화된 마음이 당신에게 뭐라고 말하든 상관없이, 반응하기 전에 멈추기 위해서든 당신의 창의성, 열정 또는 목적을 추구하기 위해서든 당신 자신을 위한 시간과 공간을 갖는 데 '타당'하거나 '정당'한 이유는 필요하지 않다. 당신 안에서 균형 잡히고, 생산적이며, 창의적인 공간 속에 머물길 원하는 것은 관계 안에서 다른 사람들과 교감을 더 잘하고 그들을 지지하는 데 도움이 된다. 나는 다른 사람들이 기분이 좋을 때뿐만 아니라 사랑하는 사람이 어떠한 이유에서든 화가 나거나 스트레스를 받거나 차단할 때도 나를 위해 공간을 유지함으로써 이렇게 하려고 노력한다. 나만의 정서적 공간 안에 안정적으로 머무는 일은 이기적인 게 아니라 오히려 관계 안에서 던 많은 연민과 공감에 바탕을 둔 지지를 할 수 있게 해준다.

건강하고 상호 의존적인 정서적 교감을 구축하고 유지하는 데 집중하면 관계에서 느끼는 분개심이 반드시 줄어든다. 관계 안에서 더 안정적으로 느끼며, 제한적인 애정의 몸짓을 넘어서 사랑을 느끼는 능력이 확장된다. 아울러 과거의 조건화된 습관을 재현하고 있음을 알아차릴 때마다 새로운 선택을 함으로써 지속적인 변화를 만들 수 있다.

당신의 관계가 가진 역량이 강화되었나 줄어들었나?

당신 자신과 다른 사람들과의 상호작용을 제대로 들여다보며 다음 페이지에 제시된 역량이 줄어든 관계와 강화된 관계를 비교한 표를 살펴본다. 이 탐색 훈련은 당신이 다양한 관계에서 보이는 습관적인 패턴을 파악하는 데 도움이 된다.

정서적 욕구를 다른 사람들에게 알리는 법

내 욕구를 충족하기 위해 또는 내 고통스러운 감정을 없애기 위해 다른 사람에게 의존하기만 해서는 안 된다고 해서 내 욕구를 인정하고 알리며 필요 정서적 지지를 청해서는 안 된다는 뜻은 아니다. 자신의 욕구와 감정에 대한 의식적인 인식이 커질수록 자기 삶의 경험에 대한 책임감을 키울 수 있다. 이렇게 역량이 강화되면 우리가 삶에서 더 큰 자율성을 갖고 있음을 인식하고 다른 사람들이나 상황을 비난하는 경향성을 줄이는 데 도움이 된다. 다양한 정서적 경험에 대해 책임을 지고 그것을 공유하면, 정서적 친밀감을 키우기 위해 우리의 몫을 해내는 것이다. 아울러 우리 그리고 다른 사람들이 관계 안에서 안전하고 인정받고 사랑받는다고 느끼면, 상처받을까 두려워하지 않고 필요한 지지와 확신을 솔직하게 요청할 수 있다.

다양한 관계에서 욕구의 일부(또는 전부)가 충족되지 않는 여러

역량이 줄어든 관계	역량이 강화된 관계
상대방의 욕구와 바람이 무엇인지 직접적으로 소통하지 않고, 힘께 행복해지고 상내방의 욕구와 바람 대부분을 충족하기 위해 서로에게 의지한다.	자신의 행복에 대해 각자 책임을 지며, 욕구를 충족하기 위해 자기 돌봄을 위한 행동들을 일상적으로 하고, 무엇을 필요로 하고 원하는지 직접적으로 소통한다.
경계를 설정하거나 유지하지 않으며, 수용할 수 없거나 역기능적인 행동을 자주 못 본 척하거나 유발한다(때로 그런 행동을 처벌이나 우리가 받아 마땅한 것으로 본다).	자율적이며 경계를 존중하고 정서적 반응(예: 분노, 폭발, 차단, 냉담)없이 압박감이나 죄책감을 느끼지 않고 뭔가를 하도록 강요당하지 않으며 '싫어'라고 말한다.
감정을 표현하는 게 어렵고, 불화나 갈등이 발생하면 쉽게 반응하거나 해를 입히고, 아니면 감정을 아예 피한다.	진정한 정서적 표현을 환영하고, 감정을 공유할 수 있는 안전한 공간을 만들며, 필요할 때 다시 교감하기 전에 잠시 멈추기 위해 한숨 돌릴 여유를 갖는다.
생각과 감정에 대해 대화할 때 자주 끼어들거나 서로를 혹은 외부 세계를 비난하며, 나와 내 경험에 대해서만 이야기하고 나에게 무엇이 최선의 이익인지에 대해서만 염려할 뿐 관계의 회복에는 좀처럼 참여하지 않는다.	자주 심장 중심 경청을 실시하여 정서적으로 서로 주파수를 맞추고, 관점을 전환하여 상대방의 경험에 대한 감각을 '느끼고', 실행 가능한 해법을 찾기 위해 한 팀으로 행동한다.
과거 경험 때문에 불만이나 분개심을 품고 있으며, 서로를 수치스럽게 하는 소통이나 행동을 자주 한다.	나 자신과 서로를 용서하고, 나와 상대방 안에 있는 좋은 면을 자주 들여다보며 둘 다 최선을 다하고 있다고 믿는다.
자주 상대방의 욕구나 바람을 내 것보다 앞세우거나 상대방의 행동에 대해 책임을 지는 바람에 화나 분개심을 자주 경험한다. 서로에 대한 고마움이 없거나 서로를 비난할 수도 있다(예. "만일 네가 X를 하지 않았다면, 나는 Y를 하지 않았을 거야", "너 때문에 내가 X를 한 거야").	개인적인 바람과 욕구를 충족할 수 있도록(개인의 책임), 그리고 상호 성장하고 발전할 수 있도록(관계에서의 책임) 서로에게 여유와 지지를 준다.
자주 생존 모드나 위기 관리에 갇혀 있으며, 홀로 시간을 보내거나 개인적인 관심사, 취미, 열정을 최우선에 둘 수 없다.	관계 안팎에서 기쁨을 느낄 수 있는 놀이와 활동을 할 수 있도록 자유 시간을 반드시 만든다. 이를테면 혼자 시간을 보내거나 개인적인 관심사, 취미, 열정을 추구할 수 있는 시간과 공간을 확보한다.

방식에 대한 인식이 커졌으니 잠시 시간을 내어 다음 질문들에
답해보자.

**사랑하는 사람(들)에게 내가 무엇을 필요로 하는지/원하는지 혹
은 무엇을 필요로 하지 않는지/원하지 않는지 직접 말한 적이
있는가?** 많은 사람이 사랑하는 사람과의 문제를 소리 내어 말
할 수 있지만 그렇게 하지 않고 원치 않는 일을 반복한다. 하지
만 욕구를 충족하려면 구체적으로 무엇을 원하거나 필요로 하
는지 소리 내어 말하는 게 좋다. 그렇게 해야 명료함이 커지고,
협조적인 환경이 조성되고, 주변 사람들의 입장에서 생각하게
된다. "너는 나와 떨어져 있을 때 나에 대해 신경 쓰지 않아"라
고 말하는 대신, "자기 전에 메시지 좀 보내줄래? 하루 동안의
이야기를 나누면 네가 멀리 있어도 가깝게 느껴질 것 같아"라고
말할 수 있다. 아니면 "넌 내 말을 절대 듣지 않잖아!"라고 소리
지르기 전에 "둘 다 휴대폰에 방해받지 않고 대화 좀 나눌 수 있
을까? 그러면 내 생각과 감정을 모두 정리하는 데 도움이 될 것
같아" 하고 차분하게 요청할 수 있다.

**만일 사랑하는 사람이 내 욕구를 충족할 수 없거나 그럴 의향
이 없다면 나는 이 욕구/바람을 스스로 어떻게 충족할 수 있을
까?** 이 질문에 어떻게 답할지 모른다 해도 괜찮다. 자신에 대해
인내심과 연민을 가져야 한다. 시간과 여유를 갖고 계속 자기를

성찰하고 이 책에서 제시한 훈련법들을 사용하여 호기심을 갖고 자기 자신을 탐색한다. 명심하라. 정서적으로 주파수가 잘 맞는 관계라 해도 지지적인 자원을 주고받을 때는 공평해야 한다. 각자 동원할 수 있는 에너지 자원이 얼마큼인지에 따라 지지적인 역할을 서로 번갈아 가며 행하는 게 정상적이며, 그렇게 해야 한다. 항상 모든 욕구를 충족해 줄 수 있는 사람은 없기 때문에 주된 관계 밖에서 지지적인 관계나 커뮤니티를 발견하는 것도 유용할 수 있다.

많은 사람에게 감정을 소통하는 일은 오래된 관계에서조차 어렵다. 너무 필사적으로 다른 사람들의 사랑을 받고 싶어 하고 그들을 '잃을까 봐' 두려워하기 때문에 지지를 요청하거나 필요한 경계를 설정하지 못한다. 어릴 적에 감정이 무시당했다면 특히 그렇다. 게다가 우리가 욕구를 충족해 줄 만큼 가치가 없다고 말하는 자아 스토리를 믿으면 계속 욕구를 억압하거나 부인하게 된다. 하지만 항상 '독립적'이고 '강인한' 척을 하거나 결코 화가 나지 않거나 지지가 필요하지 않은 것처럼 행동하면(내가 그랬다) 생존하고 발전하기 위해 필요한 안정과 교감을 키울 수 없다.

감정을 알리지 않고 경계를 설정하지 않으면 관계 안에서 안전하고 인정받거나 사랑받는다고 느끼길 기대할 수 없다. 다른 사람에게 좀 더 효과적으로 감정을 알리려면 다음과 같은 방법을 실천한다.

1. 타이밍을 고려한다 | 사랑하는 사람이 당신에게 집중하지 못하고, 방어적이거나 우울하거나 상처받았거나, 질투를 하거나, 불안정하거나, 오래된 트라우마에서 비롯된 반응을 한다면, 우리가 아무리 효과적으로 또는 직접적으로 우리의 욕구를 말한다 해도 그는 그것을 들을 수 없다. 또한 우리의 욕구를 명확하고 효과적으로 공유하려면 우리의 몸 안에서 안전하다고 느껴야한다. 안타깝게도 많은 사람이 화가 날 때, 열띤 대화 중에 또는 반응적이거나 주의가 산만하거나 해리된 사람에게 무시당한다고 느낄 때, 자신의 욕구를 알리려 든다. 하지만 이러한 상황에서 안전하다고 느낄 수 있는 사람은 없다. 반드시 당신과 사랑하는 사람이 차분하고 안정되고 현재 순간에 집중할 수 있을 때 욕구를 공유해야 한다.

2. 의도를 전달한다 | 많은 사람이 다른 누군가에게 자신의 바람과 욕구를 공유하려는 이유를 구체적으로 또는 명시적으로 말하지 못한다. 누군가 함께해 줄 때 더 안전하게 느끼기 때문일 수도 있고 아니면 관계 안에서 좀 더 안정적으로 교감을 느끼고 싶어서일 수도 있다. 당신의 바람에 대한 대화를 나누기 전에, 단순히 관계 개선을 원해서일지라도 당신의 바람을 공유하려는 이유에 대해 생각해 보라. 우리가 소통 이면의 '이유'를 알려주면 다른 사람들이 우리의 관점을 보고 이해할 수 있는 가능성이 높아진다.

3. 말을 현명하게 고른다 | 다른 사람에게 우리의 정서적 욕구를

공유할 때, 상대를 비판, 비난하거나 '당신'으로 시작되는 말을 사용하지 말아야 한다(대신 '나'로 시작되는 문장을 사용하는 데 집중한다). 또한 "당신은 항상 X, Y, Z해", "당신은 절대 A, B, C를 하지 않아"와 같은 극단적인 말은 피하는 게 좋다. 이런 종류의 이분법적 또는 흑백논리식 사고는 우리와 우리가 사랑하는 사람의 자아를 활성화해서 둘 다 위협적으로 느끼고, 서로의 차이에 집중하고, 상대방의 관점 또는 심지어 갈등 자체를 명확하게 볼 수 없게 만든다. 이는 자연히 서로에게 무엇이 가장 좋은지 를 염두에 두고 생산적으로 소통하고 문제에 협력적으로 접근할 수 있는 능력에 부정적인 영향을 미친다.

정서적 욕구를 다른 사람에게 보다 명확하고 효과적으로 알리기 위해 사용할 수 있는 말의 예시는 다음과 같다.

- "오늘 힘든 하루를 보내서 지지가 필요해. 지금 또는 한두 시간 후에 내 이야기를 들어줄 여유와 에너지가 있어?"
- "업무 관련 문제에 대한 해결책을 찾느라 힘든데 당신의 관점을 듣고 싶어. 내가 이 문제를 당신에게 공유하고 조언을 구해도 될까?"
- "슬퍼서 지지가 필요해. 잠시만 내 곁에 앉아줄 수 있어?"
- "단절되었다고 느껴져서 당신과 다시 교감하고 싶어. 한두 시간 나와 [활동]을 함께하며 시간을 보낼 의향이 있어?"

- "어머니(또는 아버지, 자녀, 연인 등)를 돌보느라 너무 힘들어서 혼자 있을 시간이 필요해. 한두 시간 동안 내가 쉴 수 있게 나 대신 어머니(또는 아버지, 자녀, 연인 등)와 함께 있어줄래?"

- "밤이면 초조하고 불안해져. 진정하기 위해 30분 정도 [활동]을 해야 해. 그럴 수 있는 여유를 줄래?"

- "때로 당신이 내 문제를 해결하려 들지 않는 상태에서 내 속마음을 털어놓을 수 있었으면 해. 조언을 주거나 내가 이래야 한다 저래야 한다 말하지 말고 그냥 경청해 줄 수 있을까? 그렇게 해주면 내가 지지받는다는 느낌이 들 것 같아."

- "집에 오면 바로 교감하기가 내겐 어려운 것 같아. 우리가 다시 교감하기 전에 나는 집에 있는 것에 적응할 공간과 시간이 필요해. 내가 그럴 수 있도록 [시간] 동안 혼자 있게 해줄래?"

- "나는 당신이 우리 관계의 자세한 이야기를 다른 사람들, 특히 당신 가족들에게 공유할 때 불편해. 나는 우리만의 비밀이 필요해. 우리가 가장 편안하게 느낄 수 있도록 가족에 대한 경계를 세우면 어때?"

- "회사에서 점심시간에 다른 동료들과 나의 사적인 관계에 대한 너무 자세한 이야기를 공유하는 게 불편해. 우리가 가장 편안하게 느낄 수 있도록 동료들에 대한 경계를 세우는 게 어떨까?"

- "나는 성장하면서 갈등은 파국을 의미한다고 배웠어. 그래서 갈등이 있은 후에 안전하다고 느끼려면 안심이 필요해. 당신

이 화가 났을 때도 여전히 나를 사랑한다고 말해줄래?"

- "우리가 모임에 갔을 때 당신이 나를 놀리거나 괴롭히면 나는 기분이 상해. 당신은 모를 수도 있지만, 내 기분을 이해해 줬으면 좋겠어."
- "미리 정하지 않고 되는 대로 생활하는 건 나에게는 자연스럽지 않아. 물론 당신에겐 자연스럽다는 걸 인정하지만, 계획을 세우는 게 내겐 더 안전하게 느껴지는 걸 당신이 이해해 주면 좋겠어."
- "당신이 [활동]을 하는 걸 얼마나 좋아하는지 알겠어. 솔직히 나는 당신만큼 그걸 좋아하지 않아. 나는 당신이 당신의 열정을 계속 즐기도록 지지하지만, 그렇게 자주 당신과 함께 그걸 하지는 않을 거야."
- "가족을 방문할 때 나는 정서적 지지가 필요해. 당신이 내 상태를 확인하고, 내가 어떻게 느끼는지 묻고, 포옹해 주거나 [지지적으로 느끼는 다른 행동]을 해주면 든든할 것 같아."

역량 강화 의식을 키울 때, 다른 누군가가 언제 나의 지지를 필요로 하는지 알아차리는 것부터 시작할 수 있다. 언제 사랑하는 사람이 짜증이 나거나 과도하게 자극을 받는지 감지하고 그의 문제에 관해 지지하거나 그에게 나의 관점을 공유할 수 있다. 그렇게 조절이 안 되는 순간에 연민을 가지고 내 경험을 공유할 때, 때로 상대가 스스로 조절하는 데 필요한 시간이나 여유를 갖도록 부드럽게 격려할 수도 있다. 내 안에서 무슨 일이 벌어지는지 인식할 때, 주변 사람들의 다양하고 변화하는 욕구를 받아들일 여유가 더 생긴다. 관계 안에서 나의 가치에 대한 자신감이 생기고 안정감을 더 많이 느끼게 되면, 다른 사람의 선호를 나의 무가치함에 대한 신호로 인식하지 않고 다른 사람들이 필요로 하는 것을 존중할 수 있는 역량이 커진다.

지속가능한 관계를 위하여

• •

자신의 욕구에 대해 스스로 책임을 지고 역량 강화 의식을 키우면 관계를 좀 더 지속 가능하고 사랑이 충만하게 만들면서 관계에서 우리가 원하는 변화를 이끌어 낼 수 있다. 다른 사람이 우리가 원하는 방식대로 달라지기만을 바라면 외부 상황에 대한 의존성이 생기며 경험을 변화시킬 수 있는, 누구나 가진 진실과 힘을 부정하게 된다. 확언은 우리의 마음가짐을 바꾸고 궁극적으로 재프로그래밍하는 데 도움이 되는 유용한 도구가 될 수 있다.

다음 목록은 역량을 갉아먹는 해로운 믿음과 그와 관련된 확언들의 예시로, 모든 관계에서 변화를 일으킬 수 있는 우리의 내재된 힘에 다시 연결되기 위해 사용할 수 있다. 이 목록의 끝에서 당신의 개인적인 경험에 가장 잘 맞는 당신만의 확언을 만드는 데 도움이 되는 조언을 발견할 것이다.

오래된 믿음 | 내 연인은 문제야. 그는 정말 문제를 해결해야 해.

역량을 강화하는 확언 | 관계는 함께 만드는 것이고 둘 다 역할이 있어. 이 사실에 대한 인식이 커지면 나는 더욱 건강한 관계를 만들기 위한 선택을 할 수 있어.

오래된 믿음 | 내 옛 연인은 거짓말쟁이이자 바람둥이에 나르시시스트이고 완전히 사이코야.

역량을 강화하는 확언 | 생애 초기에 부모상과 형성한 애착이나 그 밖의 아동기 트라우마에서 생긴 역동이 불안정하거나 아주 혼란스러운 관계로 재현된 거야.

오래된 믿음 | 내 친구는 항상 나를 이용해.

역량을 강화하는 확언 | 내게 필요한 경계를 설정하고 유지하는 건 나의 책임이야.

오래된 믿음 | 내 연인은 우리 관계를 건강하게 만들기 위해 필요한 노력을 하는 데 관심이 없다고 말해.

역량을 강화하는 확언 | 이것은 내 연인의 현주소를 알려주는 유용한 정보야. 나는 이제 이것을 받아들일지 말지 선택할 수 있어.

오래된 믿음 | 어머니/아버지/언니/오빠는 늘 내 현실을 부인해 (가스라이팅이라고도 한다).

역량을 강화하는 확언 | 어머니/아버지/언니/오빠가 나와 소통하는 방식은 그들의 정서적 발달을 보여주는 강력한 신호야. 이제 나는 그들과 어떻게 관계를 맺고 싶은지 선택할 수 있어.

오래된 믿음 | 내 친구의 말과 행동이 일치하지 않아서 나는 기분이 상하고 조종당하는 기분이야.

역량을 강화하는 확언 | 나는 친구의 행동을 인식하니 그의 말이 아닌 행동을 토대로 선택을 할 수 있어.

오래된 믿음 | 어머니는 항상 나를 가족의 갈등 상황에 끌어들여.

역량을 강화하는 확언 | 이제 나는 내 시간과 에너지를 어떻게 사용할지 선택할 수 있으며 다른 사람, 특히 어머니에게 내 경계를 명확하게 알릴 수 있어.

생각을 표현하는 언어를 바꿈으로써 당신이 가진 관계에 관한 해로운 믿음을 바꿀 수 있다. 그러기 위해서는 다른 사람이 유발했다고 느껴지는 감정에 집중하지 않는 훈련을 실시한다. 그런 다음 시간을 내어 자신의 상황 및 관련된 감정을 다르게 표현함으로써 변화를 시작할 수 있는 방법을 모색해 본다.

관계의 힘을 키우는 5단계

· ·

우리는 지금까지의 여정에서 관계에 관한 역기능적인 습관을 이해하고 다른 사람들과 더 깊고 지속 가능하며 진실된 유대를 만드는 데 필요한 단계들을 살펴보았다. 동시에 어렵거나 불편하게 느껴질 수 있는 많은 내용을 다뤘기 때문에 이 모든 새로운 정보와 도구들을 보고 다소 버거운 느낌이 들어도 정상이라고 생각한다. 우리의 노력을 보다 손쉽게 만들기 위해, 나는 이 책에서 지금까지 다룬 것을 다섯 가지 기둥 또는 단계로 정리했다. 이 과정은 당신 자신과 당신의 안전 그리고 모든 주변 사람의 안전에 대한 인식을 높이는 데 도움이 될 것이다.

앞에서 이미 이 모든 개념을 살펴봤지만, 그 내용을 실제로 실천에 옮기는 방법은 다음과 같다.

1. 당신의 자기를 체화한다 | 첫 번째 단계에서는 다른 사람과의 관계가 우리나 그의 생각과 말과 행동 이상으로 더 많은 것에 영향을 받는다는 사실을 깨닫는다. 우리는 우리의 체화된 자기 또는 우리의 몸, 마음, 영혼으로서 다른 사람과 상호작용하기 때문에 온전한 자기로서 관계에 임할 수 있으려면 그 전에 우리의 신체적, 정신적, 영적 욕구를 충족해야 한다.

2. 당신의 신경계 안전을 확보하고 공유한다 | 신경계의 상태는

생각, 말, 행동에 영향을 미친다. 대부분의 사람들이 그렇듯 신경계가 스트레스 반응에 갇혀 있으면 다른 사람과의 관계에서 갈등을 유발하거나 악화시키는 생각과 행동과 말을 한다. 신경계는 우리가 위협을 느끼는 상태임을 주변 사람들에게 알려 집단 전체의 스트레스 수준을 높인다. 자신의 신경계가 스트레스 받고 있음을 인식하면 다시 차분하고 안정되거나 안전하게 다른 사람들과 공동 조절할 수 있을 때까지 몸을 안전한 상태로 되돌리거나 기다렸다가 상호작용을 할 수 있다.

3. 당신의 조건화된 자기를 연민을 갖고 주시한다 | 누구에게나 생애 초기 관계에서 행하도록 배운 역할에 의해 또는 단순히 어린아이로서 우리가 안전하고 인정받고 사랑받는다고 느끼기 위해 학습한 방식에 의해 만들어진 조건화된 자기가 있다. 성인이 된 우리가 이러한 역할을 행할 때, 우리의 잠재의식은 다른 사람들이 우리의 욕구를 충족해 주고 우리의 아동기를 재현하는 연극에서 그들의 역할을 맡아줄 거라 기대한다. 자신의 조건화를 제대로 직시할 때에만 비로소 우리가 진정으로 원하고 필요로 하는 것에 더 부합하는 새로운 선택할 수 있다.

4. 당신의 진정한 자기와 다시 연결된다 | 앞의 세 가지 훈련을 꾸준히 하면, 자연스럽게 진실되게 살고 진정한 자기와 일치하는 선택을 하게 된다. 진정한 생각과 감정을 표현하고, 더 깊은 열정과 목적을 공유하고, 우리가 내리는 결정을 신뢰하고, 우리 안에서 그리고 사람들과 어울리며 더 건강하고 온전하게 느낄

수 있다. 그렇게 되면 우리 인생에 등장하는 사람들과 더욱 진실되게 교감할 수 있다.

5. 역량 강화 의식을 키운다 | 역량이 강화되어 우리 자신을 진정으로 표현하거나 있는 그대로의 우리 모습으로 존재하기 위해 필요한 안전을 조성하는 책임을 질 때, 다른 사람들에게도 그렇게 할 수 있는 기회를 줄 수 있다. 진정으로 심장과 교감할 때, 우리가 가진 깊은 지혜와 직관을 이용할 수 있고 본능에 대한 신뢰를 되찾고 다시 구축하는 법을 배울 수 있다. 자신의 원천 에너지와 다시 연결되면, 진정으로 우리가 바라는 사랑이 될 수 있다.

역량 강화 의식을 위한 자기 탐색

다음 질문들은 관계에서 이미 역량이 강화되고 상호 의존적이라고 느끼는 부분과 관계의 역량과 상호 의존성을 더 키우고 싶은 부분을 파악하는 데 도움이 된다. 시간을 내어 당신이 맺은 모든 관계를 하나씩 생각해 보고, 도움이 된다면 별도의 노트나 일기장에 당신의 생각과 감정을 적는다.

나는 이 사람 앞에서 어떻게 느끼는가? 그와 시간을 함께 보내기 전과 보낸 후에 어떻게 느끼는가?

나는 이 사람의 어떤 점을 좋아하는가? 그의 어떤 점을 싫어하거나 잠재적인 경고 신호로 인식하는가?

이 사람은 소통에서 솔직하고 일관성이 있는가?(가령 말한 대로 행동하는가?) 이 사람은 소통에서 정직하지 않고 일관성이 없는가?(가령 말과 행동이 다른가?)

우리 관계에서 감정을 표현하고 주파수를 맞출 수 있는 여지가 있는가? 즉 상대가 내 감정을 들어주고 이해하는가?

그는 내 요청에 귀 기울여 주고 경계를 존중하는가?

그는 필요한 것을 명확하게 요청하는가?

_____

_____

_____

그는 관계 안에서 그의 역할과 감정을 이해하고 그에 대해 책임을
지는가?

_____

_____

_____

그와 나는 같은 것을 원하고, 서로의 가치가 일치하는가?

_____

_____

_____

나는 지금 이런 종류의 관계에 대해 열려 있는가?

_____

_____

_____

우리의 역동이 건강하게 느껴지는가? 나는 이 역동을 지금 그대로

계속 추구하길 원하는가? 우리의 역동이 건강하게 느껴지고 내가 계속 추구하고 싶은 것이 되려면 무엇을 바꿔야 하는가?

이러한 질문에 대한 답변 중 일부에 대해 불편함을 느끼거나 낙담한다 해도 지극히 정상이다. 당신의 답을 해결하고 싶은 부분을 파악하고 명료화하는 기회나 시작점으로 보면 좋다. 무엇이 문제인지 이해하면, 그것이 현재 관계의 역동을 바꾸거나 혼자서 미지의 세계로 뛰어드는 것을 의미한다 해도 바람직한 방향으로 가는 길을 찾는 데 도움이 된다. 명심하라. 더 이상 맞지 않거나 당신이 이미 온전하다고 느끼고 최대한 키운 관계를 떠나는 것은 뭔가 더 좋은 것을 찾기 위해 관계를 떠나는 것과 다르다. 나를 비롯한 많은 사람이 과거에 그렇게 해봤다. 인내심을 갖고 스스로에게 관계에서 발생한 변화나 상실에 대해 애도할 수 있는 시간과 여지를 주도록 한다. 설령 그게 당신이 시작하기로 택한 변화나 상실이어도 마찬가지다.

현재의 상황을 탐색하거나 새로운 상황을 만드는 일을 시작할 때, 스스로에게 계속 자비와 연민을 베풀고 우리 각자가 발전하고 있으며 최선을 다하고 있음을 상기한다. 당신이 지금까지 이만큼 노력했다는 사실은 당신 자신과 관계를 위해 변화를 일으키려는 당신의 열망과 결심을 보여주는 놀라운 신호다.

어려운 대화를 해야 할 때

• •

이미 배웠듯이 잠시 멈춰 심장과 교감하면 심장 일관성이 있는 보다 연결되고 협력적인 관계로 나아가는 데 도움이 된다. 불쾌한 상호작용이나 대화를 시작하기 전 심장에 손을 얹고 한두 차례 느리고 깊은 호흡을 실시하며 이 사람 또는 관계에서 당신에게 무엇이 진정으로 중요한지 떠올린다. 이를테면 그의 있는 그대로의 모습과 그가 관계에 임하는 방식에서 당신이 좋아하거나 고마워하는 점처럼 단순한 것일 수 있다. 상호작용이나 대화를 시작하기 전에 이 부분에서 원하는 만큼 충분히 생각하고, 당신의 경험이나 관점이 변하는지 감지한다. 특히 당신이 상호작용에 접근하는 방식과 상대방이 당신의 에너지 변화에 반응하는 방식의 차이에 주목한다.

보다 어려운 주제나 현실을 다루길 원한다면, 다음 지침이 도움이 될 수 있다.

• 갈등이나 문제의 원천을 직접 다루는 명시적이고 열린 대화를 나누자고 청한다. 당신에게 어려운 주제를 회피하는 습관

이 있다면 없애려고 노력한다.

- 다른 사람의 생각, 감정, 관점에 동의하지 않더라도 인정하는 연습을 한다. 상대방의 감정을 이해하거나 인정하고 받아들이려고 할 때 반드시 동의하거나 같은 방식으로 느낄 필요는 없다. 당신이 상대방을 이해하려고 노력한다는 것을 보여주기 위해 "이 문제가 당신에게 정말 상처가 되었다는 걸 이해해" 또는 "당신이 그런 식으로 느낄 수 있다는 걸 이해할 수 있어" 하고 말할 수 있다.

- 다른 사람의 생각, 감정 또는 의도가 타당한지 따져보거나 무엇일지 추정하는 자연스러운 습관을 없앤다. 대신 질문을 하고, 호기심을 갖고 당신의 심장과 교감하는 자세로 경청하며, 끼어들지 말고 상대방이 이야기할 수 있게 한다.

- 함께한 경험에서 당신의 역할을 인정하고, 열린 마음과 겸손한 자세를 갖고, 당신이 누군가에게 상처를 주었다면 사과하거나 책임을 진다.

- 한 팀으로서 상호 실행 가능한 해법을 내놓기 위해 타협하고 갈등을 헤쳐나가기 위해 노력한다. (그렇게 하는 게 안전하고 적절하다면) 당신 자신과 당신의 이익에만 집중하는 버릇을 없앤다.

- 현재의 문제나 주제에 집중하려고 노력하고, 과거를 들춰내거나 "당신은 항상 X해" 또는 "당신은 절대 Y하지 않아"와 같이 극단적인 표현을 사용하는 습관을 고친다.

- 갈등 중에 상대방에게 당신의 사랑과 교감을 확인해 주며, 상

대방이 딴생각을 하거나 단절되어 있는 것처럼 보이더라도 상황이 둘 다에게 스트레스를 주고 감당하기 힘들 수 있음을 상기한다. 갈등 상황이라서 그렇게 할 수 없다면, 둘 다 진정했을 때 당신이 그와 연결되어 있음을 확인해 주고, 당신이 그를 사랑하고 그에게 감사하며, 관계를 계속 유지하고 싶어 한다고 알린다(갈등이 큰 다툼이나 사랑의 상실을 뜻하는 가정에서 성장한 사람들에게는 이것이 특히 중요하다).

갈등 후 관계 회복법

• •

누구나 다른 생각, 감정, 관점과 경험을 가졌기 때문에 갈등은 다른 사람과 함께 삶을 헤쳐나가는 과정에서 자연스러운 일부다. 우리의 정서적 반응성이 미치는 영향을 포함해 갈등에서 각자의 역할을 인정하는 법을 배우면 관계에서 안정과 신뢰를 높이는 데 도움이 된다. 정서적으로 건강한 커플은 불화나 단절이 있은 후 서로의 문제를 무시하거나 갈등이 일어나지 않은 것처럼 행동하지 않고 관계를 회복한다. 다음 조언들을 실천하면 관계에서 열띤 다툼의 순간이나 단절의 순간이 있은 후에 관계를 회복하거나 다시 교감하는 데 도움이 된다.

- **당신이 잘 조절되고 있는 상태를 유지하도록 신경계를 점검한다** | 사과를 하거나 단절된 관계를 회복하려고 할 때, 당신의 몸이 차분하고 안정된 상태이길 바랄 것이다. 스트레스를 받거나 화가 난 상태라면 명확하게 생각하고 말하거나 상대방의 감정을 배려할 수 없다.

- **구체적으로 말한다** | 행동과 그것의 영향(잘 모르겠으면 호기심을 갖고 묻는다), 그 안에서 당신이 행한 역할을 정확하게 표현한다. 가령 "얼마 전에 친구들 앞에서 내가 그 농담을 했을 때 나는 그저 재미있으려고 한 말이었어. 당신에게 상처 줬다면 정말 미안해"라고 하거나 "얼마 전 친구들 앞에서 내가 그 농담을 했을 때 당신이 어떻게 느꼈는지 궁금해"라고 말할 수 있다.

- **방어적이 되지 않은 채 경청한다** | 가족들이 서로의 감정을 회피하거나 인정하지 않는 가정에서 성장했다면 이 조언이 어려울 수 있다. 명심하라. 당신은 상대방의 말에 동의하지 않을 수도 있지만, 어쨌든 상대방이 그의 경험을 공유하도록 허용할 수 있다.

- **당신이 아닌 상대방의 감정에 집중한다** | 나처럼 당신도 정서적으로 미발달된 부모 밑에서 자랐다면 대화를 당신의 감정 위주로 이끌고 싶은 충동을 느낄 것이다. 의미 있는 진정한 사과는 당신이 아닌 상대방의 감정을 중시하는 것이니 이 습관에서 벗어나기 위해 노력하라.

- **앞으로는 다르게 행동할 것을 명시한다** | 변화를 만드는 데 혹은 같은 문제가 다시 발생하지 않도록 하는 데 당신이 맡을 역할이나 책임을 파악한다. 가령 "내가 피곤하거나 짜증이 날 때 당신에게 쏘아붙이면 안 되니까 혼자 여유를 갖고 무엇이 나를 활성화하는지 알아내 볼게" 하고 말할 수 있다.
- **스스로를 용서하는 연습을 한다** | 명심하라. 누구나 살면서 다른 사람들에게 상처를 준다. 인간으로 살아갈 때 피할 수 없는 부분이다. 사과를 한 뒤, 스스로에게 자비와 연민을 베풀고 당신이 최선을 다하고 있다는 점을 상기하며 책임진 것에 대해 자축한다. 자기를 비하하거나 비난하는 생각에서 벗어나는 연습을 한다.

. . .

당연히 대부분의 사람들은 어린 시절 몸에 밴 사랑받는다고 느끼는 방식으로 사랑받고 싶어 한다. 하지만 대부분 이런 방식은 트라우마와 어린 시절 환경에서 우리가 안전하고 인정받고 사랑받는다고 느끼기 위해 해야 했던 행동이나 말에서 비롯되었다. 우리가 다른 사람들에게 거는 기대에 대한 인식을 키우고 충족되지 못한 아동기 욕구에 대해 책임을 지면, 과거의 트라우마가 우리가 상호작용하는 방식을 좌지우지하게 방치하는 대신 다른 사람들과의 경험을 우리의 의도대로 만들 수 있다. 상호작용과 관계에서 역량이 강화될 때, 공간과 시간을 공유하는 사람들과 보다 진실되게 교감할 수 있다. 아울러 우리가 사는 자연 세계의 놀라운 힘과 교감하는 능력도 향상된다. 그 힘은 삶을 바꾸는 힘으로, 다음 장에서 자세히 살펴볼 것이다.

HOW TO BE
THE LOVE
YOU SEEK

10장

우리는 서로
연결되어 있다

워싱턴 DC의 1993년 여름은 굉장히 덥고 치명적이었다. 당시 워싱턴은 범죄율이 높은 지역 가운데 하나였고, 더운 날씨를 좋아하는 사람들조차 에어컨을 찾게 만들 정도로 고온이었다. 하지만 열기와 범죄에도 불구하고 4,000명이 이 도시에 모여 침묵 속에 앉아 한 가지 목표를 염두에 두고 명상을 하기로 했다. 바로 그들의 정신 에너지를 평화와 안전을 확산하는 데 집중하여 범죄율을 낮추려는 시도였다.

이 방법은 통했다. 이 두 달간의 실험이 한창일 때, 워싱턴의 폭력 범죄가 23퍼센트나 줄었다.[54] 양자물리학자 존 헤이걸린 John Hagelin이 주도한 이 연구가 있기 전, 워싱턴 DC의 경찰청장은 기자들에게 여름에 눈이 20인치만 내려도 범죄율이 눈에 띄게 감소할 거라고 말할 정도로[55] 개선의 여지가 없어 보였다.

그 여름에 벌어진 일은 일회성 사건이 아니었다. 수십 년의 연구는 집단이 평화, 조화, 건강이나 웰빙을 증진하는 데 주의를 집중하면 계량화할 수 있는 방식으로 의도된 결과를 얻는다는 증거를 제공한다. 또 다른 눈에 띄는 연구에 따르면, 1983년 이스

라엘-레바논 전쟁에서 심장 중심 일일 집단 명상의 결과로 사망률이 무려 76퍼센트나 하락했다.[56] 주변 지역에서 범죄, 교통사고, 화재와 같은 일상의 스트레스도 줄었다.

헤이걸린이 말한 의식의 장 효과field effects of consciousness(주의력, 명상, 긍정적인 사고, 평화로운 의도가 집단으로 모일 때, 그 에너지가 공간적 또는 심리적 장을 형성하여 주변에 미치는 이로운 영향—옮긴이)는 명상을 뛰어넘는다. 신경계의 생리적 안전과 심장과 뇌 사이의 일관성을 조성하는 훈련은 무엇이든 다른 사람의 행복 전반에 영향을 미칠 수 있다. 더욱 놀랍게도, 우리가 힘을 합쳐 특정한 감정, 의도 또는 결과에 정신 에너지를 집중하면 그러한 감정, 의도, 또는 결과가 우리 마을, 도시, 심지어 국가뿐만 아니라 전 세계 사람들에게 확산될 수 있다. 이것을 '비국소적 의식nonlocal consciousness'이라고 한다.

비국소적 의식에 대한 가장 강력한 연구 가운데 일부는 기도 또는 의도가 정해진 수행에 대해 실시되었다. 듀크대학교의 심장 전문가들은 전 세계의 다양한 신앙을 가진 사람들이 150명의 심장병 환자들을 위해 이름을 호명하며 기도한 결과, 해당 환자들이 기도를 받지 못한 사람들보다 50~100퍼센트 호전된 것을 발견했다. 이때 환자들과 그들을 위해 기도한 사람들은 물리적으로 수백 또는 수천 마일 떨어져 있었다.[57] 거의 1,000명의 심병 환자를 대상으로 실시한 또 다른 연구에서도 유사한 결과가 도출되었는데, 비국소적으로 누군가가 기도를 해준 사람들이 기도를 받지 못한 사람들보다 더 건강한 결과를 보였다.[58] 연구자들이 지적하듯 이런 실험의 결과는 신이 존재하거나 기도에 응답한 것을 증명하는 게 아니라 집단의식collective consciousness이 대단히 강력함을 증명한다.[59]

집단의식이라는 용어는 다양한 의미를 지니지만, 나는 이것을 가정, 친구들, 사무실, 스포츠 팀, 대학, 회사, 기업, 마을, 도시 혹은 국가라는 집단에 존재하는 에너지가 결합된 상태라고 정의한다. 아울러 지구상에 살아 있는 모든 사람의 에너지가 모인 상태를 나타내는 '글로벌 의식global consciousness'도 있다.

집단의식은 차분하고 협력적이며 생산적이고 조화로울 수 있다. 아니면 스트레스를 받고 동요되고 두렵거나 심하게 혼란스러울 수도 있다. 만일 당신이 어느 날 마주친 모두가 다소 초조해 보이거나 당신이 있는 사무실, 커뮤니티 혹은 지구 전체의 에너지가 소진되었다고 생각한 적이 있다면, 아마 집단의식 또는 글로벌 의식의 효과를 느낀 것일 수 있다.

무엇이 집단의식을 결정할까? 신경계 안에서 개개인이 얼마나 생리적으로 안전하다고 느끼는지 그리고 우리가 얼마나 일관된 상태에 있는지에 따라 우리 모두가 결정한다. 마치 우리 모두가 거대한 도미노 게임을 하고 있는 것처럼 모든 개인의 안전과 심장 일관성이 같은 집단 안에 있는 다른 모두의 그것에 영향을 미치기 때문이다.

80억 개의 심장과 신경계가 항상 서로 소통하고 있기 때문에 보이지 않는 신호들이 어떠한 무선 네트워크보다 더 빠르고 효과적으로 전 세계를 끊임없이 부메랑처럼 돌고 있다. 우리가 인식하든 못 하든 우리는 모두 끝없는 피드백 루프 안에서 서로에게 영향을 주고 있다.

집단의식과 글로벌 의식을 보여주는 증거를 더 보고 싶다면, 글로벌 의식 프로젝트Global Consciousness Project, GCP가 실시한 흥미로운 연구를 살펴보라. 전 세계 과학자들의 협력 집단인 GCP는 전 세계적인 정서 반응과 감정의 분출을 촉발한 다이애나 왕비의 사망과 9·11 테러를 비롯하여 수백 건의 사건들이 낳은 효과를 분석했다. 지난 10~20년 동안 GCP는 전 세계적으로 충격을 준 많은 사건들이 우연으로는 설명할 수 없는, 통계적으로 유의미한 방식으로 난수 생성기(연구에서 자주 사용되는 양자 기반 장치)의 출력값을 변경시켰음을 발견했다. 이로써 과학자들은 우리의 집단 에너지가 결과를 변경한다는 결론에 도달했다.[60] 물론 일각에선 GCP가 편향되었다고 비판하지만 이 단체는 오늘날까지 500건이 넘는 세계적인 사건들의 양자 출력값을 분석했고, 그렇기 때문에 이 단체의 과학자들은 그들이 도출한 결과가 잘못 해석될 수 없다고 주장한다.[61]

인간으로서 우리가 집단 또는 글로벌 의식의 상태 안에서 서로 연결되어 있다는 것은 부인할 수 없다. 우리는 모두 같은 자연 성분으로 구성되어 있으며, 이곳 지구상에서 같은 공간을 공유하고, 매일 매초마다 신경계의 에너지를 서로 주고받는다. 우리는 주의와 에너지 대부분을 가까운 환경에 있는 사람들과 상호작용하는 데 사용하지만, 동시에 더 넓은 집단, 네트워크, 시스템 그리고 인류 전체와도 연결되어 있다. 우리 개개인은 서로 연결되어 있기 때문에 우리 몸의 평온한 상태를 이용하여 주변 사람들의 몸에 영향을 미칠 수 있다.

'나'를 '우리'로 결합하는 것

• •

8장에서 우리는 사랑하는 사람이 더 심오한 수준에서 우리와 교감할 만큼 안전하고 열려 있다고 느끼도록 돕기 위해 우리 신경계의 안전을 이용하는 방법들과 공동 조절에 대해 배웠다. 이제 가까운 곳에 있는 사람들뿐만 아니라 집단, 공동체, 그리고 심지어 우리가 직접 상호작용하거나 알지 못하는 사람들에게까지 안전을 전달하기 위해 공동 조절을 이용하는 방법을 살펴볼 것이다. 지금 내가 이야기하는 것은 '사회적 일관성social coherence'이라고 알려진 현상이다. 사회적 일관성은 우리의 심장 일관성 상태가 더 넓은 집단, 네트워크와 시스템에 있는 다른 사람들에게 확산될 때 발생한다.

가장 단순한 수준에서 사회적 일관성은 친절이 전염성이 있기 때문에 발생한다. 말 그대로다. 우리가 연민, 감사, 수용, 포용, 인

내, 용서, 사랑과 같은 심장의 핵심 감정을 체화하면 말, 행동, 목소리 톤, 표정 등의 보이는 행동과 더불어 신경계와 심장이 내뿜는 에너지와 같은 보이지 않는 신호를 통해 이런 감정들을 방출한다. 이러한 사회적 일관성의 확산은 공조entrainment(하나의 시스템이나 개체가 다른 시스템이나 개체의 주기적인 리듬에 맞춰 움직이거나 조화를 이루는 현상—옮긴이)의 한 형태인데, 공조는 개인들 사이에 협력적인 리듬이 생성될 때 발생한다. 우리가 다른 사람들과 상호작용할 때마다, 그들이 멀리 있든 가까이 있든 상관없이, 우리의 개별 시스템은 그들의 에너지가 전달하는 신호와 적극적으로 조율된다. 이 에너지의 공조가 개개인인 '나'를 다른 사람과의 관계에 속한 '우리'로 결합한다.

이러한 인간 에너지 소통의 동기화는 '감정 전염emotional contagion'으로 알려진 현상으로 증명되었다. 당신은 이 장 초반에서 마음이 평온한 소수의 사람들이 얼마나 광범위한 영향을 미칠 수 있는지를 보여준 명상 연구에 대해 이미 읽었다. 감정 전염은 둘 이상의 개인들 사이에서 감정이 확산되는 것이다. 감정은 우리가 다른 사람의 행동을 무의식적으로 모방하기 때문에 확산되며, 이는 우리가 다른 사람의 행동을 목격할 때 활성화되는 거울 뉴런이라는 세포가 작용하기 때문이다.[62] 거울 뉴런은 우리가 상대방의 감정 상태에 주파수를 맞추도록 도와주며, 그렇기 때문에 감정 에너지가 확산되고 상대방과 우리의 유대가 깊어질 수 있다.[63]

감정 전염에 대해 많은 연구가 실시되었는데, 부분적으로는 기업들이 소비자의 결정과 구매에 영향을 미치고 직원의 만족과 충성도를 끌어올리기 위해 연구 결과를 이용하기 때문이다.[64] 기업들은 광고와 마케팅을 통해 특정 감정을 유도함으로써 소비자의 구매 결정에 영향을 미치는 방법을 터득했다. 물론 이것을 염려스럽게 여길 수도 있지만, 연구는 우리가 개인의 안전이 집단의식에 그토록 중요한 이유를 이해하는 데 도움을 줄 수 있다.

페이스북 사용자에 대한 대규모 연구에 따르면, 연구자들이 뉴스 피드를 조작하여 좀 더 부정적인 콘텐츠를 제시하자 사용자들은 보다 부정적인 글을 올렸고, 반대로 더 긍정적인 콘텐츠를 본 후에는 보다 긍정적인 글을 작성했다.[65] 또 다른 유명한 연구는 다른 사람들이 관대하게 행동하는 것을 보면 더 관대해지고, 인색하게 행동하는 것을 보면 더 인색해짐을 보여준다. 또한 관대한 행동을 본 사람들은 낯선 사람들에게 더 친절하고, 더 공감하며, 더 많은 지지를 보낸다.[66]

다른 사람들과 직접 상호작용을 하든 하지 않든 우리가 그들을 안전하고 일관되게 대하면 인접하지 않은 사람들을 포함하여 많은 사람에게 사회적 일관성을 확산시킬 수 있는 힘이 생긴다.

개인의 안전감이 공동체의 안전감으로

••

우리가 심장 일관성을 체화할 때, 우리가 소속된 집단이 더 조화롭고 생산적이며 효과적이 되어 궁극적으로 성공하는 데 기여할 수 있다. 우리만의 고유한 기술과 재능을 추구할 수 있는 능력이 향상되며, 보다 쉽게 몰입 상태에 빠져들 수 있어서 개인적인 생산성, 창의력, 문제 해결 능력이 개선된다. 몰입 상태로 존재하면 심지어 주변 사람들의 뇌에서 같은 부분을 활성화할 수도 있어서 그들이 더 쉽게 몰입하는 데 도움이 된다.[67]

반대로 일관성이 결여될 때 스트레스 주기에 갇혀 벗어나지 못하고 경쟁, 갈등, 비효율적인 기능으로 가득 차 있을 가능성이 커진다.[68] 오직 안전하고 사회적이라고 느낄 때만 다른 사람의 차이점을 견뎌낼 수 있고 그 결과 경쟁과 스트레스를 덜 느낀다. 좀 더 거리를 두고 사물과 상황을 바라볼 수 있을 때, 개인의 열망이나 이익에 집중하지 않고 집단에게 최선의 이익이 무엇인지 고려하고 더 큰 선을 위해 협상할 수 있다. 개인의 안전과 심장 일관성에 관한 연구는 혼자서도 가족, 사무실, 조직, 스포츠 팀, 그리고 더 큰 단체 안에서 갈등을 줄일 수 있음을 보여준다.[69] 학교 환경에서 강연자와 학생들 사이에 뇌파가 더 많이 동기화될수록 수업 참여도가 높아지고 사회적 역동성이 높아져 소통의 효과가 향상된다.

공동체의 안전감을 공유하면 개개인은 현재에 좀 더 집중할 수 있으며, 이로써 관계에서 반복되는 주기를 깨뜨릴 새로운 기회가 열릴 수 있다. 우리가 지금 이 순간에 오롯이 집중할 때, 창의력과 상상력을 활용할 가능성이 커져 주변 사람들의 창의력도 알아보고 존중할 수 있다. 우리의 안전과 에너지는 다른 사람들이 그들의 고유한 기술과 재능을 집단과 공유하도록 이끈다. 이렇게 되면 집단은 문제에 대한 새롭고 더욱 혁신적인 해법이 제시될 때 복수의 관점을 고려할 수 있다. 달리 말해 사회적 일관성은 집단을 구성하는 모든 사람이 자신의 흐름을 찾고 가장 잘하는 일에 집중할 수 있게 하여 집단 전체에 이롭다. 연구에 따르면, 사회적 일관성을 키우려고 노력하는 기업, 병원, 스포츠팀, 군대는 신체적, 정신적 스트레스의 비율이 낮으며 구성원들 간의 소통, 만족도, 생산성, 문제 해결력의 수준이 높다.[70]

나는 내가 속한 많은 공동체 안에서 사회적 일관성의 효과를 경험했다. 그 가운데 하나가 전체론적 심리학자The Holistic Psychologist 커뮤니티의 설립이다. 치유 여정을 시작한 이후, 나는 나와 관심사나 목표를 공유 함께 있을 때 내가 진정한 내 모습으로 존재할 수 있는 사람들과 좀 더 진실된 관계를 추구하기 시작했다. 관계에서 온전한 나로 존재하는 것의 중요성을 이해하기 때문에 나는 인스타그램 계정(@the.holistic.psychologist)을 만들고 해시태그 #selfhealers를 나와 유사한 치유 여정에 있고 뜻이 같은 사람들과 연결하는 방법으로 사용하기 시작했다. 내 바람은 시간이 지나면서 집단적 안전을 바탕으로 모든 사람이 치유 과정에 더 쉽게 접근할 수 있는 사회적 일관성을 갖춘 공동체를 만드는 것이었다. 진정으로 치유되려면 다른 사람과의 차이에 집중하거나 다른 사람의 비판을 두려워하지 않은 채 자기 자신을 표현하고 공유할 수 있을 만큼 충분히 안전하다고 느껴야 한다.

내가 인스타그램 계정과 해시태그를 만들고 얼마 지나지 않아 전 세계 사람들이 개개인의 차이와 여정을 존중하면서 나와 소통하고 동참하기 시작했다. 많은 사람이 그들에게 필요한 서비스에 접근할 수 있는 재원이 없다는 현실에 마음이 쓰였기 때문에, 나는 우리가 무료 플랫폼에서 공유하는 정보와 도구들을 누구나 사용할 수 있도록 하는 일을 나의 사명 가운데 하나로 삼았다.

계정을 개설하고 몇 개월이 지났을 때, 소셜 미디어 계정 밖에 안전한 공간을 만들어달라는 팔로워들의 요청이 점점 늘기 시작했다. 이러한 메시지에 마음이 움직여서 자기 치유자 서클Self Healers Circle을 만들었다. 이 비공개 커뮤니티는 구성원들이 치유와 사회적 일관성에 반드시 필요한, 연민에 바탕으로 둔 소통과 자기 탐색을 공유하는 공간이다. 이 안전하고 지지적인 공동체 환경이 구성원 개개인의 치유 여정에 미친 영향에 대한 소식을 들을 때 나는 한없이 겸손해진다.

우리가 택한 공동체 안에서 얻을 수 있는 이점 외에도, 사회적 일관성은 우리가 식당, 극장, 파티나 기타 사회적 또는 공적 행사나 공간에서 경험하는 분위기와 같이 비조직적인 집단의 역동도 바꿀 수 있다. 예를 들어보겠다.

최근에 당신이 동료들과 함께 집단 행사에 참석했으나 대부분의 사람들보다 조금 늦게 도착했다고 가정하자. 방 안으로 걸어 들어갈 때 당신은 집단의 에너지가 부자연스럽고 편하지 않음을 느낄 수 있었다. 사람들이 서로 알지 못하며, 대화도 자꾸 끊기는 것 같았다. 그날 저녁 당신은 유독 안전하고 일관되고 즐겁다고 느꼈기 때문에 심장 일관성을 갖춘 자기의 모습이었다. 그래서 모든 사람에게 미소 짓고, 방 안에 있는 사람들에게 연민과 감사를 전달하고, 그들의 경험과 사연을 진심으로 관심을 갖고 들어주었다. 당신이 도착한 지 얼마 되지 않아 행사장의 역동이 변화하기 시작했다. 다른 사람들도 미소 짓고 옆 사람에게 좀 더 열린 마음으로 말을 걸기 시작했다. 그들의 몸짓 언어는 좀 더 편안해지고, 방 안 분위기는 웃음과 유연한 대화로 가벼워지기 시작했다.

또 다른 예를 살펴보자. 붐비는 식당에서 종업원이 안전하고 안정된 상태로 고객들을 응대한다고 상상해 보자. 사회적 일관성을 띤 이 종업원은 짜증을 내거나 요구가 많은 고객들에게 연민을 베풀고, 주변 사람들과 좀 더 진실되게 교감할 수 있다. 그는 테이블이 얼마나 엉망인지 다른 종업원들에게 불평하지 않는다. 그 덕분에 다른 직원들도 엉망인 테이블과 같은 안 좋은 경험을 찾으려 들지 않는다. 그 종업원이 보이지 않는 일관성의 신호를 내뿜어 방 안의 다른 사람들이 조절하도록 돕는다. 스트레스를 받고, 짜증이 나거나 외로웠던 고객들과 직원들이 마음을 가라앉히고 미소 짓기 시작할 수 있다. 머지않아 이 식당의 에너지는 더 친절하고 조화롭게 바뀐다. 이 에너지의 전환을 몸소 느낀 그 직원은 그가 촉발한 연민의 효과로부터 계속 이익을 누린다. 일상의 상호작용에서 좀 더 연민에 기반한 반응을 체화하기로 택할 때마다 우리도 이렇게 할 수 있다.

이 조화롭고 사회적으로 일관된 상태가 인간이 한 종으로서 진화하고 번영하게 했다. 협력적인 방식으로 힘을 합치면 음식, 쉼터, 자녀 양육, 건강관리에 대한 근본적인 욕구를 충족할 수 있다. 동시에 기쁨을 선사하거나 더 오랫동안 혹은 더 충만한 삶을 사는 일을 수월하게 해줄 미술, 음악, 기술 및 그 밖의 관심사를 추구할 수도 있다.

안전하고 편안하게
느껴지는 사람들

• •

지속적으로 사회적 일관성을 키우려면 개인 차원에서 조절 장애를 겪지 않는 것만으로는 부족하다. 아울러 연민, 공감, 심지어 지지를 다른 사람들에게 베풀 줄 알아야 한다. 연민을 체화할 때, 우리는 조절하는 신호를 주변 사람들에게 보내어 그들이 안전하고 일관되며 집단에 좀 더 연결되어 있다고 느끼도록 도울 수 있다. 공감 능력이 개선되거나 정서 세계에 있는 누군가가 그의 경험을 공유할 때 다른 생각이나 감정에 의해 주의가 산만해지지 않고 경청함으로써 그에게 집중하고 온전히 함께할 수 있게 된다. 더불어 다른 사람의 관점에 대해 추정하거나 무시하기 전에 그의 관점을 더 잘 이해하고자 질문을 던질 수 있다.

사회적 일관성을 키우면 언제 안전하지 않거나 싸울 듯한 느낌이 드는지 더 쉽게 알아차릴 수 있어서 해당 집단으로부터 거리를 두거나 신뢰하고 사랑하는 사람에게 공동 조절을 해달라고 도움을 청하여 진정할 수 있다. 일단 좀 더 열린 상태로 돌아오면, 집단의 공동 목표에 집중하고 서로의 차이를 존중함으로써 협력할 수 있다. 특정 문제에 대해 서로 의견이 맞지 않더라도 서로에 대해 호기심을 갖고 개인의 안전감을 유지하면서 동시에 앞으로 나아갈 방법을 찾을 수 있다. 사회적 일관성이 있으면 우리로서 다른 사람들과 교감하면서도 나로 머물 수 있다.

사회적 일관성을 높이기 위해 우리가 안전하고 편안하게 느낄수 있게 해주는 사람들을 알아차리거나 찾으면 좋다. 반대로, 특정한 사람들이 주변에 있을 때 편안하고 차분하다고 느끼기 어려우면, 나만의 공간을 가져야 할 필요성을 알리고 마음의 준비가 되고 가능하다고 느껴질 때 다시 그들과의 관계에 임하면 된다. 그렇게 할 수 있는 내적 자원이 없을 때는 상호작용을 삼가면 된다. 스트레스와 화를 유발하는 상호작용이나 경험을 모두 피하는 것은 불가능하지만, 사회적 일관성은 스트레스와 신경계를 활성화하는 그 밖의 감정들을 견뎌내는 능력을 높여준다. 모든 구성원이 안전하고 편안함을 느끼는 공동체를 키우면 모두가 더 깊고 진실된 관계를 키울 수 있다. 소속감이나 사회적 일관성을 느낄 수 있는 단 하나의 공동체라도 찾아서 그 안에 뿌리를 내리면, 일관성을 더 넓은 세상으로 확장하기 위해 필요한 안전을 구축하고 유지하는 데 도움이 된다.

사회적 일관성 체크리스트

아래 체크리스트로 현재 당신의 사회적 일관성의 정도를 파악할 수 있다. 가능한 솔직하고 객관적으로 답한다. 당신이 원하는 사람이 되기 위해, 먼저 당신의 현주소에 대해 현실적으로 파악해야 함을 명심하라. 아래 문장들을 읽고 당신에게 가장 잘 맞는 문장에 표시한다.

___ 나는 특정 콘텐츠(텔레비전 쇼, 팟캐스트, 소셜 미디어 등)을 소비하는 동안 혹은 소비한 후에 내가 어떻게 느끼는지 안다.

___ 어떤 관계, 상황 또는 경험이 나를 더 밝고 희망차게, 속마음을 터놓고 싶게 만드는지 알 수 있다.

___ 어떤 관계, 상황 또는 경험이 나를 불안하고, 무겁고, 두렵고, 걱정하고, 위축되거나 긴장하게 만드는지 알 수 있다.

___ 내가 언제 버겁고, 언제 지지를 요청하고 받거나 받아들일 수 있는지 안다.

___ 주변 사람들과 안정적으로 연결되었다고 느끼고 그들에게 나를 진실되게 표현할 수 있다.

___ 전체적인 집단의 필요뿐만 아니라 나 자신의 욕구도 고려할 수 있다.

___ 내가 어떤 활동을 할 때 재미를 느끼는지, 무엇이 나를 기쁘게 하

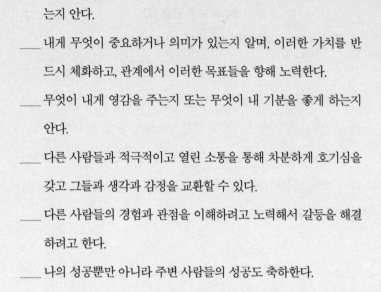

___ 는지 안다.

___ 내게 무엇이 중요하거나 의미가 있는지 알며, 이러한 가치를 반드시 체화하고, 관계에서 이러한 목표들을 향해 노력한다.

___ 무엇이 내게 영감을 주는지 또는 무엇이 내 기분을 좋게 하는지 안다.

___ 다른 사람들과 적극적이고 열린 소통을 통해 차분하게 호기심을 갖고 그들과 생각과 감정을 교환할 수 있다.

___ 다른 사람들의 경험과 관점을 이해하려고 노력해서 갈등을 해결하려고 한다.

___ 나의 성공뿐만 아니라 주변 사람들의 성공도 축하한다.

많은 문장에 표시할수록 사회적 일관성에 더 가깝고 주변 사람들의 경험에 영향을 많이 미칠 가능성이 높다. 치유 여정을 계속하면 진전을 확인하고 축하하기 위한 방법으로 이 체크리스트를 다시 실시할 수 있다.

세상을 감지하고 해석하는 능력

• •

우리 몸은 항상 환경으로부터 에너지에 관한 정보를 수집하고 있다. 심장 일관성이 있으면 그 정보를 직관적으로 평가하고 집단 및 글로벌 의식의 변화를 느낄 수 있다. 심장과 더 많이 교감할수록 주변 세상에서 벌어지는 일들을 정확하게 감지하고 해석하는 능력이 커진다.

개개인의 몸에서 에너지가 방출되기 때문에 지구상에 현재 살아 있는 모두가 글로벌 의식에 영향을 미친다. 마찬가지로 지구 자체도 부분적으로는 슈만 공명schumann resonance을 통해 에너지를 생산한다. 슈만 공명은 지구와 지구 대기의 바깥층인 이온층 사이에 존재하는 저주파 전자기파다.[71] 때로 지구의 '심장박동'으로도 불린다. 수 세기 전에 과학자들이 이 에너지장을 발견하여 이름을 붙였고, 고대 학자들과 원주민 치유자들은 이 장을 '창조의 거미줄' 또는 모든 것을 하나로 묶어주는 에너지라고 불렀다. 인간은 우주를 구성하는 네 개의 요소(수소, 질소, 산소, 탄소)로 구성되기 때문에 인체는 주변의 자연 세계에서 발생하는 변화에 쉽게 영향을 받는다. 물론 지구 심장박동의 변화에도 영향을 받는다.

지구의 자연스러운 슈만 공명은 7.8헤르츠로, 연구에 따르면 이 주파수에서 인체는 이완되지만 더 낮거나 높으면 졸리거나 투쟁 또는 도피 반응에 돌입할 수 있다.[72] 슈만 공명은 이온층의 변화에 따라 오르내리며, 그럴 때 우리의 신경계에 영향을 주고, 집단 스트레스의 수준을 높이거나 낮추고, 인간의 건강과 행동을 변화시킨다.[73] 태양과 지자기 활동이 늘어나면 인체의 면역, 생식, 심장, 신경 과정과 함께 멜라토닌과 세로토닌의 균형과 혈압을 변화시켜 자율신경계에 영향을 준다. 또한 일부 연구는 지자기장에 우리의 심박수, 심박 변이도, 혈압, 피부 전도성을 변화시키는 사건이 발생하기 2~3일 전에 인체가 '예측 반응'을 경험할 수 있음을 보여준다.[74]

가령 7.8헤르츠처럼 슈만 공명이 이완 효과가 있을 때 노출되면 대단히 이롭다. 한 연구에 따르면, 슈만 공명을 차단한 특수 지하 벙커에서 한 달 동안 지낸 참가자들이 수면 문제, 정서적 고통, 편두통을 겪었다.[75] 그들은 자연 세계에 다시 적응하고 나서야 건강이 안정되었다. 또 다른 연구는 자연스러운 슈만 공명에 노출되면 더 빨리 잠들고 밤새 깨지 않고 숙면하는 데 도움이 되는 것을 발견했다.[76] 나는 이 효과를 종종 경험하는데, 낮 동안 자연과 접촉한 날 밤에 더 숙면한다.

지구가 우리의 에너지와 건강에 영향을 미치는 것처럼, 우리의 글로벌 신경계 에너지도 지구의 자연 주파수를 바꿀 수 있다. 간단히 말해 우리 인간과 지구는 하나의 끝없는 피드백 루프 안에 존재한다.[77] 현대 사회는 전자기기 전자파를 발생시켜서 지구의 자연 에너지를 변화시킬 수 있다. 전자기기 전자파는 와이파이, 텔레비전, 전자레인지, GPS 추적 장치와 같은 현대 기술에서 생성되는 인공 전자기장이다. 연구에 따르면 이러한 저주파 전지기장(EMF)은 지구의 자연스러운 슈만 공명에 충돌하여 7.8헤르츠에서 글로벌 스트레스를 높일 수 있는 수준으로 끌어올린다.[78]

지구의 에너지와 인체의 에너지 사이의 관계가 과학적으로 밝혀지면서, 개인들이 심장 일관성을 갖고 동참하여 지구의 에너지 및 지자기장에 영향을 미칠 수 있는 기회를 만드는 데 일조하고자 글로벌 일관성 이니셔티브 Global Coherence Initiative, GCI라고 불리는 고무적인 새 프로젝트가 출범했다. 글로벌 의식에 미치는 영향을 측정하기 위해 연구자들은 전 세계적으로 지구의 자기공명 측정을 위해 설계된 초민감 자기장 감지기망을 전략적으로 설치했다. 이 연구는 개인과 글로벌 스트레스 상태가 지구에 가하는 영향을 줄이는 데 일조하기 위해 개개인이 각자 역할을 할 수 있음을 강력하게 상기시켜 준다.

글로벌 의식과 지구의 에너지에 대해 알게 되면, 우리가 어느 날 화날 일이 없는데도 괜히 불안하거나 스트레스를 느낄 수 있는 이유를 이해하는 데 도움이 된다. 겉보기에 아무 이유 없이 불안을 경험할 때, 글로벌 의식이 개인의 에너지에 미칠 수 있는 영향을 완화하기 위해 자기 돌봄을 실시하거나 스스로 조절하거나 공동 조절을 위한 방법들을 실시할 수 있다. 사람들이 글로벌 의식의 에너지 동요 때문에 더 동요되고 불안하거나 화가 날 수도 있음을 깨달으면, 그럴 때 다른 사람들에게 공감을 베풀 수 있다. 그럴 때 가능하다면 압박이 심한 회의나 어려운 대화의 일정을 재조정할 수 있다.

슈만 공명 메뉴

● ●

다음은 지구의 자연스러운 에너지, 즉 지구의 심장박동과 다시 연결될 수 있는 다양한 방법들이다. 가장 끌리는 방법들을 규칙적으로 실천하는 것을 고려해 본다.

- 공원, 숲, 해변이나 그 밖의 자연환경을 방문하여 자연 속에서 더 많은 시간을 보낸다.
- 맨발로 땅 위를 걷고, 잔디밭에서 낮잠을 자고, 천천히 깊게 신선한 공기를 들이마시거나 별을 보는 등 지구와 직접 접촉한다.
- 가능할 때마다 블루라이트 안경이나 EMF 차단기를 사용하여 현대 기술을 사용하는 시간과 EMF에 노출되는 시간을 제한한다.
- 일하거나 놀 때 배경에 슈만 공명이나 주파수를 포함하는 음악을 틀어놓는다(유튜브에서 쉽게 찾을 수 있다).

이 책에서 배운 방법들을 꾸준히 실천할수록 지구와 연결되었다는 느낌이 커질 것이다.

인식을 확장하는 법

• •

지구와 마찬가지로 우리도 에너지로 이루어졌다. 자연과 맺은 에너지 관계 및 상호 의존적인 관계에 대한 인식을 키우기 위해 다음 훈련을 실시한다. 시각, 청각, 에너지를 이용한 방법 가운데 하나를 택해서 최대한 꾸준히 실시한다. 467쪽에 수록된 QR코드를 통해 인식 확장 훈련Expand Your Awareness의 추가 안내를 들을 수 있다.

인식 확장을 위한 훈련

• **시야 확장** | 가까운 시야에 있는 물체에 대한 당신의 인식에 집중한 후, 점차 좌우로 인식을 확장하여 더 많은 물체들을 보고 나서 위아래까지 확장한다. 이 훈련의 목표는 환경을 살피는 게 아니라 당신의 자연스러운 인식을 부드럽게 확장하여 더 넓은 시야를 포함시키는 것이다.

• **청력 확장** | 충분히 안전하다고 느끼면 눈을 감는다. 가까운 주변 환경에서 들리는 소리를 인식하는 데 집중하고 나서, 점

차 인식을 확장하여 희미한 소리와 멀리서 들리는 소리까지 듣는다. 이 훈련의 목표는 청력을 무리하게 사용하는 게 아니라 당신의 자연스러운 인식을 부드럽게 확장하여 더 넓은 청역을 포함시키는 것이다.

- **에너지 인식 확장** | 복식호흡을 세 차례 실시하면서 들숨과 날숨마다 배의 오르내림을 인식하는 데 집중한다. 인식을 부드럽게 확장하여 숨 쉴 때마다 전신이 확장되었다가 줄어드는 것까지 인식한다. 다시 인식을 부드럽게 확장하여 당신의 몸에서 나와 주변 환경으로 흐르는 공기의 흐름에 따라 변화하는 주변 공간까지 인식한다. 마지막으로, 다시 인식을 부드럽게 확장하여 당신과 주변 사물들 사이 그리고 당신보다 앞서 존재했고 당신 후에 올 모든 것과 당신 사이에 흐르는 모든 것을 인식한다.

다음 훈련은 당신의 인식을 확장해서 글로벌 인식까지 포함시켜 당신의 자연스러운 에너지에 주파수를 맞추는 데 도움이 된다.

1. 5~10분 동안 편안하게 눕거나 앉아 있을 장소를 찾는다. 충분히 안전하다고 느끼면 눕거나 앉아서 눈을 감는다.
2. 깊고 느린 호흡을 두 번 실시한다. 이때 몸이 이완되는 것을 느낀다.
3. 인식을 부드럽게 확장하여 공기 자체와 공기가 당신의 피부

를 어루만지고, 폐와 몸에 영양을 주고, 소리를 전달해줄 때 느껴지는 다양한 감각들을 감지한다.

4. 인식을 부드럽게 확장하여 주의가 산만해지거나 어떤 하나의 생각에 몰두하지 않은 채 마음속의 다양한 생각들을 알아차리고, 인식이 확장된 공간 안에서 편안하게 휴식을 취한다.

5. 움직이지 않고 계속 휴식을 취하는 동안, 공간 안에 있는 당신의 몸을 감지하고 다음과 같이 여러 공간으로 인식을 부드럽게 확장한다.
   - 눈앞의 공간. 최대한 멀리 감지한다.
   - 몸 뒤의 공간. 최대한 멀리 감지한다.
   - 좌측 공간. 최대한 멀리 감지한다.
   - 우측 공간. 최대한 멀리 감지한다.
   - 머리 위 공간. 어떤 소리나 움직임이 있는지 최대한 멀리 감지한다.
   - 아래 공간. 몸이 지구에 닿는 곳을 느끼고 어떤 미세한 진동을 느낄 수 있는지 감지한다.

6. 인식을 부드럽게 확장하여 당신 안과 주변에서 나는 다양한 소리를 감지한다. 이때 어떤 판단을 하거나 머릿속으로 논평하지 말고 들리는 그대로의 소음과 소음들 사이의 공간에 집중한다.

7. 잠시 인식을 확장하여 주변의 다양한 냄새와 향을 감지하며, 이렇게 확장된 인식 속에서 편안하게 휴식을 취한다.

8. 잠시 인식을 확장하여 지금 불러낼 수 있는 과거의 다양한 기억들을 알아차리고, 이렇게 확장된 인식 속에서 편안하게 휴식을 취한다.

9. 잠시 인식을 확장하여 이 순간 당신의 살아 있는 몸 안에서 다양한 신체 감각을 알아차리고, 이렇게 확장된 인식 속에서 편안하게 휴식을 취한다.

10. 잠시 인식을 부드럽게 확장하여 인생 자체의 거대함과 상호 연관성을 감지하며, 매 순간 존재하는 무한한 지지를 탐색한다. 이렇게 확장된 인식 속에서 편안하게 휴식을 취한다.

훈련은 당신이 주변의 자연 세계와 상호 연결된 에너지를 가진 존재로서 자연에 주파수를 맞추는 데 도움이 된다. 지구의 에너지를 이용하면 뇌와 몸 안에서 에너지의 일관성이 더 커질 수 있으며, 이는 다시 외부로 확장되어 더욱 일관된 집단의식을 만드는 데 도움이 된다. 더 큰 평화와 연민을 체화하거나 품고 살면, 개개인이 궁극적인 에너지 협력에 동참함으로써 온 인류에게 큰 영향을 미칠 수 있다. 진정으로 주변 세상을 변화시키는 것이다!

· · ·

이 책의 마지막 페이지에 도달했지만 당신의 여정은 여기서 끝나지 않는다. 나는 이 책을 통해 당신의 여정이 달라지길 바란다. 나는 인생이 변화의 과정임을 배웠다. 수십 년 동안 나는 반드시 내가 편안해져 끝없는 평화, 사랑, 교감을 느낄 수 있는 '성취', '해냄' 혹은 '완성'의 상태에 도달할 거라고 생각했다. 하지만 우리가 도달할 끝도 목적지도 없다는 것을 깨달았다. 우리는 존재하는 매 순간 우리 안에 평화, 사랑, 교감을 품고 있다. 자연과 생명 그 자체와 마찬가지로 우리의 존재는 항상 진화하고 있으며, 있는 그대로의 우리로 살아내는 일은 계속되는 과정이다.

생애 초기 환경이 우리를 당시 적응하고 생존하기 위해 되어야만 했던 사람으로 만들었다. 우리는 모두 앞선 세대들의 누적된 스트레스를 계속 안고 살 것이다. 그들은 지식도 자원도 없어서 우리의 몸과 마음에 좋지 않은 영향을 미쳤고, 우리를 생존 모드에 가둬버렸다. 현재 많은 사람이 자신의 욕구를 거의 충족할 수 없으며, 자기 몸 안에서 안전하다고 느끼지 못한다. 이 두 가지 사실 때문에 우리가 무슨 말을 하든, 얼마나 노력하든, 주변에 누가 있든 상관없이 우리는 진정한 자기로서 관계에 임하지 못하거나 다른 사람과 교감하지 못한다.

가장 중요한 관계(자기 자신과 맺은 관계)를 치유하는 일은 다른 사람들을 사랑하고 관계에서 기쁨과 편안함을 발견하는 가장 훌륭한 방법이다. 있는 그대로의 당신(몸, 마음, 영혼)과 안정적으로 교감하고 안전하다고 느낄 때에만 비로소 다른 사람들과 진정한 교감을 쌓고 당신보다 앞서 산 사람들과 당신의 과거 속에 당신을 가둬두는 주기에서 탈출할 수 있다.

안전하고 안정적이라고 느낄 때, 인간적 경험에 영향을 미치고 당신이 매일 결정하는 데 값진 통찰을 주는 감정들을 잘 헤쳐 나가는 능력이 향상될 것이다. 당신이 미지의 세계로의 여정을 계속하는 동안 길 안내를 해줄 심장, 즉 당신 안에서 뛰는 내면의 나침반이 보내는 메시지에 주파수를 더 잘 맞출 수 있다. 아울러 당신 마음에 항상 존재하는 사랑과 연민에 접근하여 그것을 모든 관계와 주변 세상에 더 자주 베풀 수 있다. 결론적으로, 심장과 진정으로 교감하면 늘 존재하며 다른 사람에게서 올 수 있는 사랑을 인식하고 받는 일을 더 잘할 수 있다.

나는 여러분 모두와 함께 같은 여정을 계속하고 있다. 매일 내 주변의 사람들과 공동체에 계속 봉사할 수 있도록 내 자기와의 관계에 충실하겠다고 다짐한다. 이 다짐을 지키는 데 도움이 되고자 매일 심장과의 교감을 강화하는 선택을 내리고 진정한 사랑이 내 몸과 마음에서 어떤 느낌인지 계속 배운다.

알고 보면 사랑은 우리 밖에서 오는 게 아니다. 우리 개개인의 안에 산다. 우리가 각자의 심장 안에서 끝없이 공급되는 친절과 연민에 다시 연결될 때, 사랑의 인도를 받는다.

그리고 그 사랑의 안내를 따라 행동할 때, 우리는 사랑 그 자체가 된다.

심장이 보내는 신호에 귀 기울일 때

수년간 당신이 맺은 어떤 관계에서 아무리 사소해 보이는 것이라도 거의 모든 말, 눈길 또는 사건이 논쟁, 상처 또는 콤플렉스로 비화된 시기를 경험했을 수 있다. 아마도 그 사람과의 모든 상호작용의 기저에 긴장이 흐르고 있었을 것이며, 한때는 잘 지냈을지 모르지만 이제는 더 이상 서로 간에 편안함이나 사랑이 느껴지지 않을 수 있다.

몇 년 전 롤리, 제나, 그리고 나 사이에서 그런 상황이 한두 달가량 지속되었다. 우리가 심장과 교감하려고 마음을 먹지 않는 게 문제가 아니라 심장이 하는 말에 귀 기울이지 않는 게 문제였다. 많은 사람에게 심장이 보내는 직관적인 신호는 듣기 어려울 수 있으며, 심지어 귀 기울이기는 더욱 어려울 수 있다. 심장이 보내는 메시지가 우리나 사회가 갖고 있는 관습이나 기대와 다를 경우에 특히 그렇다. 동시에 심장이 보낸 메시지가 처음에는 아무리 불편하다고(혹은 새롭다고) 해도 그것이 품은 진실에 따라 살지 않으면, 역기능적인 관계 패턴 속에 갇힐 수 있으며 다른 사람과의 긴장이나 갈등을 줄이거나 해결할 수 없다. 물론 나는 이 모든 것을 머리로는 알고 있었지만, 제나와 보낸 잊지 못할 어느 아침이 있고 나서야 이것을 제대로 이해하게 되었다.

제나는 전체론적 심리학자 커뮤니티에서 롤리와 내가 있는 팀에 동참한 첫 번째 구성원이었다. 《내 안의 어린아이가 울고 있다》를 읽었다면 이 이야기를 알 것이다. 자기 치유자 서클을 출범한 날, 가입하려는 사람이 너무 많다 보니 우리 웹사이트의 외부 서버가 다운되었다. 롤리와 나는 가입하길 원하는 사람들을 돕고 싶은 마음이 굴뚝같았지만 동시에 많은 일을 하려다 보니 정신이 하나도 없었다. 그때 바로 이 커뮤니티의 오래된 회원인 제나가 그녀의 심장이 보내는 직관적인 신호에 따라 우리와 같은 비전을 공유하니 돕고 싶다는 메시지를 보냈다. 우리는 그녀가 메시지를 보낸 직후 읽었는데, 수백만이 가입된 커뮤니티에서 메시지를 보내자마자 거의 동시에 읽은 것은 놀라운 일이었다.

우리는 전화로 대화를 했고, 제나는 우리의 가치, 비전, 치유 여정을 공유하는 게 분명했다. 그녀는 롤리와 내가 가능하다고 생각하지 못했던 직업적 파트너십을 제안했고, 우리 셋은 수개월간 온라인상에서 함께 일했다. 당시 캘리포니아에 살던 제나가 나중에 롤리와 내가 살고 있던 필라델피아로 날아와 마침내 우리 셋이 만났다.

곧 제나는 우리 팀에서 없어서는 안 될 구성원이 되었고, 소통 능력과 리더십을 발휘하여 롤리와 내가 가진 강점을 보완해 주었다. 그 덕분에 우리 셋은 빠르게 성장하는 사업에서 각자 맡은 분야에 집중할 수 있었다. 우리의 직업적 관계는 시너지를 내며 빠르게 발전했고, 우리는 금세 친구가 되었다.

제나가 팀에 동참한 지 몇 달 후, 롤리와 나는 로스앤젤레스로 이사를 갔다. 날씨와 그곳에서 제안받은 기회에 좀 더 잘 맞는다고 느껴서 한동안 고민하고 정한 이사였다. 수년 전에 동부에서 캘리포니아로 이사한 적이 있던 제나는 우리의 새 거처에서 걸어서 갈 정도로 가까운 베니스 비치에 있는 아파트로 이사를 왔다. 우리는 계속 가까이서, 이번에는 직접 만나서 일했다.

첫해에 우리 셋은 한 팀으로서 무난하게 잘 협조해 가며 일했다. 대부분의 근무일에 제나는 아침이면 걸어서 우리 아파트로 건너왔고, 함께 커피를 마셨다. 그러고 나서 점심까지 근무를 하고, 함께 점심을 먹고, 다시 밤늦게까지 일하는 경우가 많았다. 전 세계에서 더 많은 사람이 우리의 자기 치유 운동에 동참하게 되자 제나와 롤리와 나는 더 많은 시간을 함께보내기 시작했다. 우리의 '근무' 시간은 늦은 밤, 새벽, 저녁 식사 시간, 주말까지 침투했다.

머지않아 우리 셋은 타코 먹는 화요일, 파머스 마켓에 가는 금요일처럼 매일 주제를 정했다. 금요일이면 우리 집 현관 바로 앞에서 농부들이 여는 재래식 장터로 가서 농산물과 꽃을 샀다. 우리는 한 팀으로서 이정표에 도달하면 함께 축하했다. 가령 《내 안의 어린아이가 울고 있다》가 〈뉴욕타임스〉 베스트셀러 1위를 했을 때, 우리의 회원제 커뮤니티가 전 세계적으로 확장되어 새로운 지역에 진출했을 때 함께 축하했다. 심지어 생일과 명절도 함께 보내기 시작했다.

하지만 시간이 흐르자 긴장, 짜증, 불안정이 우리 관계에 침투하기 시작했다. 마치 물 위에 기름이 자리 잡듯이 처음에는 서서히 눈에 띄지 않게 스며들었다. 우리는 식료품점에서 뭔가를 더 사 오기로 한 일을 깜빡하거나 문자 메시지에서 특정 단어를 사용하지 않은 일처럼 사소한 일들에 대해 언쟁을 벌이기 시작했다. 제나는 대부분의 시간을 우리와 함께 보내긴 했지만, 가까운 곳에 여전히 그녀의 아파트가 있었다. 우리가 일을 끝낸 밤이면 그녀는 집에 가고 싶어 했지만 동시에 우리를 떠나고 싶지 않아서 슬퍼하곤 했다. 롤리와 나 역시 내적 갈등을 겪었는데, 제나가 우리 곁에 머물기를 원하면서도 그녀가 집으로 간 후 우리가 때때로 느끼는 슬픔과 죄책감에 대해 어찌해야 할지 몰랐다. 세 사람 사이에 균열이 생기고, 수동공격적으로 행동하고, 말과 행동을 개인적으로 받아들이기 시작했다. 함께 보내는 시간이 길수록 긴장은 더 커지고 짙어졌으며, 너무 심해져 피부로 느껴질 정도였다.

서로에 대한 애정과 연민이 있었기 때문에 우리는 개인적으로나 일적으로나 한 팀으로서 소통하는 데 어려움을 겪고 있음을 깨달았다. 세 사람 모두 어려운 대화를 나누기로 다짐했고 기꺼이 원했지만, 사랑에 기반한 타협이나 성숙한 대화를 아무리 많이 한다 해도 우리 세 사람 사이의 역동을 바꾸지 못하는 것처럼 보였다.

그러던 중 어느 금요일 아침, 제나가 아침 6시부터 우리 아파트에 들렀다. 그녀는 롤리와 나에게 각각 따로 대화할 수 있는지 물었다. 그녀는 롤리와 내가 금요일 아침마다 정해두고 가는 파머스 마켓에 가기 전에 먼저 그곳에서 친구와 커피를 마시러 가는 길이었다.

롤리와 내가 함께 지내는 아파트는 꽤 작아서 제나와 나는 뒤편 침실에서 조용한 공간을 찾아 문을 닫고 앉았다. 나는 침대 위에서 그녀와 마주 보고 앉았다. 제나는 나와 눈을 맞추고 깊은 숨을 쉬었다. 나는 그녀의 심장과 마음을 괴롭히는 무언가가 있다면 공유해야 한다고 말했다. 그러자 그녀는 나를 바라보며 얼굴이 상기되더니 말을 고르기 시작했다. 말하기 어려운 무언가를 공유하려는 것을 알고 나는 그녀를 차분하게 바라봤다. 나는 조용히 앉아 그녀가 원하거나 필요한 것을 말할 시간을 주면서 동시에 내 심장과 교감하려고 애썼다.

제나는 깊은 숨을 쉬더니 심장에 손을 얹고 우리 사이에 고조된 긴장을 인정하면서 말을 시작했다. 그녀는 시간을 들여 내면을 바라보고, 그녀의 심장과 교감하고, 이 고조된 긴장에서 그녀가 어떤 역할을 하는지 탐색했다고 했다. 그녀의 성격상 이 말은 진실이었다. 제나는 거의 평생 동안 직관적으로 그리고 의도적으로 그녀의 심장을 살피고 심장이 말하는 진실을 듣고 심장의 안내를 따르며 살았다. 아울러 우리가 자기 치유자 서클에서 그 달에 가르치고 있는 과정, 즉 '용감한 진실성'에 관한 과정이 그녀의 심장이 말하는 진실에 대한 최근의 깨달음에서 영감을 받은 것이라고 말했다. 그 과정은 심장의 지혜에 따라 말하고 사는 일을 다뤘다.

제나는 심장의 지시에 따라 용감하게 롤리와 나를 단순한 친구나 동료 이상으로 사랑한다고 말했다. 우리 둘에 대해 연애 감정을 느끼며, 내가 어떻게 느낄지, 우리가 그녀와 함께 지금까지와 다른 종류의 연인 관계를 탐색해 볼 마음이 있을지 모르지만 그녀는 자신의 심장을 존중하고 심장이 말하는 진실을 탐색하길 원한다고 했다. 그녀는 우리가 어떻게 느낄지 깨닫기 위해 필요한 시간을 충분히 갖자고 제안했으며, 각자의 심장이 무슨 말을 하든 우리와 계속 함께 일하고 싶다고 했다. 만일 우리가 같은 감정을 느끼지 못한다면 혹은 확장된 관계의 역동을 이룰 수 없다면 그녀는 그대로 받아들이고, 우리는 직업적 관계를 보다 잘 정의하기 위해 경계를 설정할 수 있다고 했다.

제나를 바라보며 그녀의 말을 경청하는 동안 내 심장은 빠르게 뛰기 시작했다. 초조함과 흥분이 뒤섞인 감정이 전신을 덮쳤다. 동시에 나는 큰 안도감을 느꼈는데, 그것이 나를 위한 것인지 제나를 위한 것인지 아니면 우리 셋을 위한 것인지는 구분할 수 없었다. 하지만 당시 나는 제나가 우리 관계의 기저에 깔린, 말로 드러나지 않은 갈등의 근간을 파악했다고 확신했다.

침대에 조용히 앉아 있던 나는 제나에게 공유해 줘서 진심으로 고맙다는 말밖에 할 말이 없었다. 나는 반응하기 전에 그녀의 말을 처리할 시간이 필요하다는 것을 알았다. 또한 내가 반응하기 전에 내 심장이 말하는 진실을 들여다보고 그것과 교감하길 그녀가 원한다는 것도 알았다. 그녀는 사랑스럽게 미소 지었고, 포옹을 한 후 친구를 만나러 나섰다. 이제 내게 잠시 대화를 처리할 기회가 생겼다. 또한 롤리와 내가 제나가 털어놓은 진심에 대해 각자 어떻게 생각하는지 탐색할 기회이기도 했다.

롤리와 나는 잠시 산책을 하며 근처 카페로 이동하기로 했다. 제나도 롤리와 따로 대화를 했기 때문에 무슨 일이 있었는지 굳이 이야기할 필요가 없었다. 대신, 우리는 서로를 바라보며 상대방이 어떻게 느꼈는지 물었다. 우리의 대화는 그리 오래 걸리지 않았다. 우리는 제나가 공유한 것에 대해 둘 다 열려 있고 호기심이 있으며, 또한 기꺼이 그 호기심을 탐색할 마음이 있음을 재빨리 알아차렸다. 나는 롤리가 항상 내 안에서 그리고 나를 위해 최선을 보고 원한다는 것을 알았고, 나 역시 롤리에 대해 같은 마음이어서 우리는 서로에게 탐색할 자유를 부여하기로 결정할 수 있었다.

지금 그 당시 상황을 돌아보면, 롤리와 나는 심장이 보내는 직관적인 신호를 각자 다른 방식으로 무시했음을 알 수 있다. 제나가 다른 사람과 데이트한 일을 말할 때 내 심장이 조여왔으며,

롤리는 제나가 옛 연인을 만났다고 말할 때 어이없다는 듯이 눈을 굴렸다. 각자의 방식으로 심장이 보내는 메시지를 억압하거나 모른 척하고 있었다. 그날 아침, 우리는 심장이 전하는 진실에 따라 산 게 아니며, 우리 셋이 실제로 사랑을 확장할 가능성에 끌린다는 게 우리 둘에게 분명해졌다. 비록 나는 관습에서 벗어나는 관계가 어떤 모습일지 사례를 본 적이 없지만, 내 심장은 내게 그것이 보내는 신호를 따르라고 종용하고 있었다. 내 여정의 그 시점에 나는 심장이 보내는 메시지를 들어야 한다는 것을 알았다.

롤리와 내가 카페를 나온 후, 우리는 파머스 마켓에서 제나와 그녀의 친구를 만났다. 방금 전에 무슨 일이 있었는지에 대해서는 말하지 않았다. 대신, 우리 모두 결정에 관해 소통해야 할 압박감을 느끼지 않고서 서로와 다시 통합되기 위해 시간과 공간을 갖길 원했다. 그래서 우리는 산책을 하며 수다를 떨면서 장터를 꽉 채운 신선한 난초, 백합, 잘 익은 멜론, 그리고 캘리포니아 석양 빛깔의 복숭아 등이 내뿜는 다채로운 색과 향을 만끽했다. 그날 아침 내게 파머스 마켓은 그 어느 때보다 활기차고 아름답고 생기 넘쳐 보였다. 신선한 시트러스 향과 막 따 온 꽃들의 풍성함과 내 인생에서 가장 의미 있는 두 관계 안에서 기쁨이 확장되고 조화가 회복된 느낌이 흘러넘쳤다.

제나가 금요일 아침 그녀의 심장이 말하는 진실을 우리에게 말하기로 한 결정은 우리 셋 사이의 역동을 영원히 바꿔놓았다.

우리가 더 솔직하고 효율적이고 스스럼없이 소통하자 모든 상호 긴장, 논쟁, 수동공격적인 말, 감정의 상처가 거의 즉시 사라졌다. 우리는 연인일 뿐만이 아니라 동시에 더 좋은 친구가 되었고, 더 생산적인 동료가 되었다. 셋이 하나로서 관계와 사랑을 키워 나가자 정서적으로 각자 서로의 본모습을 존중하고 있는 그대로로 인정하는 보다 충만한 사랑을 하게 되었다. 나는 제나의 용감한 진실성과 자기 심장이 말하는 진실을 존중하고 말할 수 있는 그녀의 능력에 영원히 감사할 것이다. 그녀의 솔직함 덕분에 나도 내 심장에 접근할 수 있었기 때문이다.

평생 동안 나는 이곳이, 이 확장된 관계가 내가 도달할 곳이라고 결코 생각하지 않았다. 하지만 지금 나는 여기 있다. 그래서 나는 놀랐고, 일부 독자도 아마 놀랄 거라고 생각한다. 단, 이것을 당신이나 당신의 관계가 가야 할 경로로 택하라고 제안하는 게 결코 아님을 알아주길 바란다.

나는 심장이 전하는 진실로부터 단절될 때 어떠한 희생을 치르게 되는지 보여주기 위해 내 여정을 공유했다. 아울러 당신의 심장과 교감할 때 그리고 심장의 지시에 따라 행동할 때 갖게 되는 힘을 보여주기 위해서이기도 하다. 물론 당신의 심장은 다르게 속삭일 것이다. 새로운 집, 새로운 도시 혹은 새로운 직장을 찾으라고 하거나 아예 직업을 버리라고 할 수도 있다. 이 세상 인간의 수만큼 다채로운 말을 속삭일 수 있다. 당신의 심장이 전하는 메시지는 시간을 내어 듣고 해석하고 주의를 기울일 만한 가치가 있음을 알기 바란다. 심장은 당신만을 위한 더 심오한 길 안내의 원천이다. 당신의 심장은 지금 현재에도 당신에게 말을 하고 있으며, 그것이 가진 지혜는 끝이 없다. 문제는 심장이 전하는 말을 기꺼이 들을 것인가 말 것인가이다.

인간의 심장은 놀랍도록 강력하며, 대단히 많고 다양하고 고유한 방식으로 사랑을 할 수 있다. 우리 각자의 심장은 그것이 당신에게 어떤 모습으로 보이든 무한한 사랑을 할 수 있는 역량을 지녔다.

지금 이 글을 읽고 있는 모든 심장에게 고한다. 당신은 이미 당신이 바라는 사랑이다.

감사의 말

내가 지금껏 만든 모든 것에 대해 그랬듯 내 책을 선택하거나 공유한 모든 사람에게 무한한 감사를 전한다. 우리가 서로의 아이디어와 관점에 대해 열린 마음과 호기심을 갖게 되면 우리 자신과 주변 세상을 보다 명확하게 볼 수 있는 기회가 생긴다.

내 여정에서 지금까지 내게 영향을 미친 모든 사람의 이름을 일일이 다 열거할 수 없지만, 내 여정을 스쳐 지나간, 내가 서로를 더 잘 알고 사랑하는 법을 배울 수 있도록 나 자신에 대해 알고 사랑할 수 있는 능력을 확장하게 해준 모든 관계에 대해 감사한다.

이 세상에서 진정한 자기표현을 위한 내 여정을 지원해 준 자기 치유자 글로벌 커뮤니티에게도 감사를 전한다. 당신들 한 명 한 명과의 상호작용을 통해 나는 나에 대해 많은 것을 보았고, 그 결과 외로움을 덜 느끼게 되었다.

우리 가족, 특히 나 자신의 치유를 최우선에 두고 더욱 신뢰할 수 있고 안정적인 관계의 기초를 더 탄탄히 재구축할 수 있게 해준 아버지와 언니에게 감사를 전한다. 두 분은 내가 계속 더 나은 사람이 되어갈 수 있게 항상 지지해 주었다.

내 평생의 연인인 제나와 롤리는 내가 아는 가장 확장된 사랑을 내게 계속 보여주고 있다. 롤리는 자신을 온전히 포용할 수 있는 내재된 능력을 지녔고, 다른 관점을 이해하려는 타고난 호기심을 가졌다. 이런 그녀의 능력과 호기심에서 나는 큰 영감을 얻으며, 영원히 감사하다. 또한 자신의 심장과 완전히 교감할 수 있는 제나의 타고난 능력과 심장이 이끄는 삶을 살려는 타고난 경향성에 대해 영원히 감사하며 늘 영감을 받는다.

여러 시대에 걸쳐 그들의 지혜와 경험을 전해준 모든 선생님에게 감사드린다. 내 여정이 우리가 공유하는 집단의 지혜에 통찰과 가치를 제공해 다음 세대에게 도움이 되길 진심으로 바란다.

우리 모두의 조상들에게도 감사한다. 나는 나보다 먼저 온 모든 이들과의 연결을 통해 현재 존재하는 모든 것, 그리고 앞으로 존재할 모든 것과의 연결을 깨닫게 되었다. 이 글을 읽는 여러분 각자가 자신의 무한한 본성과 다시 연결되길 바란다.

우리 팀원인 브리트니, 크리스틴, 푸르칸, 마이크, 엠제이, 티아에게 우리 커뮤니티를 위해 그들의 가르침과 협력을 체화하며 매일 수고해 줘서 고맙다는 말을 전한다.

우리가 만든 모든 일에서 핵심적인 부분이자 영감을 주는 챔피언이 된 다도에게 삶을 바꾸는 메시지를 확산시키기 위해 재능을 공유해 줘서 감사하다고 말하고 싶다.

세라 톨랜드에게도 고마움을 전한다. 세라는 이 작업을 진정으로 이해하고 번역하려는 열린 마음과 호기심 어린 열망으로 집단을 위해 이 아름다운 선물을 만드는 데 도움을 주었다.

계속 우리의 비전을 이해하고 우리의 활동을 진심으로 지지해 준 하퍼 웨이브Harper Wave의 팀원 어맨다, 에마, 캐런, 줄리, 옐레나에게도 감사를 전한다. 아울러 전심전력으로 정말 아름다운 미술 작업을 맡아준 하퍼 웨이브의 디자인 팀원 조, 리아, 수지에게도 고마움을 전한다.

마지막으로, 이 책을 읽음으로써 자신의 심장이 전하는 진실로 돌아가는 여정을 계속하고, 주변 세상을 변화시키기 위한 우리의 글로벌 운동에 동참하고, 다른 사람들에게도 함께하자고 이끌 모든 독자에게도 감사를 전한다.

주

1   E. Ron de Kloet, Melly S. Oitzl, and Marian Joels, "Stress and Cognition: Are Corticosteroids Good or Bad Guys?," *Trends in Neurosciences* 22, no. 10 (1999): 422–26, https://doi:10.1016/s0166-2236(99)01438-1.

2   John Bowlby, "The Nature of the Child's Tie to His Mother," *International Journal of Psychoanalysis* 39, no. 5 (1958): 350–73.

3   Daniel Siegel, *The Developing Mind: How Relationships and the Brain Interact to Shape Who We Are*, 3rd ed. (New York: Guilford Press, 2020), 7.

4   Louise C. Hawkley and John T. Cacioppo, "Loneliness Matters: A Theoretical and Em- pirical Review of Consequences and Mechanisms," *Annals of Behavioral Medicine* 40, no. 2 (2010): 218–27, https://doi:10.1007/s12160-010-9210-8.

5   Siegel, *The Developing Mind*, 7.

6   "In Brief: The Science of Early Childhood Development," Center on the Developing Child, Harvard University, https://developingchild.harvard.edu/resources/inbrief -science-of-ecd/.

7   John Horgan, "What God, Quantum Mechanics and Consciousness Have in Common," *Scientific American*, April 14, 2021, https://www.scientificamerican.com/article/what-god-quantum-mechanics-and-consciousness-have-in-common/.

8   Siegel, *The Developing Mind*, 14.

9   Kory Taylor and Elizabeth B. Jones, *Adult Dehydration* (Treasure Island,

FL: StatPearls Publishing, 2022), https://www.ncbi.nlm.nih.gov/books/NBK555956/.

10   Lisa Feldman Barrett, "The Theory of Constructed Emotion: An Active Inference Ac- count of Interoception and Categorization," *Social Cognitive and Affective Neuroscience* 12, no. 1 (January 2017): 1–23, https://doi.org/10.1093/scan/nsw154.

11   Ali M. Alshami, "Pain: Is It All in the Brain or the Heart?," *Current Pain and Headache Reports* 23, no. 12 (November 2019), https://doi:10.1007/s11916-019-0827-4.

12   "A Deeper View of Intuition," HeartMath Institute, August 26, 2019, https://www.heartmath.org/articles-of-the-heart/a-deeper-view-of-intuition/.

13   Rollin McCraty, Mike Atkinson, and Raymond Trevor Bradley, "Electrophysiological Evidence of Intuition: Part 2. A System-wide Process?," *Journal of Alternative and Complementary Medicine* 10, no. 2 (April 2004): 325–36, https://doi:10.1089/107555304323062310.

14   Timothy T. Brown and Terry L. Jernigan, "Brain Development During the Preschool Years," *Neuropsychology Review* 22, no. 4 (2012): 313–33, https://doi:10.1007/s11065-012-9214-1.

15   Lena Lim and Chiea Chuen Khor. "Examining the Common and Specific Grey Matter Abnormalities in Childhood Maltreatment and Peer Victimization," *BJPsych Open* 8, no. 4 (July 12, 2022): e132, https://doi:10.1192/bjo.2022.531.

16   Marieke J. H. Begemann et al., "Childhood Trauma Is Associated with Reduced Frontal Gray Matter Volume: A Large Transdiagnostic Structural MRI Study," *Psychological Medicine* 53, no. 3 (June 2021): 1–9, https://doi:10.1017/S0033291721002087.

17   Zoya Marinova and Andreas Maercker, "Biological Correlates of Complex Posttraumatic Stress Disorder—State of Research and Future Directions," *European Journal of Psychotraumatology* 6, no. 1 (April 2015): 2591, https://doi:10.3402/ejpt.v6.25913.

18   Monique C. Pfaltz et al., "Are You Angry at Me? Negative Interpretations of Neutral Facial Expressions Are Linked to Child Maltreatment but Not to Posttraumatic Stress Disorder," *European Journal of Psychotraumatology* 10, no. 1 (November 2019): 1682929, https://doi:10.1080/20008198.2019.1682929.

19   Lisa Feldman Barrett, "The Theory of Constructed Emotion: An Active Inference Account of Interoception and Categorization," *Social Cognitive and Affective Neuroscience* 12, no. 1 (January 2017): 1–23, https://doi.org/10.1093/scan/nsw154.

20   Ibid.

21   David Q. Stoye et al., "Maternal Cortisol Is Associated with Neonatal Amygdala Microstructure and Connectivity in a Sexually Dimorphic Manner," eLife, November 24, 2020, e60729, https://doi:10.7554/eLife.60729.

22   Wendy Menigoz et al., "Integrative and Lifestyle Medicine Strategies Should Include Earthing (Grounding): Review of Research Evidence and Clinical Observations," *Explore* 16, no. 3 (May–June 2020): 152–60, https://doi.org/10.1016/j.explore.2019.10.005.

23   Ibid.

24   "The Connection Between Leaky Gut and Leaky Brain," Mindd Foundation, https://mindd.org/connection-leaky-gut-leaky-brain/.

25   Edward Reynolds, "Vitamin B12, Folic Acid, and the Nervous System," *Lancet. Neurology* 5, no. 11 (November 2006): 949–60, https://doi:10.1016/S1474-4422(06)70598-1.

26   "Vitamin D and Your Health: Breaking Old Rules, Raising New Hopes," Harvard Health Publishing, September 13, 2021, https://www.health.harvard.edu/stayinghealthy/vitamin-d-and-your-health-breaking-old-rules-raising-new-hopes.

27   Hércules Rezende Freitas et al., "Fatty Acids, Antioxidants and Physical Activity in Brain Aging," *Nutrients* 9, no. 11 (November 2017): 1263, https://doi:10.3390/nu9111263.

28   Giada De Palma et al., "Effects of a Gluten-Free Diet on Gut Microbiota and Immune Function in Healthy Adult Subjects," *British Journal of Nutrition* 102, no. 8 (2009): 1154–60, https://doi.org/10.1017/S0007114509371767.

29   Beate Wild et al., "Acupuncture in Persons with an Increased Stress Level—Results from a Randomized-Controlled Pilot Trial," *PLOS ONE* 15, no. 7 (July 2020): e0236004, https://doi:10.1371/journal.pone.0236004.

30   Sarah J. Schubert, Christopher W. Lee, and Peter D. Drummond, "Eye Movements Matter, But Why? Psychophysiological Correlates of EMDR Therapy to Treat Trauma in Timor-Leste," *Journal of EMDR Practice and Research* 10, no. 2 (2016): 70–81, https://doi.org/10.1891/1933-3196.10.2.70

31   "Health Outcome Studies," HeartMath Institute, https://www.heartmath.org/research/science-of-the-heart/health-outcome-studies/.

32   Ibid.

33   John Armour, "Intrinsic Cardiac Neurons," *Journal of Cardiovascular Electrophysiology* 2, no. 4 (August 1991): 331–41, https://doi.org/10.1111/j.1540-8167.1991.tb01330.x/.

34   Mitchell B. Liester, "Personality Changes Following Heart Transplantation: The Role of Cellular Memory," *Medical Hypotheses* 135 (2020): 109468, https://doi:10.1016/j.me hy.2019.109468.

35   "Energetic Communication," HeartMath Institute, https://www.heartmath.org/research/science-of-the-heart/energetic-communication/.

36   Ibid.

37   J. A. Armour, "Anatomy and Function of the Intrathoracic Neurons Regulating the Mammalian Heart," I. H. Zucker and J. P. Gilmore, eds. *Reflex Control of the Circulation* (Boca Raton, FL: CRC Press; 1991) 1–37.

38   Rollin McCraty, "The Social Heart: Energy Fields and Consciousness," Pathways to Family Wellness, https://pathwaystofamilywellness.org/

new-edge-science/thesocial-heart-energy-fields-and-consciousness.
html.

39   Rollin McCraty and Maria Zayas, "Intuitive Intelligence, Self-Regulation,
and Lifting Consciousness," *Global Advances in Health and Medicine* 3, no.
2 (2014): 56–65, https:// doi:10.7453/gahmj.2014.013.

40   "A Deeper View of Intuition," HeartMath Institute, August 26, 2019,
https://www.heartmath.org/articles-of-the-heart/a-deeper-view-of-
intuition/.

41   Saeed Rezaei et al., "Nonlocal Intuition: Replication and Paired-Subjects
Enhancement Effects," *Global Advances in Health and Medicine* 3, no. 2
(2014): 5–15, https:// doi:10.7453/gahmj.2014.012.

42   "Intuition Research: Coherence and the Surprising Role of the Heart,"
HeartMath Institute, https://www.heartmath.org/research/science-of-
the-heart/intuition-re search/.

43   McCraty and Zayas, "Intuitive Intelligence."

44   "Coherence," HeartMath Institute, https://www.heartmath.org/
research/science-ofthe-heart/coherence/.

45   W. A. Tiller, Rollin McCraty, and M. Atkinson, "Cardiac Coherence: A
New, Noninvasive Measure of Autonomic Nervous System Order,"
Alternative Therapies in Health and Medicine 2, no. 1 (February 1996): 52–
65.

46   "Energetic Communication," HeartMath Institute.

47   Richard Wiseman and Marilyn Schlitz, "Experimenter Effects and the
Remote Detection of Staring," *Journal of Parapsychology* 61, no. 3 (1997):
197–208, https://psycnet.apa.org/record/1998-02543-002.

48   Penney Peirce, *Frequency: The Power of Personal Vibration* (New York: Atria
Books/Beyond Words, 2011).

49   Martha G. Welch et al., "Family Nurture Intervention in the NICU
Increases Autonomic Regulation in Mothers and Children at 4–5 Years
of Age: Follow-up Results from a Randomized Controlled Trial," *PLOS
ONE* 15, no. 8 (August 2020): e0236930, https://doi:10.1371/journal.

pone.0236930.

50   Madalynn Neu et al., "Effect of Holding on Co-Regulation in Preterm Infants: A Randomized Controlled Trial," *Early Human Development* 90, no. 3 (March 2014): 141–47, https://doi:10.1016/j.earlhumdev.2014.01.008.

51   "Children's Social and Emotional Development Starts with Co-regulation," National Institute for Children's Health Quality, https://www.nichq.org/insight/childrenssocial-and-emotional-development-starts-co-regulation.

52   Read Montague, *Your Brain Is (Almost) Perfect: How We Make Decisions* (New York: Plume, 2007).

53   Ibid.

54   John S. Hagelin et al., "Effects of Group Practice of the 'Transcendental Meditation' Program on Preventing Violent Crime in Washington, DC: Results of the National Demonstration Project, June–July 1993," *Social Indicators Research* 47, no. 2 (1999): 153–201, http://www.jstor.org/stable/27522387.

55   "Washington Meditation Project Reverses Violent Crime Trend by 23.3%," World Peace Group, https://www.worldpeacegroup.org/washington_crime_prevention _full_article.html.

56   "Lebanon Peace Project Reduces War Deaths by 76%," World Peace Group, https://www.worldpeacegroup.org/lebanon_peace_project_research.html.

57   "Prayer and Healing," Duke Today, November 30, 2001, https://today.duke.edu/2001/11/mm_prayerand.html.

58   William S. Harris et al., "A Randomized, Controlled Trial of the Effects of Remote, Intercessory Prayer on Outcomes in Patients Admitted to the Coronary Care Unit," *Archives of Internal Medicine* 159, no. 19 (October 1999): 2273–78, https://doi:10.1001/archinte.159.19.2273.

59   Larry Dossey, "Spirituality, Prayer, and Medicine: What Is the Fuss Really About?," *Virtual Mentor* 7, no. 5 (May 2005): 390–94, https://doi.

org/10.1001/virtualmentor.2005.7.5.oped2-0505.

60 R. D. Nelson, "Multiple Field REG/RNG Recordings During a Global Event," *Electronic Journal for Anomalous Phenomena* 98, no. 3 (1977), https://noosphere.princeton.edu/ejap/diana/nelson_eJAP.htm.

61 Peter A. Bancel, "Searching for Global Consciousness: A 17-Year Exploration," *Explore* 13, no. 2 (2017): 94–101, https://doi:10.1016/ j.explore.2016.12.003.

62 Eliska Prochazkova and Mariska E. Kret, "Connecting Minds and Sharing Emotions Through Mimicry: A Neurocognitive Model of Emotional Contagion," *Neuroscience and Biobehavioral Reviews* 80 (2017): 99–114, https://doi:10.1016/j.neubiorev.2017.05.013.

63 Carolina Herrando and Efthymios Constantinides, "Emotional Contagion: A Brief Overview and Future Directions," *Frontiers in Psychology* 12 (July 2021): article 712606, https://doi:10.3389/ fpsyg.2021.712606.

64 Ibid.

65 Adam D. I. Kramer, Jamie E. Guillory, and Jeffrey T. Hancock, "Experimental Evidence of Massive-Scale Emotional Contagion Through Social Networks," *Psychological and Cognitive Sciences* 111, no. 24 (June 2014): 8788–90, https://doi:10.1073/pn as.1320040111.

66 Jamil Zaki, "Kindness Contagion," *Scientific American*, July 26, 2016, https://www.sci entificamerican.com/article/kindness-contagion/.

67 Takayuki Nozawa et al., "Prefrontal Inter-Brain Synchronization Reflects Convergence and Divergence of Flow Dynamics in Collaborative Learning: A Pilot Study," *Frontiers in Neuroergonomics* 2 (2021): 19, https://doi.org/10.3389/fnrgo.2021.686596.

68 Heidi Hoel, Kate Sparks, and Cary L. Cooper, "The Cost of Violence/ Stress at Work and the Benefits of a Violence/Stress-Free Working Environment," Report Commissioned by the International Labour Organization, January 1, 2001, https://www.ilo.org/wcmsp5/groups/ public/—ed_protect/—protrav/—safework/documents/pub lication/

wcms_108532.pdf.

69   Rollin McCraty, "New Frontiers in Heart Rate Variability and Social Coherence Research: Techniques, Technologies, and Implications for Improving Group Dynamics and Outcome," *Frontiers in Public Health* 5 (October 2017): article 267, https://doi:10.3389/fpubh.2017.00267.

70   "Social Coherence: Outcome Studies in Organizations," HeartMath Institute, https://www.heartmath.org/research/science-of-the-heart/social-coherence/.

71   "Schumann Resonance," National Aeronautics and Space Administration, https://www.nasa.gov/mission_pages/sunearth/news/gallery/schumann-resonance.html.

72   "Schumann Resonances and Their Effect on Human Bioregulation," Bioregulatory Medicine Institute, February 7, 2020, https://www.biologicalmedicineinstitute.com/post/2019/09/20/schumann-resonances-and-their-effect-on-human-bioregulation.

73   Viktor Stolc et al., "The Impact of the Schumann Resonances on Human and Mammalian Physiology," white paper submitted to the NASA Biological and Physical Sciences Decadal Survey, October 31, 2021, http://surveygizmoresponseuploads.s3.amazonaws.com/fileuploads/623127/6378869/139-39805df8350d398db74a88610c37ca5e_STOL CVIKTOR_.pdf.

74   Rollin McCraty et al., "Synchronization of Human Autonomic Nervous System Rhythms with Geomagnetic Activity in Human Subjects," *International Journal of Environmental Research and Public Health* 14, no. 7 (July 2017): 770, https://doi:10.3390/ijerph14070770.

75   E. Jacobi, O. Richter, and Gertrud Krüskemper, "Simulated VLF-Fields as a Risk Factor of Thrombosis," *International Journal of Biometeorology* 25, no. 2 (1981): 133–42, https://doi.org/10.1007/BF02184461.

76   Yu-Shu Huang et al., "The Subjective and Objective Improvement of Non-invasive Treatment of Schumann Resonance in Insomnia—A Randomized and Double-Blinded Study," *Nature and Science of Sleep* 14

(June 2022): 1113–24, https://doi:10.2147/NSS.S346941.

77   "Global Coherence Research: The Science of Interconnectivity," HeartMath Institute, https://www.heartmath.org/gci/research/global coherence/.

78   "Schumann Resonances and Their Effect on Human Bioregulation," Bioregulatory Medicine Institute.

찾아보기

추가자료

1. 30일 관계 일기 PDF는 아래의 QR 코드를 통해 다운로드가 가능합니다.

2. 본문의 명상 훈련Awaken Your Heart, Expand Your Awareness, How To Meet Your Ego에 대한 저자의 추가적인 안내는 아래의 QR 코드를 통해 확인할 수 있습니다.

옮긴이 이현

한국외국어대학교 통번역대학원 한영과를 졸업하고 금융, 법률 등 다양한 분야에서 산업 번역사로 활동하다 오랜 세월 목표로 했던 출판번역가가 되었다. 현재 출판번역 에이전시 글로하나에서 인문, 경제경영, 자기계발 등 다양한 분야의 영미서를 번역하고 리뷰에 힘쓰면서 출판 번역가로 활발하게 활동하고 있다. 역서로는 《나폴레온 힐 멘탈 다이너마이트 시리즈 3권: 더 석세스; 더 마인드; 더 리치》《업타임》《잃어버린 집중력 구하기》《프리즘》《정원의 철학자》《AI 2041》《게으르다는 착각》《최고의 체력》《우리는 모두 돌보는 사람입니다》가 있다.

관계의 뇌과학

초판 1쇄 인쇄 2025년 3월 4일
초판 1쇄 발행 2025년 3월 12일

지은이 니콜 르페라
옮긴이 이현

편집 김하나리 **교정교열** 박나래
디자인 studio forb, 시월 **책임마케팅** 최혜령, 박지수, 도우리
마케팅 콘텐츠IP사업본부 **해외사업** 한승빈 **경영지원** 백선희, 최민선, 권영환, 이기경
제작 재영 P&B

한국어판 출판권 ⓒ ㈜오팬하우스, 2025
ISBN 979-11-94293-95-8 (03180)

펴낸이 서현동
펴낸곳 ㈜오팬하우스
출판등록 2024년 5월 16일 제2024-000141호
주소 서울특별시 강남구 테헤란로 419, 11층 (삼성동, 강남파이낸스플라자)
이메일 info@ofh.co.kr

마인드셀프는 ㈜오팬하우스의 출판 브랜드입니다.